해커스 공인중개사

공인중개사 1위 해커스
한경비즈니스 2024 한국브랜드만족지수 교육(온·오프라인 공인중개사 학원) 1위

해커스 합격생
10명 중 9명
1년 내 합격!

환급 → 해커스만이 **유일하게 4년 연속**
합격 발표 즉시 1개월 내 환급

교수진 → 강의만족도 **96.4%**
최정상급 스타교수진

적중 → 전과목 **출제포인트 및 유형 유사**

교재 → 베스트셀러 **1위** 교재

* 2021년~2024년 주요 5개 업체 비교
* 해커스 2020 합격생(유·무료강의 포함) 온라인 설문결과(2020.10~2020.12)
* 2025 해커스 공인중개사 기본서 1차 부동산학개론: 교보문고 취업/수험서 분야 공인중개사 베스트셀러 1위(2024.12.05, 온라인 주간 베스트 기준)
* 2025 해커스 공인중개사 기본서 1차 민법 및 민사특별법: 교보문고 취업/수험서 분야 공인중개사 1차 베스트셀러 1위(2024.12.06, 온라인 주간 베스트 기준)
* 2025 해커스 공인중개사 2차 기본서 공인중개사법령 및 실무: 교보문고 취업/수험서 분야 공인중개사 2차 베스트셀러 1위(2024.12.05, 온라인 주간 베스트 기준)
* 2025 해커스 공인중개사 기본서 2차 부동산공시법령: 교보문고 취업/수험서 분야 공인중개사 2차 베스트셀러 1위(2024.12.12, 온라인 주간 베스트 기준)
* 2025 해커스 공인중개사 2차 기본서 부동산세법: 교보문고 취업/수험서 분야 공인중개사 2차 베스트셀러 1위(2024.12.10, 온라인 주간 베스트 기준)
* 2025 해커스 공인중개사 2차 기본서 부동산공법: 교보문고 취업/수험서 분야 공인중개사 2차 베스트셀러 1위(2024.12.06, 온라인 주간 베스트 기준)
* [강의만족도] 해커스 공인중개사 2023 수강생 온라인 설문결과(해당 항목 응답자 중 만족 의견 표시 비율)

1588-2332　　　　　　　　　　　　　　　　　　　　　　　　　　land.Hackers.com

해커스 공인중개사

유명인들의 특별한
해커스에서는 모두가

> **삼형제 워킹맘도 해커스에서 합격!**
> — 해커스 합격생 김*경 님
>
> 둘째의 초등학교 입학으로 다니던 직장을 퇴사하고 공인중개사 공부를 해야겠다고 다짐한 뒤 무언가에 이끌려 홀린 듯 5월 중순쯤에 해커스인강을 등록하였습니다.
> 따로 암기하지 않고 해커스 커리큘럼에 맞추어 강의를 들었던 게 제일 도움이 되었습니다. 가장 잘한 게 해커스를 선택한 게 아닌가 싶어요. 제 동생과 제부도 해커스인강 등록했답니다.
> 해커스 감사합니다. 또 다른 자격시험에 도전한다면 그때도 해커스와 함께하겠습니다.

> **470명 중에 460등 했던 나도 5개월 동차합격**
> — 해커스 합격생 최*희 님
>
> 올해 5월 말부터 준비해서 동차 합격했습니다. 제목 그대로 공부해 본 적도 없어요. 고등학교는 중퇴하고 항상 영업 일만 해오다가 부동산 쪽에 관심이 생겨 더 늦기 전에 공부하자 해서 시작했습니다. 평생 안 해본 공부에 자신감이 생겨 주택관리사까지 공부하려고 합니다.
> 해커스 교수님들께서 눈높이를 잘 맞추어 주셨어요. 막판엔 컨디션 조절하는 방법까지 알려 주시고, 모든 게 인강으로만 가능했다는 게 놀랍네요. 감사합니다.

1588-2332　　　　land.Hackers.com

공인중개사 **1위** 해커스
한경비즈니스 2024 한국브랜드만족지수 교육(온·오프라인 공인중개사 학원) 1위

이야기가 아닙니다.
합격의 주인공입니다.

> ### 저는 암환자입니다.
> ### 여러분도 도전해 보세요.
>
> — 해커스 합격생 오*숙 님
>
> 저는 50대이고, 해커스 인강으로 공부해서 동차 합격한 암 환자입니다. 커리큘럼이 잘 되어 있다, 교재 구성이 좋다, 최고의 교수진이다, 해커스를 믿고 그대로 따라가다 보면 합격할 수 있다는 합격생들의 후기를 접할 때마다 분명 크게 과장된 것일 거라고 생각했습니다. 그러나 직접 공부해 보니, 결코 거짓된 광고나 과장된 광고가 아니라는 걸 깨닫게 되었죠. 힘든 시기마다 각자의 방식으로 응원과 격려를 해 주시면서 저를 이끌어 주셨던 해커스 교수님들과, 해커스인강 상담실장님들께 다시 한 번 감사의 인사를 드립니다.

> ### 70대도 해커스와
> ### 함께하면 합격입니다.
>
> — 해커스 합격생 이*호 님
>
> 막상 공부를 시작하니 노령이 주는 장애(기억력 감퇴 등) 때문에 괜히 시작했나 생각이 들기도 했으나, 집사람의 성원이 대단하여 절체절명의 사명감으로 붙잡지 않을 수가 없었습니다. **해커스 교수님들께서 "따라오기만 하면 된다"라고 늘 말씀하셨는데 그 말씀이 거짓이 아니었습니다.** 실력파 교수님들이 계시고 훌륭한 교과 과정과 커리큘럼이 빛나는 해커스를 우연히 알게 된 것이 행운이었습니다. 실력과 정성으로 똘똘 뭉친 정겨운 교수님들과 해커스에 진심으로 감사드립니다.

*역대 합격자들 사진(2017~2019 합격자모임 사진 중)

1588-2332　　　　　　　　　　　　　　　　　　　　　　land.Hackers.com

해커스 공인중개사

공인중개사 1위 해커스
한경비즈니스 2024 한국브랜드만족지수 교육(온·오프라인 공인중개사 학원) 1위

무료가입만 해도
6가지 특별혜택 제공!

전과목 강의 0원

스타교수진 최신강의
100% 무료수강

* 7일간 제공

합격에 꼭 필요한 교재 무료배포

최종합격에 꼭 필요한
다양한 무료배포 이벤트

* [만화입문서/합격비법서] 실물 교재 제공, 비매품
* [왕초보용어집] PDF 제공, 비매품
* [입문서] 실물 교재 제공, 비매품

기출문제 해설특강

시험 전 반드시 봐야 할
기출문제 해설강의 무료

전국모의고사 9회분 무료

실전모의고사 9회와
해설강의까지 무료 제공

막판 점수 UP! 파이널 학습자료

시험 직전 핵심자료 &
반드시 풀어야 할 600제 무료

* 비매품   * 이벤트 신청 시

개정법령 업데이트 서비스

계속되는 법령 개정도
끝까지 책임지는 해커스!

공인중개사 1위 해커스
지금 무료가입하고 이 모든 혜택 받기

1588-2332   land.Hackers.com

해커스 공인중개사

공인중개사 1위 해커스
한경비즈니스 2024 한국브랜드만족지수 교육(온·오프라인 공인중개사 학원) 1위

시간이 없을수록, 기초가 부족할수록, 결국 강사력

강의만족도 96.4%
최정상급 스타교수진

*[96.4%] 해커스 공인중개사 2023 수강생 온라인 설문결과(해당 항목 응답자 중 만족의견 표시 비율)

다른 학원에 비해 교수님들의 강의실력이 월등히 높다는 생각에 해커스에서 공부를 하게 되었습니다.

-해커스 합격생 김정헌 님-

해커스 교수님들의 강의력은 타 어떤 학원에 비해 정말 최고라고 단언할 수 있습니다.

-해커스 합격생 홍진한 님-

해커스 공인중개사 교수진이 정말 최고입니다. 그래서 합격했고요.

-해커스 합격생 한주석 님-

해커스의 가장 큰 장점은 **최고의 교수진**이 아닌가 생각합니다. 어디를 내놔도 최고의 **막강한 교수진**이라고 생각합니다.

-해커스 합격생 조용우 님-

잘 가르치는 정도가 아니라 어떤 교수님이라도 너무 열심히, 너무 열성적으로 가르쳐주시는데 대해서 정말 감사히 생각합니다.

-해커스 합격생 정용진 님-

해커스처럼 이렇게 열심히 의욕적으로 가르쳐주시는 교수님들 타학원에는 **없다**고 확신합니다.

-해커스 합격생 노준영 님-

1588-2332   land.Hackers.com

해커스 적중신화!
전과목 출제 포인트·유형 일치

> "해커스의 커리큘럼만 열심히 따라갔는데,
> 시험에서 그대로 나와서 너무 행복합니다."
> - 해커스 단기합격생 석*열 님 -

해커스 공인중개사

공인중개사 1위 해커스
한경비즈니스 2024 한국브랜드만족지수 교육(온·오프라인 공인중개사 학원) 1위

학개론
[제35회 공인중개사 시험_학개론]
35. 「감정평가에 관한 규칙」에 규정된 내용으로 틀린 것은?
③ 둘 이상의 대상물건이 일체로 거래되거나 대상물건 상호간에 용도상 불가분의 관계가 있는 경우에는 일괄하여 감정평가할 수 있다.

[해커스 출제예상문제집] — 지문 일치
3. 「감정평가에 관한 규칙」에서 직접 규정하고 있는 사항이 아닌 것은?
③ 둘 이상의 대상물건이 일체로 거래되거나 대상물건 상호간에 용도상 불가분의 관계가 있는 경우에는 일괄하여 감정평가할 수 있다.

민법
[제35회 공인중개사 시험_민법]
67. 계약체결상의 과실책임에 관한 설명으로 옳은 것을 모두 고른 것은? (다툼이 있으면 판례에 따름)
ⓒ 부동산 수량지정 매매에서 실제면적이 계약면적에 미달하는 경우, 그 부분의 원시적 불능을 이유로 계약체결상의 과실책임을 물을 수 없다.

[해커스 출제예상문제집] — 개념 일치
16. 계약체결상의 과실책임에 관한 설명으로 옳은 것은? (판례에 의함)
④ 부동산매매에 있어서 실제면적이 계약면적에 미달하는 경우 미달부분이 원시적 불능임을 이유로 계약체결상의 과실책임을 물을 수 없다.

중개사법
[제35회 공인중개사 시험_중개사법]
3. 공인중개사법령상 개업공인중개사의 휴업의 신고 등에 관한 설명으로 틀린 것은?
③ 관할 세무서장이 「부가가치세법 시행령」에 따라 공인중개사법령상의 휴업신고서를 함께 받아 이를 해당 등록관청에 송부한 경우에는 휴업신고서가 제출된 것으로 본다.

[해커스 출제예상문제집] — 개념 일치
48. 공인중개사법령상 중개업의 휴업 및 폐업신고에 관한 설명 중 틀린 것은?
⑤ 관할 세무서장이 「부가가치세법 시행령」에 따라 중개업 휴업·폐업신고서를 받아 해당 등록관청에 송부한 경우에는 중개업 휴업·폐업신고서가 제출된 것으로 본다.

공법
[제35회 공인중개사 시험_공법]
44. 국토의 계획 및 이용에 관한 법령상 용도지역에 관한 설명으로 옳은 것은?
⑤ 관리지역에서 「농지법」에 따른 농업진흥지역으로 지정·고시된 지역은 「국토의 계획 및 이용에 관한 법률」에 따른 농림지역으로 결정·고시된 것으로 본다.

[해커스 출제예상문제집] — 지문 일치
49. 국토의 계획 및 이용에 관한 법령상 용도지역에 관한 설명으로 옳은 것은?
③ 관리지역에서 「농지법」에 따른 농업진흥지역으로 지정·고시된 지역은 농림지역으로 결정·고시된 것으로 본다.

공시법
[제35회 공인중개사 시험_공시법]
16. 등기신청의 각하사유로서 '사건이 등기할 것이 아닌 경우'를 모두 고른 것은?
ⓛ 농지를 전세권설정의 목적으로 하는 등기를 신청한 경우
ⓒ 공동상속인 중 일부가 자신의 상속지분에 대한 상속등기를 신청한 경우

[해커스 출제예상문제집] — 문제지문 일치
17. 다음 등기신청 중 각하사유에 해당하는 것을 모두 고른 것은?
ㄴ. 공동상속인 중 일부가 자신의 상속 지분에 대한 상속등기를 신청하는 경우
ㄷ. 농지를 전세권설정의 목적으로 하는 등기를 신청하는 경우

세법
[제35회 공인중개사 시험_세법]
3. 지방세법령상 재산세 과세기준일 현재 납세의무자로 틀린 것은?
⑤ 지방자치단체와 재산세 과세대상 재산을 연부(年賦)로 매매계약을 체결하고 그 재산의 사용권을 무상으로 받은 경우: 그 매수계약자

[해커스 출제예상문제집] — 지문 유사
13. 「지방세법」상 재산세 과세대상 재산 납세의무자에 관한 설명으로 옳은 것은?
⑤ 지방자치단체와 재산세 과세대상 재산을 연부로 매매계약을 체결하고 그 재산의 사용권을 무상으로 받은 경우에는 그 매수계약자를 납세의무자로 본다.

1588-2332 land.Hackers.com

해커스 공인중개사
기초입문서

1차 부동산학개론 · 민법 및 민사특별법

해커스 공인중개사

<해커스 공인중개사 기초입문서>로 시작해야 하는 이유!

초심자를 위한 쉽고 정확한 설명

어려운 설명

등록면허세
등기나 등록에 대한 등록면허세는 재산권 기타 권리의 취득이나 이전, 변경 또는 소멸에 관한 사항을 등기 혹은 등록하는 경우에 그 등기 또는 등록행위에 대하여 과세하는 조세이다.

▶ 어려운 용어의 나열

등록면허세
등록이란 재산권과 그 밖의 권리의 설정·변경 또는 소멸에 관한 사항을 공부에 등기하거나 등록하는 것을 말한다. 다만, 취득을 원인으로 이루어지는 등기 또는 등록은 제외하되, 다음의 어느 하나에 해당하는 등기나 등록은 포함한다.

▶ 법조문을 그대로 사용

VS

해커스 기초입문서의 쉬운 설명

01 등록면허세의 의의 및 특징

1. 의의
등록면허세는 재산권과 그 밖의 권리의 설정·변경 또는 소멸에 관한 사항을 공부에 등기·등록하는 경우 등록을 하는 자가 계산된 세금을 도·구·특별자치시·특별자치도에 신고하고 납부하는 지방세이다.

2. 특징
① 등록면허세는 등기·등록의 행위에 대하여 과세하는 행위세이며, 재산권의 유통거래에 과세하는 유통세이고, 등기·등록에 대한 수수료적 성격의 조세이다.
② 등록면허세는 등기·등록에 대한 외형적 요건만 갖추면 실권리자 여부 등과 관계없이 납세의무가 성립하는 형식주의 과세★하는 조세이다.

▶ 초심자도 쉽게 이해할 수 있도록 풀어서 설명

단번에 이해되는 도식화 정리

복잡한 설명

01 건축물의 건축

1. 건축 관련 입지와 규모의 사전결정

(1) 사전결정의 신청
건축허가대상 건축물을 건축하려는 자는 건축허가를 신청하기 전에 허가권자에게 그 건축물의 건축에 관한 다음의 사항에 대한 사전결정을 신청할 수 있다.
① 해당 대지에 건축하는 것이 건축법이나 관계 법령에서 허용되는지 여부
② 건축법 또는 관계 법령에 따른 건축기준 및 건축제한, 그 완화에 관한 사항 등을 고려하여 해당 대지에 건축 가능한 건축물의 규모
③ 건축허가를 받기 위하여 신청자가 고려하여야 할 사항

흐름을 보기 힘든 나열식 구조

해커스 기초입문서의 도식화 정리

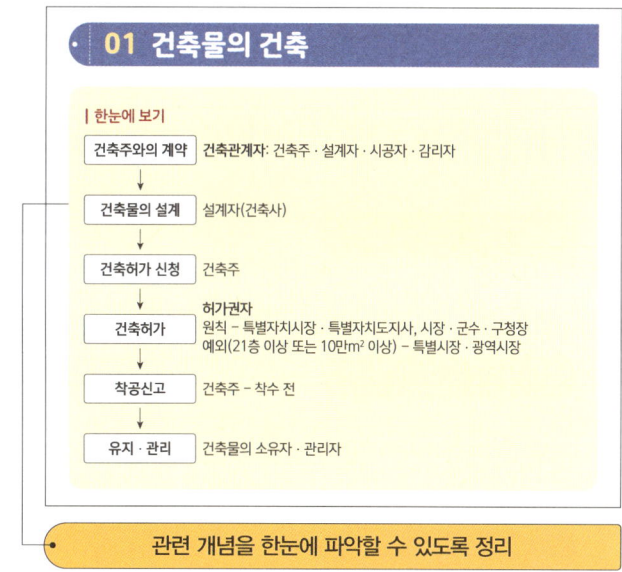

관련 개념을 한눈에 파악할 수 있도록 정리

이 책의 구성과 특징

1. 한눈에 보기
2. 핵심개념
3. 추가설명
4. 중요이론정리
5. 보충정리

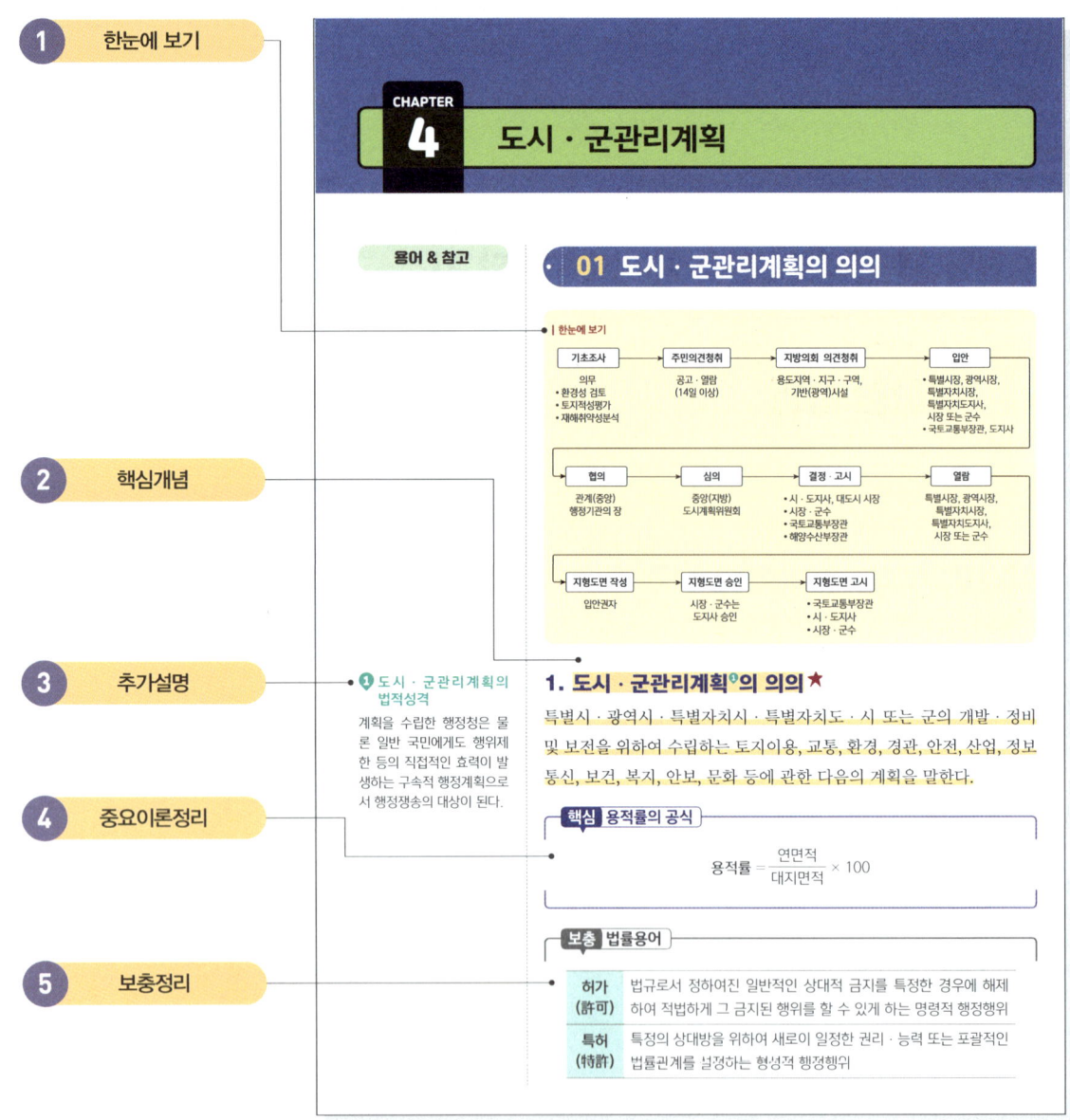

① 한눈에 보기 학습할 내용의 전체적인 흐름을 도표를 통해 한 눈에 파악할 수 있습니다.

② 핵심개념 가장 핵심이 되는 개념에 형광펜 표시를 하여 학습의 우선순위를 정할 수 있습니다.

③ 추가설명 본문 내용을 이해하기 위하여 용어설명이나 판례 학습이 필요한 경우 바로 옆에서 찾아볼 수 있어 편하게 학습할 수 있습니다.

④ 중요이론정리 입문단계에서 반드시 알아두어야 할 중요이론을 별도로 정리해 효과적으로 학습할 수 있습니다.

⑤ 보충정리 추후 학습을 위하여 알아두면 좋을 내용도 빠짐없이 다루어 보충학습이 가능합니다.

공인중개사 시험안내

☑ 공인중개사란?

공인중개사법에 따라 자격을 취득한 자로, 의뢰에 의하여 일정한 수수료를 받고 부동산에 관한 중개를 전문으로 할 수 있는 자를 의미합니다.

☑ 원서 접수는 어떻게 하나요?

공인중개사 시험은 국가자격시험 공인중개사 홈페이지(www.Q-net.or.kr/site/junggae) 및 모바일큐넷(APP)에 접속하여 소정의 절차를 거쳐 원서를 접수합니다.

☑ 시험 과목은 어떻게 되나요?

1차 2과목	부동산학개론	부동산과 관련된 내용들이 출제되는 부동산 종합이론 과목입니다.
	민법 및 민사특별법 중 부동산중개에 관련되는 규정	모든 법의 기초가 되는 모법(母法)으로, 우리 주변에서 일어나는 법률관계를 주로 다루며 그중 공인중개사 업무와 관련된 내용을 학습합니다.
2차 3과목	공인중개사의 업무 및 부동산 거래신고에 관한 법령 및 중개실무	공인중개사법, 부동산 거래신고 등에 관한 법률 그리고 중개실무로 구성되며, 합격 후 실무를 할 때 많은 도움이 되는 과목입니다
	부동산공법 중 부동산중개에 관련되는 규정	토지공법의 기초가 되는 4개 법률과 건물공법의 기본이 되는 2개 법률로 구성됩니다.
	부동산공시에 관한 법령 및 부동산 관련 세법	• 부동산 공시에 관한 법령: 국가가 어떻게 부동산을 등록하고 관리하는지에 대해 배우는 과목입니다. • 부동산 관련 세법: 부동산의 취득과 보유·양도에 걸쳐 누가, 언제, 얼마만큼 세금을 부담하는지 배우는 과목입니다.

☑ 시험 시간은 어떻게 되나요?

구분		시험 과목 수	시험시간
1차		2과목 (과목당 40문제)	100분 09:30~11:10
2차	1교시	2과목 (과목당 40문제)	100분 13:00~14:40
	2교시	1과목 (과목당 40문제)	50분 15:30~16:20

☑ TO DO LIST

시험 D-Day

☑ 시험장 준비물 챙기기

 수험표

 신분증

 검정색 사인펜 및 수정 테이프

 시계

시험 응시 후

☑ 바로 채점하기

해커스 공인중개사 홈페이지 (land.Hackers.com)에서 제공하는 실시간 자동채점을 통해 합격 여부를 예측해 보세요.

해커스 공인중개사 홈페이지에서 무료 동영상 해설강의를 통해 보다 자세한 해설을 만나 보세요.

합격자 발표일

☑ 합격 여부 확인하기

최종정답과 최종합격자 발표는 시험을 치른 한 달 후에 국가자격시험 공인중개사 홈페이지를 통하여 확인 가능합니다.

* 합격 기준: 1·2차 시험 공통으로 매 과목을 100점 만점으로 하여 각 과목 40점 이상, 전 과목 평균 60점 이상 득점해야 합니다.

목차

1과목 부동산학개론

PART 1 부동산학 총론
CHAPTER 1	부동산의 개념과 분류	14
CHAPTER 2	부동산의 특성 및 속성	22

PART 2 부동산경제론
CHAPTER 1	부동산의 수요 · 공급이론	28

PART 3 부동산시장론
CHAPTER 1	부동산시장	54
CHAPTER 2	지대이론	59

PART 4 부동산정책론
CHAPTER 1	부동산정책의 의의와 기능	66
CHAPTER 2	주택정책	71
CHAPTER 3	조세정책	75

PART 5 부동산투자론
CHAPTER 1	부동산투자분석 및 기법	80
CHAPTER 2	부동산투자이론	97

PART 6 부동산금융론
CHAPTER 1	부동산금융	106
CHAPTER 2	부동산증권론 및 개발금융	121

PART 7 부동산감정평가론
CHAPTER 1	감정평가의 기초이론	136
CHAPTER 2	부동산가격공시제도	140

해커스 공인중개사 기초입문서로 시작해야 하는 이유!		2
이 책의 구성과 특징		4
공인중개사 시험안내		6

2과목 민법 및 민사특별법

PART 1 민법총칙

CHAPTER 1	서론	146
CHAPTER 2	권리변동	151
CHAPTER 3	법률행위	155
CHAPTER 4	의사표시	160
CHAPTER 5	대리	165
CHAPTER 6	무효와 취소	172
CHAPTER 7	조건과 기한	177

PART 2 물권법

CHAPTER 1	총론	184
CHAPTER 2	점유권	195
CHAPTER 3	소유권	201
CHAPTER 4	지상권	214
CHAPTER 5	지역권	219
CHAPTER 6	전세권	221
CHAPTER 7	유치권	225
CHAPTER 8	저당권	231

PART 3 계약법

CHAPTER 1	계약총론	240
CHAPTER 2	계약의 성립	243
CHAPTER 3	계약의 효력	247
CHAPTER 4	계약의 해제	253
CHAPTER 5	계약각론	259

PART 4 민사특별법

CHAPTER 1	주택임대차보호법	274
CHAPTER 2	상가건물 임대차보호법	284
CHAPTER 3	집합건물의 소유 및 관리에 관한 법률	292
CHAPTER 4	가등기담보 등에 관한 법률	298
CHAPTER 5	부동산 실권리자명의 등기에 관한 법률	302

부록   공인중개사 기초용어

합격의 시작, 해커스 공인중개사
해커스 공인중개사 1차 기초입문서

* 부동산이란 무엇인지, 가격은 어떻게 정해지는지, 어떤 부동산정책이 있는지 배웁니다.

1과목
부동산학개론

PART 1 부동산학 총론
PART 2 부동산경제론
PART 3 부동산시장론
PART 4 부동산정책론
PART 5 부동산투자론
PART 6 부동산금융론
PART 7 부동산감정평가론

핵심개념

CHAPTER 1 부동산의 개념과 분류
- 법률적 개념(제도적 측면)의 부동산 ★
- 정착물 ★
- 경제적 개념의 부동산 ★
- 기술적(물리적) 개념의 부동산 ★
- 토지이용활동상의 토지용어 ★

CHAPTER 2 부동산의 특성 및 속성
- 토지의 자연적 특성 ★
- 토지의 인문적 특성 ★

PART 1
부동산학 총론

CHAPTER 1   부동산의 개념과 분류
CHAPTER 2   부동산의 특성 및 속성

CHAPTER 1. 부동산의 개념과 분류

01 부동산의 개념

1. 복합개념의 부동산 – 부동산의 복합개념[1]

(1) 복합개념의 부동산이란 부동산을 특정한 한 가지 측면만이 아닌 법률적·경제적·기술적(물리적) 세 가지 측면을 종합적[2]으로 이해(인식)하려는 사고원리(思考原理)를 말한다.

(2) 부동산학에서는 부동산의 개념과 그 범위를 복합개념(종합적 개념)으로 분류하고 체계화하여 설명하는 것이 일반적이다. 즉, 법률적 측면에서의 부동산, 경제적 측면에서의 부동산, 기술적(물리적) 측면에서의 부동산으로 분류한다.

복합개념의 부동산

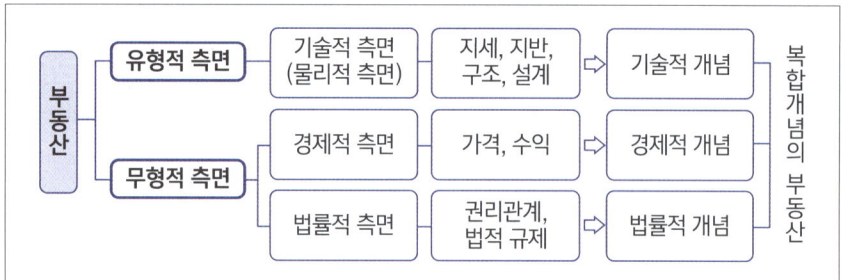

> **보충 복합부동산**
>
> - 복합부동산이란 토지와 건물이 결합되어 일체로 이용되고 있는 경우의 부동산을 말한다(예 단독주택, 아파트 등). 이들은 대지 따로 건물 따로 거래하지 않고 감정평가하지도 않으며, 하나로 거래하고 일괄하여 그 가치를 평가할 수 있다. 즉, 법적으로는 토지와 건물을 독립된 물건으로 보고 있지만 실제 부동산활동[3](예 거래, 평가 등)시에는 토지와 건물 등이 하나의 결합된 상태로 취급하는 부동산을 말한다.
> - '복합개념의 부동산'과 동일한 개념이 아니므로 용어 사용에 유의할 필요가 있다. 물론 '복합개념의 부동산'은 복합부동산에도 적용할 수 있다.

용어 & 참고

[1]
부동산의 복합개념은 부동산학을 종합과학으로 태동시킨 이론적 근간이고 배경이 되는 부동산학적 개념으로, 부동산학의 전 분야에 광범위하게 적용된다.

[2] 종합응용과학
부동산학은 법학·경제학·경영학 등 여러 학문의 지원을 받는다는 측면에서 종합응용과학적 성격을 갖는다.

[3] 부동산활동
부동산을 대상으로 전개하는 인간의 활동을 말한다.
예 거래활동, 투자활동, 감정평가활동 등

2. 법률적 개념(제도적 측면)의 부동산 ★ ❶

(1) 협의의 부동산

협의의 부동산이란 「민법」에서 정의한 개념으로 「민법」제99조에서는 부동산을 '토지 및 그 정착물'이라고 규정하고 있으며, "부동산 이외의 물건은 동산이다."라고 하여 동산과 부동산을 구분하고 있다.

① **토지:** 지표의 일부를 일정범위로 구획·구분하여 그 구분된 개별토지 하나하나를 '1필(筆)'의 토지라 하며, 1필지마다 지번(地番)을 붙여 토지등기부❷에 기재한다.

② **정착물 ★**
   ㉠ 토지에 계속적·항구적으로 부착된 상태로 사용되는 것이 사회통념상으로 인정되는 물건을 말한다.
   ㉡ 토지정착물에는 등기된 건물, 소유권보존등기된 입목처럼 토지와 별개인 독립된 정착물이 있고 교량, 담장, 도로의 포장 등 토지의 일부인 정착물도 있다.
   ㉢ 반면에 가식 중에 있는 수목, 경작수확물(예 벼 등)처럼 토지에 계속 부착된 상태가 아니고, 이동이 가능한 물건은 부동산정착물로 판단하지 않는다.

③ **건축물의 설비(fixture)를 부동산정착물로 판단하는 기준:** 건축물의 설비는 원래 동산이지만, 건물에 부착하여 부동산정착물로 판단하는 경우도 있다.
   ㉠ **물건이 부동산에 부착된 방법에 따른 구분:** 부착된 설비(물건)를 건물로부터 물리적·기능적으로 둘 다 훼손 없이 제거할 수 있으면 해당 설비는 부동산정착물이 아닌 동산으로 보지만, 그 설비를 제거할 경우 건물에 물리적·기능적으로 둘 중 하나라도 손상이 발생하면 해당 설비는 부동산정착물로 취급한다[예 수도배관, 전기배선 등을 건물로부터 물리적 훼손 없이 제거할 수 있어도 건물의 기능·효용이 감소하면 해당 설비는 부동산의 정착물(일부)로 취급한다].
   ㉡ **거래당사자간의 관계에 따른 구분:** 임대인이 설치한 것은 부동산정착물로 취급하지만, 임차인의 편의에 의해 설치한 것(거래·농업·가사정착물)❸은 부동산정착물로 취급하지 않는다.

용어 & 참고

❶ 법률적 개념의 부동산

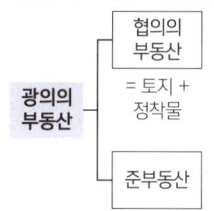

❷ 등기(登記)
국가기관이 소정의 절차를 밟아서 등기부라고 하는 공개된 공적 장부에 일정한 사항을 공시(公示)하기 위하여 기재하는 것을 말한다.

❸ 임차인정착물
- **거래정착물:** 사업이나 거래의 편의를 위하여 임차인이 설치한 선반, 진열대 등을 말한다.
- **농업정착물:** 타인의 토지를 빌려서 경작하는 경작자가 농사의 목적으로 설치한 농기구창고 등을 말한다.
- **가사정착물:** 임차인이 생활의 편의를 위하여 설치한 블라인드나 방범창 등을 말한다.

용어 & 참고

(2) 광의의 부동산

① 광의의 부동산은 협의의 부동산에 준(準)부동산[의제(擬制)부동산]을 포함하는 개념이다.
② 준부동산
　㉠ 준부동산은 물권변동을 등기나 등록의 수단으로 하는 동산이나 동산과 부동산의 결합물을 말한다.
　㉡ **종류**: 자동차, 항공기, 건설기계, 선박(20t 이상), 입목, 공장재단, 광업재단 등
　㉢ 준부동산은 「민법」상 부동산은 아니지만 부동산처럼 등기·등록의 방법으로 공시하여 부동산에 준하여 취급하는 것으로 부동산학의 연구대상이 되며 부동산활동의 대상이 된다.

3. 경제적 개념의 부동산 ★

부동산을 생산·소비·교환·분배·투자 등의 관점에서 인식하는 것으로 부동산의 경제적 개념은 법률적 개념과 함께 부동산의 무형적 측면을 이해하는 데 도움을 준다. 즉, 부동산을 자산·자본·생산요소·소비재·상품 등으로 취급하는 것으로, 부동산학에서는 주로 이러한 경제적 개념으로 부동산에 접근하게 된다.

(1) 자산(asset)

부동산은 소유자의 자산이며, 재산이다. 부동산(실물자산)을 투자대상이나 재테크수단으로 인식하고 임대료수입(소득이득)이나 매각차익(자본이득)을 획득하기 위하여 매입한 부동산은 '자산'의 성격이 있다. 즉, 주식(株式)이나 채권(債券)처럼 부동산도 투자수단(투자자산)이 될 수 있다는 것이다.

(2) 자본(capital)

자본이란 사업의 밑천을 말하는 것이므로, 아파트 등 최종재화를 생산하기 위해 중간재❶로서 투입되는 토지는 자본의 개념이 된다. 즉, 아파트를 건축하기 위하여 매입한 택지는 자산이 아닌 '자본'의 개념이다.

❶ **중간재**
인간의 욕망을 직접 충족시키는 최종재(最終財)인 소비재의 생산과정에 투입되는 여러 가지 재화를 말한다.

(3) 생산요소(생산재)

① 재화를 생산하기 위하여 필요한 여러 가지 요소로 토지 · 자본 · 노동 · 경영을 말한다.

② 토지 외의 다른 생산요소는 더 많은 수익을 얻기 위해서 다른 곳으로 이동이 가능하므로 능동적 생산요소라고 하고, 이와 달리 토지는 부동성(不動性) 때문에 이동이 불가능하므로 수동적 생산요소라고 한다.

③ 생산요소를 타인으로부터 빌려 사용하게 되면 일정한 대가를 지불하여야 한다. 이때 토지의 사용대가는 지대, 자본의 사용대가는 이자, 노동의 사용대가는 임금, 경영의 사용대가는 이윤이라고 한다.

(4) 소비재

① 인간의 욕구(효용,❶ 편익)를 충족시키기 위하여 가격을 지불하고 소비하는 재화를 말한다. 임대주택에 거주하면서 임대료를 지불하거나 유료주차장을 이용하는 것은 부동산을 소비의 대상으로 바라본 개념이다.

② 쾌적하고 안정적인 주거생활을 위하여 주택을 구입하였다면 그 주택은 소비재의 개념이고, 주택가격 상승에 대한 기대감으로 주택을 구입하였다면 그 주택은 자산의 개념인 것이다.

③ 즉, 주택(부동산)이라는 재화는 일반재화와 달리 소비재의 성격은 물론 자산의 성격도 혼재되어 있다. 주택을 구입할 때 현실적으로 의사결정이 어려운 것도 이 때문이다.

(5) 상품

① 상품이란 공급자나 생산자가 공급하거나 판매함으로써 교환의 대상이 되는 유 · 무형의 재화를 말한다.

② 한국토지주택공사가 택지를 개발하여 민간주체에게 공급하였다면, 택지는 공급자의 이윤창출을 목적으로 판매되는 상품이 된다. 주택건설업자가 건설하여 분양하는 아파트도 이윤창출을 위한 상품의 개념이다.

용어 & 참고

❶ **효용(= 유용성)**
재화나 서비스를 소비할 때 느끼는 주관적인 만족도를 말한다. 감정평가론에서는 인간의 필요나 욕구를 충족시켜줄 수 있는 재화의 능력이라고 정의한다.

> **용어 & 참고**

4. 기술적(물리적) 개념의 부동산 ★

부동산의 기술적 개념은 부동산의 자연적 특성을 설명하는 데 중요한 역할을 하고, 부동산활동의 대상인 유형적 측면의 부동산을 이해하는 데 도움을 준다. 한편, 기술적 측면에서는 부동산을 자연·공간·위치·환경으로 구분하는 전통적인 방법이 있다.

02 토지이용활동상의 토지용어 ★

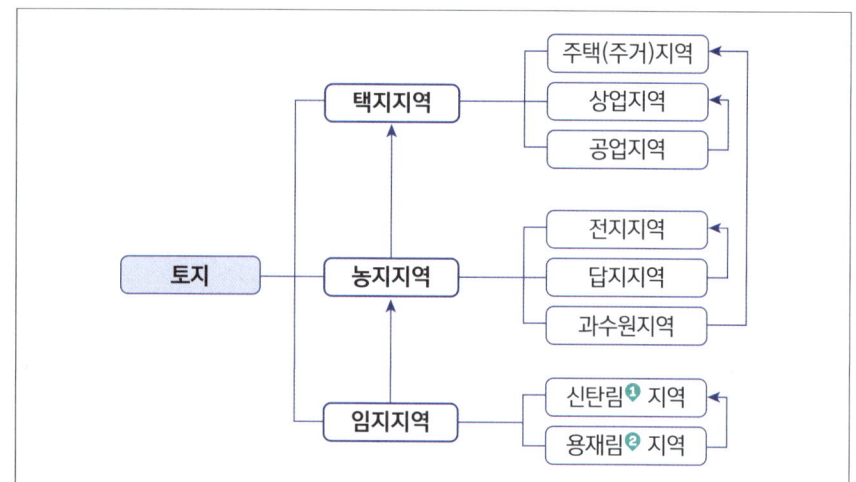

감정평가상 토지의 용도별 분류 - 실제이용을 기준으로 분류

❶ 신탄림
땔감이나 숯을 생산하기 위하여 조성된 산림을 말한다.

❷ 용재림
주로 건축재 등의 용도로 이용하기 위하여 조성된 산림을 말한다.

❸
후보지란 인근지역의 주위환경 등의 사정으로 보아 현재의 용도에서 장래 택지 등 다른 용도로의 전환이 객관적으로 예상되는 토지를 말한다.

1. 후보지와 이행지

부동산감정평가에 활용되는 것으로 용도가 전환되고 있는, 그 용도가 변경 중에 있는 토지를 말한다. 이는 토지의 '용도의 전환'으로 이해할 수 있다.

(1) 후보지(候補地)❸

① 택지지역·농지지역·임지지역 상호간에, 즉 용도적 지역 상호간에 다른 지역으로 그 용도가 전환·변경되고 있는 지역의 토지를 말한다.

기출문제 바로가기

② 임지지역이 농지지역으로 변경 중에 있거나 농지지역이 택지지역으로 그 용도가 변경되고 있는 토지를 후보지라고 한다(예 농지지역이 택지지역으로 그 용도가 변경되고 있는 지역의 토지 ⇨ 택지후보지).

(2) 이행지(移行地)

① 택지지역·농지지역·임지지역 내에서, 즉 용도적 지역 내에서 그 용도가 이행·변경 중에 있는 토지를 말한다.
② 택지지역 내의 공업지역이 상업지역으로 변경 중에 있거나 농지지역 내의 과수원지역이 전(田)지지역으로 그 용도가 변경되고 있는 토지를 이행지라고 한다.

2. 택지와 부지

(1) 택지(宅地)

주거·상업·공업용지 등의 용도로 이용되고 있거나 해당 용도로 이용할 목적으로 조성된 토지를 말한다.

(2) 부지(敷地)

택지는 건축용지만을 의미하지만 부지는 일정한 용도로 제공되고 있는 토지(바닥토지)로, 건축이 가능한 택지 이외에 도로부지, 하천부지, 철도부지 등 건축이 불가능한 토지를 포괄하는 용어이다. 따라서 부지는 '모든 땅'을 뜻한다고 할 수 있다.

택지와 부지

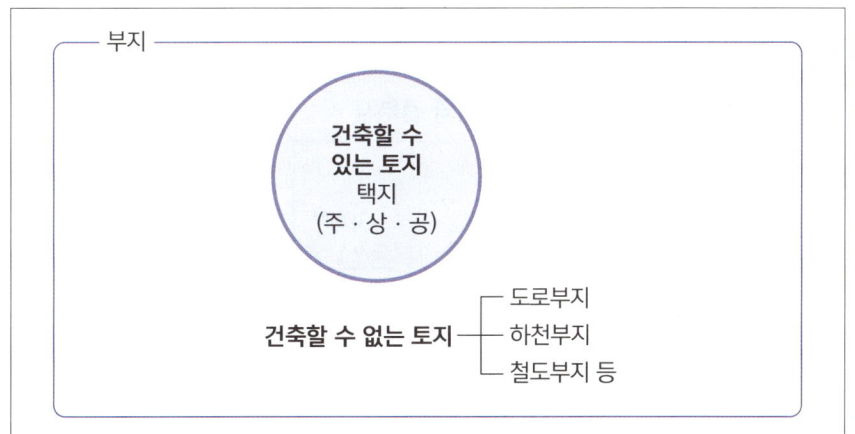

> **용어 & 참고**
>
> ❶ 감정평가상의 용어로서 주거용·상업용·공업용 등으로 현재 이용 중이거나 이용·건축이 가능한 토지를 말한다.
>
> **맹지**
> 도로에 직접 연결되지 않은 토지로, 건축법상 건축이 불가능한 토지를 말한다.

용어 & 참고

3. 나지와 건부지

(1) 나지(裸地)

① 택지의 지상에 건축물이 없는 토지로서, 농지는 나지에 해당하지 않는다. '나지'라 함은 토지에 건물 및 기타 정착물이 없고 지상권 등 토지의 사용·수익을 제한하는 사법상의 권리가 설정되어 있지 아니한 토지를 말한다(「표준지공시지가 조사·평가 기준」 국토교통부훈령).

② 일상생활에서 많이 사용되는 '나대지(裸垈地)'는 나지 중에서 지목이 '대(垈)'인 토지를 말한다.

(2) 건부지(建敷地)

① 건물이 들어서 있는(건축물의 용도로 제공되는) 부지로서, 나지에 비하여 그 용도가 다양하지 못하여 활용도가 떨어지므로 일반적으로 나지보다 건부지의 가치가 낮게 평가된다[건부감가(減價)].

② 나지는 건부지보다 그 용도가 다양하여 활용도가 높게 인정되므로 시장성이 높은 편이다. 따라서 나지는 건부지에 비해 여러 용도 중에서 최고·최선의 방법인 최유효이용❶이 가능하므로 나지가격이 건부지가격보다 높게 평가된다. 이와는 달리 건부지는 지상의 건축물이 최유효이용상태가 아닐 경우 감가(減價)가 발생할 수 있다.

③ 단, 개발이 제한된 구역 내에서는 나지가 건부지보다 그 효용성이 떨어지므로 오히려 건부지가격이 높게 평가되는 건부증가(增價)현상이 나타나기도 한다.

❶ 최유효이용

경합되는 수많은 용도 중에서 최고·최선의 이용방법을 말한다. 토지는 용도가 다양하기 때문에 최유효이용이라는 개념이 성립한다. 따라서 재화의 용도가 하나라면 최유효이용이라는 개념은 성립하지 않는다. 이는 부동산학에서만 등장하는 용어이다.

❷ 공지(空地)

「건축법」상 건폐율(대지면적에 대한 건축면적의 비율) 등의 제한으로 한 필지 내에서 건축하지 못하고 남겨 둔 토지를 말한다. 즉, 건축물의 바닥면적을 제외한 나머지 부분을 말한다.

나지와 건부지

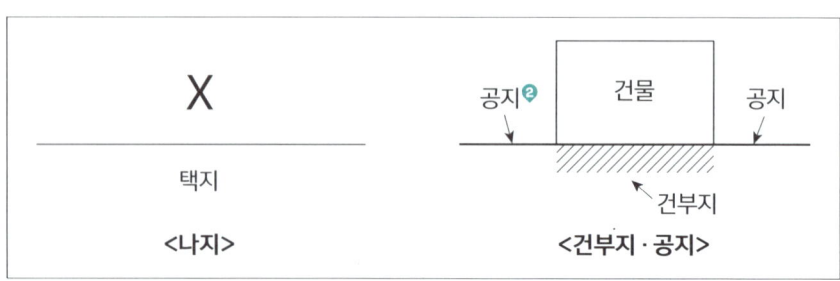

4. 필지와 획지

(1) 필지(筆地)

「공간정보의 구축 및 관리 등에 관한 법률」상의 용어로서, 토지소유권을 구분하기 위하여 하나의 지번이 붙는 토지의 등록단위를 말하며, 「부동산등기법」에서는 이를 등기단위라 한다. 즉, 필지는 토지소유권이 미치는 범위와 한계를 표시하여 권리관계를 명시하는 토지용어이다.

(2) 획지(劃地)

감정평가에 활용하기 위하여, 토지이용을 상정하여 인위적·자연적·행정적 조건에 따라 다른 토지와 구별되는 것으로, 가격수준이 비슷한 일단의 토지를 말한다. 토지의 등록단위인 필지와는 달리 획지는 부동산활동이나 부동산현상의 한 단위이다.

(3) 필지와 획지의 구성관계

필지는 법률적 개념이고 획지는 경제적 개념으로, 1필지가 1획지로 구성되는 경우도 있고 1필지가 여러 개의 획지로 구성될 수도 있으며 여러 개의 필지가 1획지로 구성될 수도 있다.❶

필지와 획지

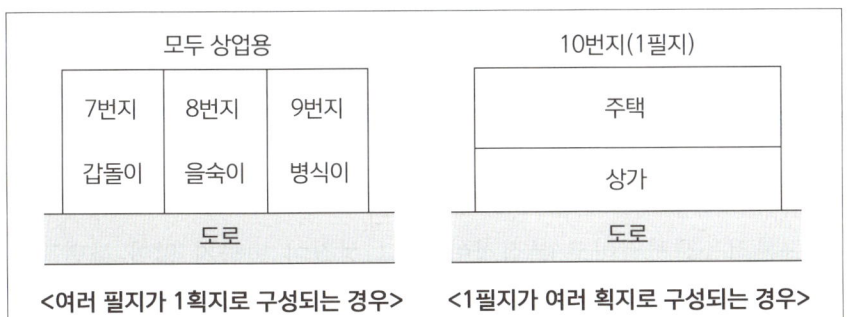

❶ 토지의 면적단위는 필지나 획지가 아닌 m²이다.

CHAPTER 2 부동산의 특성 및 속성

용어 & 참고

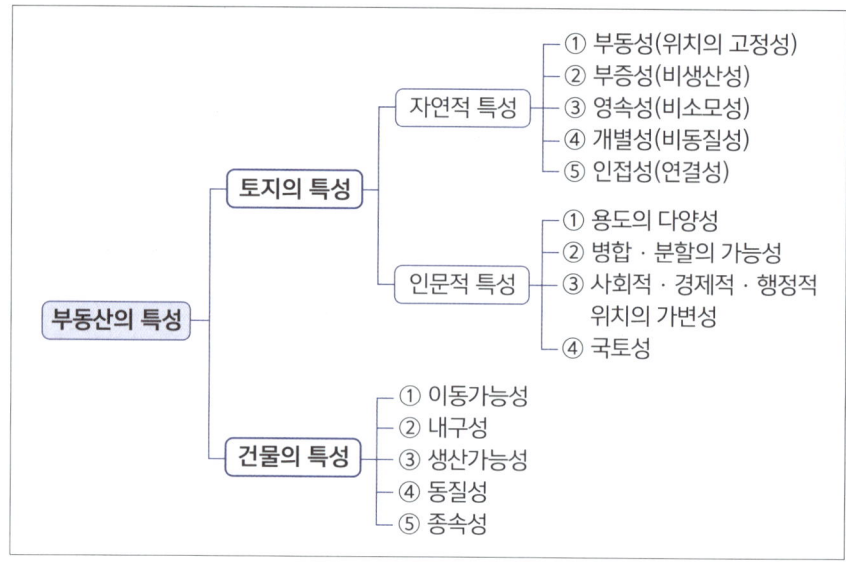

01 토지의 특성

1. 토지의 자연적 특성 ★

토지의 자연적 특성은 물리적 특성이라고도 하며, 토지가 처음부터 지닌 근본적·선천적이고 본질적이며, 그 성질이 변하지 않아 불변적인 특성이라 한다.

(1) 부동성(不動性)

① 토지의 물리적인 위치는 인간의 힘으로 이동시킬 수 없음을 말하는 것으로 위치의 고정성, 비이동성이라고도 한다. 모든 부동산활동은 부동성을 전제로 하여 전개된다.

② **부동성으로 인하여 발생하는 현상**

> ㉠ 부동성은 부동산과 동산을 구별하는 근거가 되며, 그에 따라 부동산의 공시(公示)방법을 등기(登記)로 함으로써 일반재화와는 그 차이가 있다.
> ㉡ 중개, 입지선정, 감정평가 등 부동산활동이 임장(臨場)활동·정보활동❶된다.
> ㉢ 부동산활동 및 부동산현상이 지역별로 각각 다르게 나타난다.
> ㉣ 부동산시장을 지역시장, 국지적 시장이 되게 하므로 지역시장별로 수급불균형의 문제가 발생한다.

(2) 부증성(不增性)

① 토지는 자연적·원시적으로 주어지는 재화이지 생산되는 재화가 아니다. 즉, 토지는 생산비를 투입하여도 물리적인 절대량을 늘릴 수 없다는 것이며, 일반재화와 달리 생산이 불가능하다는 것이다. 이를 비생산성, 면적의 유한성, 수량의 고정성이라고도 한다.

② 한편 공유수면 매립이나 간척지의 개발은 토지이용의 용도전환 측면(경제적 공급)에서 파악하는 것으로서, 결코 물리적인 공급의 증가를 의미하는 것은 아니기 때문에 이러한 것이 부증성의 예외라고 할 수는 없다.

③ **부증성으로 인하여 발생하는 현상**

> ㉠ 토지에는 원칙적으로 생산비(生産費)의 법칙이 적용되지 않는다.
> ㉡ 지가 상승의 근본적인 원인으로 작용하면서 토지의 희소성❷을 증가시킨다. 최유효이용의 근거를 제기한다.
> ㉢ 외곽지역보다 도심지역에서의 집약적(集約的) 토지이용❸을 필연화시킨다.
> ㉣ 사회성·공공성이 높게 강조되어 토지시장에 법적 규제의 필요성을 제기한다.

(3) 영속성(永續性)

① 토지는 사용에 의하여 소모되거나 마멸되지 않아 공간으로서의 토지는 영원히 존속한다는 것으로 비소멸성·비소모성·불변성이라고도 한다.

② 즉, 토지에는 물리적 감가(減價)❹가 발생하지 않고, 다만 해당 토지가 주변환경과 어울리지 못할 경우에는 위치의 고정성(비이동성)이 있어서 경제적 감가는 발생할 수 있다.

용어 & 참고

❶ **임장활동·정보활동**
- 임장(臨場)활동: 현장에 직접 나가서 하는 행위를 말한다.
- 정보활동: 현장에 나가서 여러 가지를 확인하고 탐색하는 행위를 말한다.

❷ **희소성**
수요에 비해 공급이 부족한 현상을 말한다.

❸ **집약적 토지이용**
단위면적당 자본과 노동의 투입비율이 큰 이용을 말한다.
예 도심에서의 건물 고층화 현상 등

❹ **물리적 감가**
시간의 경과로 인한 마모와 훼손, 재해 등으로 발생하는 파손과 마멸 등의 외형적인 가치손실을 말한다.

용어 & 참고

❶ 이용(사용)이익 · 소유이익
- 이용(사용)이익: 타인에게 빌려주고 얻은 대가로서, 부동산의 임대료수입을 말한다.
- 소유이익: 타인에게 매각하여 얻은 대가로, 부동산의 매각대금을 말한다.

❷ 내구성(耐久性)
파손, 노후화, 부패, 균열, 마멸 등이 없어 그 사용연한이 길게 유지될 수 있는 성질을 말한다. 즉, 재화의 수명이 비교적 길다는 것이다.

❸ 대체재
수요자 입장에서 바꾸어 사용하여도 효용이 유사하다고 느끼는 재화를 말한다. 즉, 대체재는 두 재화의 효용 · 용도 · 가격면에서 유사성이 인정되는 것이고, 이는 절대적인 개념은 아니다.
예 콜라와 사이다 등

❹ 일물일가의 법칙
동일한 시장의 일정시점에서의 동일한 물건에는 하나의 가격만이 성립하는 법칙을 말한다. 부동산은 개별성이 있어 일물일가의 법칙이 성립하지 않는다.

❺ PIMFY현상(Please In My Front Yard)
지역사회 발전에 기여할 수 있는 시설 또는 사업을 나의 지역에 유치하겠다는 지역이기주의현상 중 하나를 말한다.

---

③ **영속성으로 인하여 발생하는 현상**

> ㉠ 토지에 물리적 감가상각이론의 적용을 배제시킨다.
> ㉡ 소모를 전제로 하는 재생산이론이나 사고방식을 적용할 수 없게 한다.
> ㉢ 이용(사용)이익과 소유이익❶을 분리하여 타인이 대가를 지불하고 이용하게 하는 임대차시장을 형성하게 한다.
> ㉣ 건물의 내구성❷과 더불어 자산가치의 보존력을 높여서 투자재로서의 선호도를 가지게 한다.

(4) 개별성(個別性)

① 물리적으로 완전히 동일한 토지는 존재하지 않는다는 것으로 이질성 · 비대체성 · 비동질성이라고도 하며, 물리적인 측면에서 토지를 다른 토지와 대체할 수 없게 하는 특성이다. 단, 토지에는 인접성의 특성이 있어 그 용도적인 대체❸는 가능하다.

② **개별성으로 인하여 발생하는 현상**

> ㉠ 개별성은 토지뿐만 아니라 건물이나 기타 개량물에도 적용할 수 있다.
> ㉡ 물리적으로 동질적이라 하여도 그 부동산의 경제적 · 법적 성격이 달라지면 부동산가격 또한 달라지므로, 부동산에는 동일한 재화가 존재하지 않는다.
> ㉢ 동일한 물건이 존재하지 않으므로 일물일가(一物一價)의 법칙❹이 성립하지 않는다.

(5) 인접성(연결성 · 연속성)

① 지표의 일부인 토지는 물리적으로 다른 토지와 연결되어 있다는 것으로, 인접한 토지와 상호 연관성이 있다는 것이다.

② **인접성으로 인하여 발생하는 현상**

> ㉠ 특정 토지의 이용과 개발은 인근 주변토지에 영향을 주기 때문에 부동성과 함께 정(+)의 외부효과 및 부(-)의 외부효과를 설명해주는 근거가 된다.
> ㉡ 주거지 부근에 근린공원이나 학군 등의 형성은 긍정적 시설 개발유치(PIMFY)현상❺으로 나타나며, 쓰레기소각장 등의 유해시설 설치는 부정적 시설 개발기피(NIMBY)현상❺으로 나타난다.
> ㉢ 토지는 개별성이 있어 물리적인 대체는 불가능하지만, 용도면에서는 대체이용을 가능하게 한다.

2. 토지의 인문적 특성 ★

인문적 특성은 인간이 토지를 대상으로 갖가지 행위를 할 때 인간과 토지의 관계에서 발생하는 특성으로, 자연적 특성과는 달리 인간의 부동산활동에 따라 그 성질이 가변적이다.

(1) 용도의 다양성

① 일반재화와 달리 토지는 여러 가지 용도로 이용될 수 있다는 것으로, 변용성 또는 다용도성이라고도 한다.

② 용도의 다양성으로 인하여 발생하는 현상

> ㉠ 용도의 다양성은 최유효이용의 성립(판단)근거가 된다.
> ㉡ 후보지 · 이행지의 경우처럼 토지의 전환과 이행을 통하여 경제적 · 용도적 공급을 가능하게 한다.
> ㉢ 용도에 따라 가치가 달라지는 가치다원설을 성립하게 한다.

(2) 병합 · 분할의 가능성

① 토지는 이용목적에 따라 그 면적을 법이 허용하는 범위 내에서 분할하거나 병합하여 사용할 수 있다는 것으로, 분합성이라고도 한다.

② 병합 · 분할의 가능성으로 인하여 발생하는 현상

> ㉠ 용도의 다양성을 지원하는 기능을 가지게 한다.
> ㉡ 합병 증가 · 감가, 분할 증가 · 감가를 발생시킨다.

(3) 사회적 · 경제적 · 행정적 위치의 가변성

토지는 부동성으로 인하여 절대적(물리적) 위치는 변하지 않지만, 토지에 관한 사회적 환경(예 학군, 공원, 인구의 변화 등), 경제적 환경(예 교통체계, 이자율, 경제상황의 변화 등), 행정적 환경(예 공적기관의 토지이용계획, 정책, 제도의 변화 등)에 따라 토지의 상대적 위치가 달라지고 이에 따라 토지의 가치가 변할 수 있다.

용어 & 참고

❻ NIMBY현상(Not In My Back Yard)

"내 뒷마당에서는 안 된다."라는 것으로 위험시설 · 혐오시설 등(예 소각장, 장례식장 등)이 자신들이 살고 있는 지역에 들어서는 것을 강력하게 반대하는 지역이기주의현상 중 하나를 말한다. '자기중심적 공공정신결핍현상'이라고도 한다.

기출문제 바로가기

핵심개념

CHAPTER 1
부동산의 수요·공급이론

- 수요의 개념 ★
- 수요변화의 요인 ★
- 공급의 개념 ★
- 공급변화의 요인 ★
- 수요·공급의 변화에 따른 균형가격·균형거래량 변화 ★
- 탄력성의 개념 ★

PART 2
부동산경제론

CHAPTER 1   부동산의 수요·공급이론

CHAPTER 1 부동산의 수요·공급이론

> 용어 & 참고

01 부동산수요·공급의 개념과 특징

(1) 부동산의 수요·공급이론은 'PART 3 부동산시장론'에서 다루는 부동산시장의 논리적 구조를 이해하는 분야이다.

(2) 부동산시장이란 수요와 공급에 의해서 가격이 결정되고, 이렇게 결정된 가격이 다시 수요와 공급에 영향을 주는, 가격이 수요와 공급을 조절하는, 즉 자원배분기능을 수행하는 곳이라 할 수 있다.

(3) 합리적인 소비자(수요자)는 주어진 예산이나 소득으로 본인의 효용(만족도)을 위하여 행동하고, 합리적인 생산자(공급자)는 재화를 공급하는 데 있어 비용을 감당할 수 있는 수준에서 이윤극대화를 위하여 행동한다는 기본가정에서 출발한다. 즉, 소비자(수요자)는 부동산을 '소비재'로 인식하는 것이고, 생산자(공급자)는 부동산을 '상품'으로 인식하는 것이다.

1. 부동산수요(demand)

(1) 수요의 개념 ★

수요란 일정기간 동안에 소비자가 재화나 서비스를 구매하고자 하는 욕구나 그 양을 말하며, 수요량이란 일정기간 동안에 주어진 가격수준에 대하여 소비자가 구입·구매하고자 하는 최대수량을 말한다.

① **유량(流量)개념:** 일정기간 동안 파악되는 유량의 개념이다.

② **사전적(事前的) 개념:** 수요량은 주어진 가격수준에서 수요자들이 구매하려고 의도한 양이지 실제 구입한 양을 의미하는 것은 아니다.

③ **유효수요:** 수요량은 구매의사만 나타내는 것이 아니라 구매력(지불능력)을 가지고 구매하고자 하는 유효수요를 의미한다. 구매의사만 있고 구매력이 동반되지 못한 것은 잠재수요라 한다.

> **보충** 유량(流量)과 저량(貯量)의 개념

- 유량(flow) – 일정기간
  한 달 동안, 1/4분기(1/1~3/31) 동안, 1년 동안, 저수지로 흘러들어가는, 흘러나오는 물의 양을 뜻하는 개념이다.
  ⇨ 유량지표: 소득(임금), 수요(소비), 공급(생산), 임대료수입, 이자비용, 주택거래량, 신규주택공급량 등

- 저량(stock) – 일정시점
  12월 1일 현재, 1월 1일부로(기준으로), 저수지에 저장된, 고여 있는, 고정된 물의 양을 뜻하는 개념이다.
  ⇨ 저량지표: 부동산가격(가치), 인구, 기존주택공급량(주택재고량), 통화량[1], 주택보급률[2] 등

용어 & 참고

❶ 통화량
한 나라의 경제에서 일정시점에 유통되고 있는, 존재하는 화폐(통화)의 양을 말한다.

❷ 주택보급률
주택보급률은 특정국가 또는 특정지역에서 일반가구 수에 대한 주택 수의 백분율로 산정한다. 2021년 기준 전국 주택보급률은 102.2%이다.

$$주택보급률 = \frac{주택\ 수}{일반가구\ 수} \times 100$$

(2) 수요함수(function)

① 수요함수란 어떤 부동산에 대한 수요(량)와 그 부동산의 수요에 영향을 미치는 요인(원인)들간의 관계를 함수형태로 나타낸 것을 말한다.

② 특정 부동산의 수요(량)에 영향을 미치는 요인은 다양하다. 다른 조건이 일정할 때 수요함수는 다음과 같이 나타낼 수 있다.

> 부동산의 수요(량)
> = f[부동산의 가격 / 인구, 수요자의 소득, 대체재, 보완재, 기호(선호도), 가격 상승(하락)에 대한 예상, 정책, 금리, 세금 등]

여기서 부동산의 수요(량)라는 종속변수(결과)에 영향을 주는 요인(원인)들을 독립변수라 한다. 즉, 부동산수요(량)에 영향을 미치는 요인은 해당 부동산의 가격과 해당 부동산의 가격 이외의 요인으로 구분할 수 있다.

(3) 수요의 법칙

① 수요의 법칙이란 다른 조건이 일정할 때 부동산가격이 상승하면 부동산수요량이 감소하고, 부동산가격이 하락하면 부동산수요량이 증가하는 현상을 말한다. 즉, 가격과 수요량 사이의 반비례·음(−)의 관계를 의미한다. 따라서 수요함수는 가격에 대한 감소함수로 정의할 수 있다.

용어 & 참고

② 수요곡선이 우하향하는 이유는 소득효과와 대체효과로 설명할 수 있다.

> **보충 가격효과(price effect)**
>
> 가격이 하락할 때 수요량이 늘어나는 것은 소득효과와 대체효과로 설명할 수 있는데, 이 두 가지를 합한 것을 가격효과라 한다.
>
> - **소득효과(income effect)**
>   재화의 가격이 하락하였다는 것은 상대적으로 소비자의 소득이 증가하였다는 것을 의미한다. 소비자의 명목소득이 동일하여도 재화의 가격이 하락하면 소비자의 실질소득이 향상되고, 이전보다 더 많은 양의 재화를 구매할 수 있다. 이처럼 실질소득이 증가함에 따라 구매력이 향상되어 수요량이 늘어나는 현상을 소득효과라 한다.
> - **대체효과(substitution effect)**
>   대체관계에 있는 재화의 가격이 상승하면(그 재화의 수요량은 감소하고) 해당 재화의 상대적 가격이 하락한 효과가 있으므로, 이로 인하여 해당 재화의 수요량이 늘어나는 현상을 대체효과라 한다.

(4) 수요곡선

다른 조건이 일정할 때, 해당 부동산의 가격이 상승(하락)하면 해당 부동산의 수요량이 감소(증가)하는, 즉 해당 부동산의 가격과 수요량과의 반비례·음(−)의 관계를 그래프로 나타낸 것이다. 따라서 부동산수요곡선은 우하향 형태의 곡선이 된다.

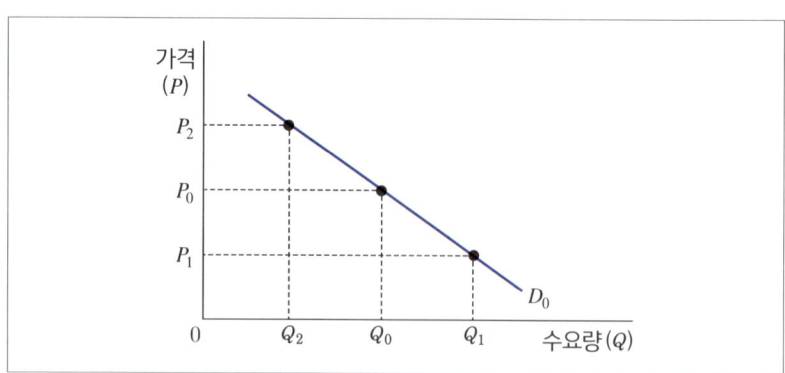

(5) 수요량의 변화와 수요의 변화

① **수요량의 변화**

㉠ 다른 조건이 일정할 때, 해당 부동산의 가격이 변화함에 따라 동일한 수요곡선상에서 부동산수요량이 변화하는 것을 말하며, 수요곡선상의 점의 이동으로 표현된다.

㉡ 즉, 해당 부동산의 가격이 상승할 때 부동산수요량이 감소하고, 해당 부동산의 가격이 하락할 때 부동산수요량이 증가하는 현상이다.

㉢ 해당 부동산의 '수요량의 변화'에 영향을 주는 요인은 '해당 부동산의 가격'이다.

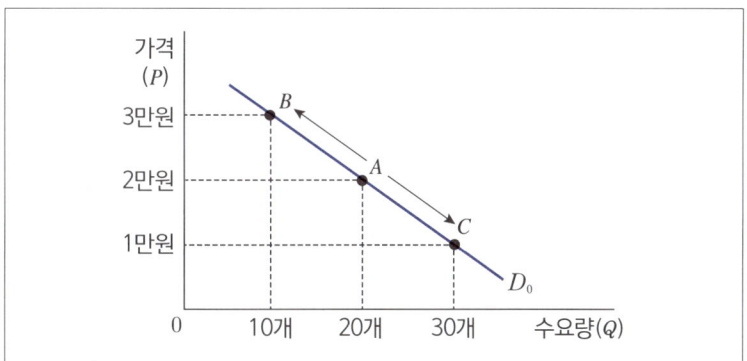

② **수요의 변화:** 해당 부동산가격 '이외의 다른 요인'의 변화로 동일한 가격수준에서 부동산수요량이 변화하는 것을 말하며, 수요곡선(D_0) 자체가 우측이나 좌측으로 이동하는 것으로 표현된다.

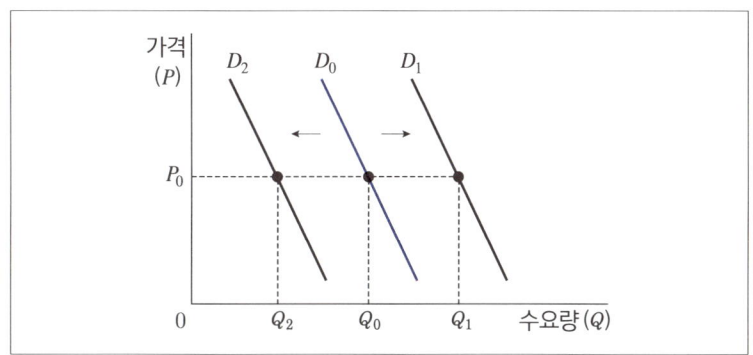

(6) 수요변화의 요인 ★

다른 조건이 일정할 때, 해당 부동산가격 이외의 다른 요인이 변하면 그 부동산의 수요가 변하여 수요곡선이 우측이나 좌측으로 이동하게 된다. 이러한 수요곡선을 좌우로 이동(수요변화)시키는 요인은 다음과 같다.

수요변화의 요인		해당 부동산수요 변화	수요곡선의 이동
인구유입의 증가		증가	우측 이동
정상재 (우등재)	소득 증가	증가	우측 이동
	소득 감소	감소	좌측 이동
열등재 (하급재)	소득 증가	감소	좌측 이동
대체재가격의 상승 (대체재 수요량 감소)		증가	우측 이동
보완재가격의 상승 (보완재 수요량 감소)		감소	좌측 이동
소비자의 예상 (가격 상승 예상)		증가	우측 이동

① **인구 수의 변화**
   ㉠ 해당 지역에 인구유입이 늘어나거나 가구분리 등으로 세대 수가 늘어나게 되면, 부동산의 수요가 증가하여 수요곡선이 우측으로 이동한다.
   ㉡ 반면, 해당 지역에 인구유입이 감소하거나 인구유출이 많아지면, 부동산의 수요가 감소하여 수요곡선이 좌측으로 이동한다.

② **소득의 변화**
   ㉠ 수요자의 소득이 증가하면 해당 재화의 수요가 증가하고, 소득이 감소하면 해당 재화의 수요는 감소한다. 그러나 경우에 따라서는 소득이 증가할 때 오히려 해당 재화의 수요가 감소하는 경우도 있다.
   ㉡ 소득 증가로 수요곡선이 우측으로 이동(수요 증가)하였다면 이러한 재화는 정상재❶이고, 소득 증가로 수요곡선이 좌측으로 이동(수요 감소)하였다면 이러한 재화는 열등재❷이다. 즉, 소득 증가로 수요곡선이 항상 우측으로 이동하는 것은 아니다.

용어 & 참고

❶ **정상재(우등재)**
소득이 증가함에 따라 그 수요가 증가하는 재화를 말한다.
예 수요자의 소득 증가로 아파트의 수요가 증가하였다면 아파트는 정상재이다.

❷ **열등재(하급재)**
소득이 증가함에 따라 오히려 수요가 감소하는 재화를 말한다.
예 수요자의 소득 증가로 빌라의 수요가 감소하였다면 빌라는 열등재이다.

③ **대체재가격의 변화**
  ⊙ 빌라와 아파트가 용도적 대체관계에 있는 상품이라고 가정할 때 빌라의 가격이 상승하면(수요법칙에 의하여 빌라의 수요량은 감소하게 되지만, 아파트의 상대적 가격은 하락한 효과가 있으므로) 아파트의 수요는 증가한다.
  ⊙ 합리적인 소비자는 두 재화의 효용이 유사하다면 가격이 싼 재화를 구입하므로 빌라를 구매하고 싶었으나 가격이 비싸진 빌라 대신 상대적으로 가격이 싼 아파트를 구입하는 것이다.
  ⊙ 두 상품 X재와 Y재가 대체관계에 있다면, X재의 가격이 상승하면(X재의 수요량은 감소하고) Y재의 수요가 증가하여 Y재의 수요곡선이 우측으로 이동한다. 즉, 대체관계에 있는 다른 재화의 수요가 감소하면, 해당 재화의 수요는 증가한다.
  ⊙ 아파트의 대체재가격이 상승하면(대체재의 수요량은 감소하고, 이에 따라) 아파트의 수요는 증가한다(수요곡선 우측 이동).

④ **보완재가격의 변화**
  ⊙ 커피와 설탕이 보완관계에 있는 재화라고 가정할 때 커피의 가격이 상승하면 수요법칙에 의하여 커피의 수요량은 감소한다. 이때 소비자들은 보완관계에 있는 설탕의 소비량도 줄일 수밖에 없으므로 해당 재화인 설탕의 수요량도 감소하는 것이다.
  ⊙ 두 상품 X재와 Y재가 보완관계에 있다면, X재의 가격이 상승하면(X재의 수요량은 감소하고) Y재의 수요도 감소하여 Y재의 수요곡선이 좌측으로 이동한다. 즉, 보완관계에 있는 다른 재화의 수요가 감소하면, 해당 재화의 수요 또한 감소한다.
  ⊙ 아파트의 보완재가격이 상승하면(보완재의 수요량은 감소하고), 아파트의 수요는 감소한다(수요곡선 좌측 이동).

⑤ **가격 상승 예상:** 수요자들은 부동산가격이 상승할 것으로 예상되면 가격이 상승하기 전에 미리 구입하려고 하기 때문에 수요가 증가하게 된다.

⑥ **수요자의 선호도:** 어떤 부동산에 대한 수요자들의 선호도가 달라지면 그 부동산에 대한 수요가 변하게 되어 수요곡선이 이동한다. 즉, 수요자들의 아파트에 대한 선호도가 높아지면 아파트에 대한 수요가 증가한다(수요곡선 우측 이동).

용어 & 참고

❶ **보완재**
한 상품씩 따로따로 사용할 때보다 함께 사용할 때 더 큰 만족을 얻을 수 있는 재화를 보완재 혹은 협동재라 한다. 대체재에 적용하였던 것처럼 절대적인 개념은 아니고 상대적인 개념이다.

예 커피와 설탕, 커피와 담배 등

용어 & 참고

⑦ **기타:** 금리수준, 부동산조세, 주택금융상태, 주거환경 등의 여러 가지 요인도 부동산수요에 영향을 준다.

(7) 부동산수요의 특징

① 생활을 위한 필수적 수요(소비재) 및 투자수요(자산)의 형태로 나타난다.
② 부동산은 타 재화에 비하여 가격이 고가(高價)이므로 구매자금을 축적하는 데 장시간이 소요된다.
③ 수요활동의 판단에 영향을 미치는 주안점은 수요활동의 주체와 부동산의 종류에 따라 달라진다.
④ 부동산은 고가성·내구성·개별성 때문에 가격에 대하여 수요량의 변화가 적으므로 부동산수요는 가격에 대하여 비탄력적(⇨ 양의 변화가 적다)이라 볼 수 있다.

2. 부동산공급(supply)

(1) 공급의 개념 ★

공급이란 일정기간 동안에 생산자(공급자)가 재화나 서비스를 판매(공급)하고자 하는 욕구를 말하며, 공급량이란 생산자(공급자)들이 주어진 가격에 대응하여 일정기간에 판매(공급)하고자 하는 재화나 서비스의 최대수량을 말한다.

① **유량·저량개념:** 부동산공급은 일정기간 동안에 측정되는 유량(flow)의 개념이지만, 일정시점에 존재하는 저량(stock)의 개념도 있다.
  ㉠ **주택유량의 공급량:** 일정기간에 공급하고자 하는 주택의 양을 말하는 것으로, 이를 구체화하면 신규주택공급량이다. 신규주택의 공급은 일정한 생산기간이 필요하므로 유량개념이다.
  ㉡ **주택저량의 공급량:** 일정시점에 시장에 존재하는 주택의 양을 말하는 것으로, 이를 구체화하면 기존주택공급량(주택재고량)이다. 이미 시장에 공급되어 있는(존재하는) 주택의 양은 저량개념이다.
  ㉢ 부동산공급자에는 신규생산자뿐만 아니라 기존의 주택이나 건물의 소유자도 포함된다.

② **사전적(事前的) 개념:** 부동산공급은 공급하고자 하는 의도된 양을 의미하는 것이지, 실제로 공급(판매·매도)한 양을 의미하지는 않으므로 공급도 역시 사전적 개념이다.

③ **유효공급:** 부동산을 공급할 의사와 실제적인 공급능력이 동반된 공급이다. 따라서 누구든지 부동산의 공급자로 참여할 수 있는 것은 아니다.

(2) 공급함수

① 공급함수란 어떤 부동산에 대한 공급(량)과 그 부동산의 공급에 영향을 주는 요인(원인)들간의 관계를 함수형태로 나타낸 것을 말한다.

② 다른 조건은 일정하다고 가정할 때 공급함수는 다음과 같이 나타낼 수 있다.

> 부동산의 공급(량)
> = f[부동산의 가격 / 생산요소가격(생산비), 건축기술, 건축규제, 공급자의 수, 금리, 공급자의 예상, 조세 부과 및 보조금 지급 등]

여기서 부동산의 공급(량)이라는 종속변수(결과)에 영향을 주는 요인(원인)들을 독립변수라 한다.

(3) 공급의 법칙

공급의 법칙이란 다른 조건이 일정할 때 부동산가격이 상승하면 부동산공급량이 증가하고, 부동산가격이 하락하면 부동산공급량이 감소하는 현상을 말한다. 즉, 가격과 공급량 사이의 비례·정(+)의 관계를 의미한다. 따라서 공급함수는 가격에 대한 증가함수로 정의할 수 있다.

(4) 공급곡선

다른 조건이 일정할 때, 해당 부동산의 가격이 상승(하락)하면 해당 부동산의 공급량이 증가(감소)하는, 즉 해당 부동산의 가격과 공급량과의 비례·정(+)의 관계를 그래프로 나타낸 것이다. 따라서 부동산 공급곡선은 우상향 형태의 곡선이 된다.

용어 & 참고

(5) 공급량의 변화와 공급의 변화

① **공급량의 변화:** 다른 조건이 일정할 때, 해당 부동산의 가격이 변화함에 따라 동일한 공급곡선상에서 부동산공급량이 변화하는 것을 말하며, 공급곡선상의 점의 이동으로 표현된다.

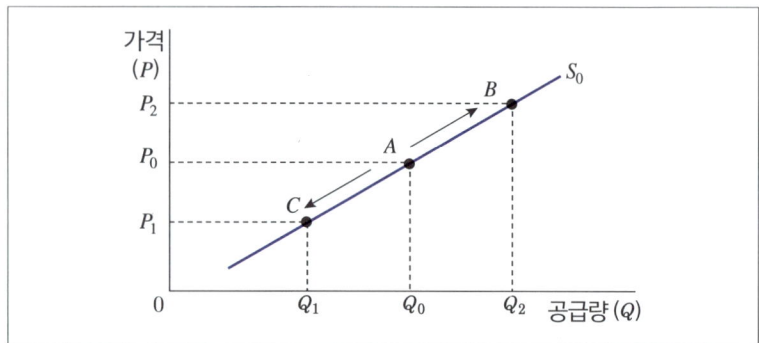

② **공급의 변화:** 해당 부동산가격 이외 다른 요인의 변화로 동일한 가격수준에서 부동산공급량이 변화하는 것을 말하며, 공급곡선(S_0) 자체가 우측이나 좌측으로 이동하는 것으로 표현된다.

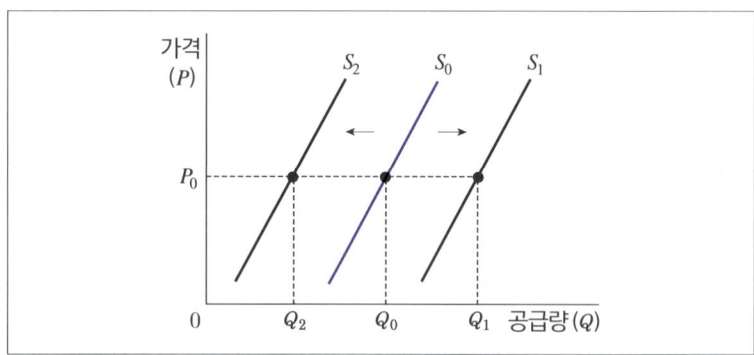

(6) 공급변화의 요인 ★

다른 조건이 일정할 때, 해당 부동산가격 이외의 다른 요인이 변하면 그 부동산의 공급이 변하여 공급곡선이 우측이나 좌측으로 이동하게 된다.

공급변화의 요인		해당 부동산공급 변화	공급곡선의 이동
생산요소가격의 하락		증가	우측 이동
건축기술의 진보		증가	우측 이동
건축규제의 강화		감소	좌측 이동
공급자에게 조세 부과		감소	좌측 이동
공급자에게 보조금 지급		증가	우측 이동
신규주택 (상품)	가격 상승 예상	증가	우측 이동
	가격 하락 예상	감소	좌측 이동

① **생산요소가격의 변화**
  ㉠ 생산요소가격(**예** 택지매입비용, 건축자재, 건설노동자의 임금 등)이 하락하면 공급자의 비용이 감소하므로 동일한 가격수준에서 부동산의 공급은 증가하여 공급곡선이 우측으로 이동한다.
  ㉡ 생산요소가격이 상승하면 공급자의 비용이 증가하므로, 동일한 가격수준에서 부동산의 공급은 감소하여 공급곡선이 좌측으로 이동한다.
② **건축기술의 변화:** 건축공법과 같은 건축기술이 향상되면 공급자의 생산성이 향상되므로 동일한 가격수준에서 부동산공급은 증가하여 공급곡선이 우측으로 이동한다.
③ **건축규제의 변화**
  ㉠ 건폐율❶·용적률❷ 등 건축규제가 완화되면, 부동산의 공급이 증가하여 공급곡선이 우측으로 이동한다.
  ㉡ 건축규제가 강화되면 부동산의 공급이 감소하여 공급곡선이 좌측으로 이동한다.
④ **이자율(금리수준)의 변화**
  ㉠ 이자율이 하락하면 건설자금의 조달비용이 낮아지므로 부동산의 공급이 증가하여 공급곡선이 우측으로 이동한다.
  ㉡ 이자율이 상승하면 공급자의 비용이 늘어나므로 부동산의 공급이 감소하여 공급곡선이 좌측으로 이동한다.

(7) 부동산공급의 특징

토지는 부증성으로 인하여 물리적 공급은 불가능하지만, 용도의 다양성으로 인하여 경제적 공급은 가능하다. 토지의 용도적·경제적 공급은 물리적으로 한정되어 있는 토지의 이용을 능률화하기 위하여 경제적 이용도를 증대시키는 것이다.

① **토지의 물리적 공급:** 토지의 자연적 특성인 부증성으로 인하여 가격의 변화에도 물리적으로 이용가능한 토지의 양은 변하지 않는다. 따라서 토지의 물리적 공급량이 한정되어 있고 그 양의 변화가 없으므로 토지의 물리적 공급곡선은 가격에 대하여 완전비탄력적이며, 수직선 형태로 나타난다.
② **토지의 경제적 공급:** 용도의 다양성은 토지의 경제적(용도적) 공급곡선이 우상향하는 형태로 나타나게 한다.❸

용어 & 참고

❶ **건폐율**(建蔽率, building coverage ratio)
대지면적에 대한 건축면적의 비율을 말한다.

❷ **용적률**(容積率, floor area ratio)
대지면적에 대한 연(건축)면적의 비율을 말한다.

❸
개별적인 토지, 즉 이질적인 재화를 그래프(완전경쟁모형)로 분석하기 위해선 동질화하는 작업이 필요한데, '토지서비스'라는 개념은 개별적인 재화를 동질화시켜서 완전경쟁모형으로 분석하는 것을 가능하게 한다.

용어 & 참고

토지의 물리적 공급과 경제적 공급

구분	공급방법	토지특성	공급곡선형태
토지의 물리적 공급 (절대적 공급)	없음(불가능)	부증성 (비생산성)	수직
토지의 경제적 공급 (용도적 공급)	• 토지이용의 집약화❶ • 토지이용의 개발화 • 공유수면 매립, 간척사업 • 규제 완화, 토지의 용도전환	용도의 다양성	우상향

❶ **집약화**
단위면적당 자본과 노동의 투입비율을 높이는 토지이용행위로 주로 도심에서 공중공간이나 지하공간 등 입체공간을 많이 활용하는 것을 말한다.

❷
단기와 장기의 개념은 시간의 의미라기보다는 목적달성이 제한되면 단기라고 표현하고, 목적달성이 용이하면 장기라고 표현한다.

❸ **탄력적 · 비탄력적**
• **탄력적**: 양의 변화가 많다(크다).
• **비탄력적**: 양의 변화가 적다(작다).

③ 부동산의 공급곡선은 단기와 장기에 따라❷ 그 곡선의 기울기가 다르다. 단기에는 양의 변화가 적어 공급이 비탄력적이라 하며, 장기에는 양의 변화가 많아 공급이 탄력적이라고 한다.❸ 따라서 부동산의 단기공급곡선보다 장기공급곡선의 기울기가 더 완만하다.

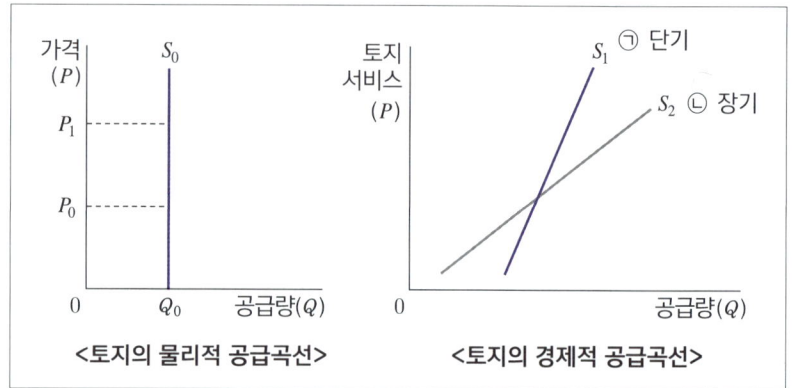

<토지의 물리적 공급곡선>   <토지의 경제적 공급곡선>

㉠ **단기공급곡선**
  ⓐ 공급곡선의 기울기가 급한 것은 완만한 것에 비하여 가격이 상승한다고 할지라도 공급이 어렵다는 것을 의미한다. 즉, 단기공급곡선이 장기공급곡선에 비하여 기울기가 급한 것은 단기에는 그만큼 공급이 어렵다는 것을 의미한다.
  ⓑ 왜냐하면 단기에는 생산요소(예 자본, 노동 등)의 사용과 투입이 제한되어 있기 때문이다. 따라서 단기에는 그 양의 변화가 적으므로 부동산의 공급이 비탄력적이 된다.

ⓛ 장기공급곡선
   ⓐ 장기공급곡선이 단기공급곡선에 비하여 기울기가 완만한 것은 장기에는 그만큼 경제적 공급이 가능하다는 것을 의미한다.
   ⓑ 장기에는 단기에 비하여 생산요소(예 자본, 노동 등)의 사용이 완화되고 투입도 가능해지므로 토지의 용도적 공급이 더 가능해진다.❶ 따라서 장기에는 그 양의 변화가 많으므로 공급이 탄력적이 되고, 그 기울기는 완만해진다.
ⓒ 신규주택의 경우에는 일반재화에 비하여 생산(건축)에 소요되는 기간이 길기 때문에 주택가격이 상승하여도 공급량을 적시에 늘리기 어려우므로 공급은 더 비탄력적이 된다.
ⓓ 따라서, 부동산의 단기공급의 가격탄력성보다 장기공급의 가격탄력성이 더 탄력적이다. 즉, 단기에는 양의 변화가 적어 비탄력적이지만, 장기에는 양의 변화가 많아 탄력적이다.

❶ 용도전환에 관한 법적 규제가 완화될수록 공급은 더 탄력적이 된다.

02 균형가격과 균형거래량

1. 균형의 달성

(1) 이상적 시장인 완전경쟁시장❷에서는 우하향하는 시장수요곡선과 우상향하는 시장공급곡선이 교차하는 점에서 균형가격과 균형거래량이 결정된다. 부동산시장은 개별성이 있어 불완전경쟁시장이지만, 완전경쟁시장을 가정하여 균형가격과 균형거래량을 분석한다.

(2) 즉, 그래프를 통하여 부동산시장을 분석한다는 것은 부동산시장에 대하여 동질적인 재화를 전제로 하는 완전경쟁시장모형을 가정하는 것을 의미한다.

❷ 완전경쟁시장
가격이 완전경쟁에 의하여 형성되는 시장을 말한다. 즉, 시장참여가 자유로우며 완전한 정보와 상품지식을 가지며, 개개의 시장참여자가 시장에 미치는 영향력이 미미한 상태에서 재화가 동질할 때 완전한 경쟁에 의해서 가격이 형성하는 이상적인 시장 모델이다.

용어 & 참고

사례 아파트에 대한 시장수요량 및 공급량

아파트가격 (만원/m²)	수요량 (m²)	공급량 (m²)	초과 수요량	초과 공급량
150	20	80	–	60
120	40	60	–	20
100	50	50	0	0
80	60	40	20	–
60	80	20	60	–

⇨ 위 표에서 아파트의 균형가격은 100만원/m²이고, 균형거래량은 50m² 이다.

❶
- 수요곡선의 높이: 수요자의 효용(편익) – 지불용의 최대 금액
- 공급곡선의 높이: 공급자의 비용 – 최소 수입(보수)
- 소비자잉여: 가격을 지불하고 남은 소득
- 생산자잉여: 재화를 생산(공급)하는 비용을 충당하고 남은 소득

균형가격과 균형거래량의 결정 ❶

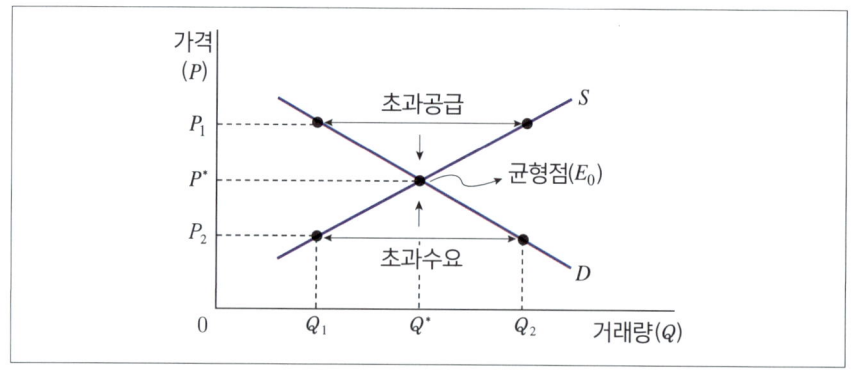

2. 시장균형·균형가격 결정

(1) 균형의 개념

① 균형이란 수요량(Q_d)과 공급량(Q_s)이 같은, 동일한 상태를 뜻한다. 수요곡선과 공급곡선이 만나는 점을 균형점(E_0)이라고 하고, 수요량과 공급량이 같은 상태의 양을 균형거래량(Q^*)·균형수급량이라고 하며, 이때 수요량과 공급량이 같은 상태에서 결정된 가격을 균형가격(P^*)이라고 한다.

② 즉, 균형이란 일단 그 상태에 도달한 후 외부에서 어떤 자극을 주지 않는 한 더 이상 다른 상태로 변화하지 않는 상태를 말한다. 완전경쟁시장에서는 일시적으로 균형상태를 벗어나더라도 '보이지 않는 손'에 의하여 언제나 균형이 달성된다.

③ 균형상태에서는 수요자와 공급자가 모두 만족에 이르는 상태가 된다. 균형가격수준에서는 수요량과 공급량이 일치하고 있어 초과공급과 초과수요가 발생하지 않는 상태이고, 이 균형가격에서 수요자들은 사고 싶어 하는 것을 모두 살 수 있고 공급자들은 팔고 싶어 하는 것을 모두 팔 수 있어 수요자들과 공급자들이 모두 만족하게 되므로 시장참여자의 전체 만족도, 즉 사회적 후생이 극대화된다.

④ 이러한 완전경쟁시장은 언제나 균형가격이 성립하고 가격이 수요와 공급을 원활하게 조절하여 효율적인 자원배분이 되므로 사회적 후생이 극대화되는 이상적인 시장이다.

> **핵심** 현실의 부동산시장 - 불완전경쟁시장
>
> 부동산시장은 불완전한 부동산의 특성으로 인해 불완전경쟁시장으로서 시장기구 스스로 균형가격이 성립하지 않고, 가격이 수요와 공급을 조절하는 것이 원활하지 않아 효율적 자원배분에 실패하게 된다. 따라서 시장기능에 맡겨 두면 사회적 후생이 감소하게 된다. 이러한 문제는 정부가 부동산시장에 개입하는 근거를 제기한다.

(2) 초과공급 발생시 균형가격으로의 회귀과정

① 가격(임대료)이 P_1일 때 초과공급(Q_1~Q_2)이 발생한다.

② 초과공급이 발생할 때에는 가격이 하락하게 된다. 이때 가격은 수요량과 공급량이 일치하는 P^*수준까지 하락하여 가격이 결정된다. 이때의 가격수준을 균형가격 또는 시장가격이라 한다.

(3) 초과수요 발생시 균형가격으로의 회귀과정

① 가격(임대료)이 P_2일 때 초과수요(Q_1~Q_2)가 발생한다.

② 초과수요가 발생할 때에는 가격이 상승하게 된다. 이때 가격은 수요량과 공급량이 일치하는 P^*수준까지 상승하여 균형가격이 결정된다.

3. 수요·공급의 변화에 따른 균형가격·균형거래량 변화 ★

균형가격과 균형거래량은 수요곡선과 공급곡선의 위치에 의하여 결정된다. 다른 조건이 일정할 때, <u>해당 부동산가격 이외의 요인의 변화로 인하여 수요곡선이나 공급곡선이 좌우로 이동하면 시장균형도 변하며, 그 결과 새로운 균형가격과 새로운 균형거래량이 결정된다.</u>

(1) 수요·공급이 각각 변하는 경우

① 수요만 변하는 경우

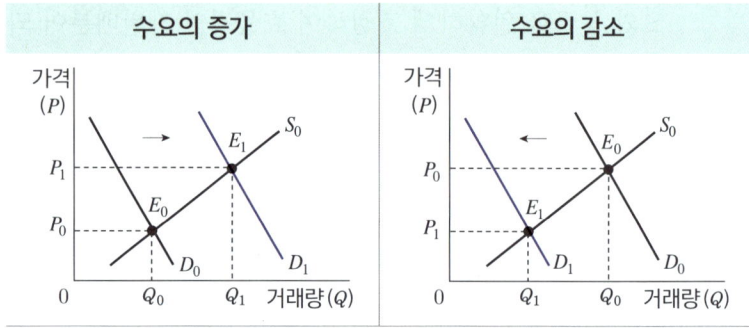

㉠ 인구유입이 증가하여 수요가 증가한 경우: 균형가격은 상승하고, 균형거래량은 증가한다.

㉡ 대출금리의 인상으로 수요가 감소한 경우: 균형가격은 하락하고, 균형거래량은 감소한다.

② 공급만 변하는 경우

㉠ 건축기술의 향상으로 공급이 증가한 경우: 균형가격은 하락하고, 균형거래량은 증가한다.

㉡ 건축자재 등 생산요소가격 상승으로 공급이 감소한 경우: 균형가격은 상승하고, 균형거래량은 감소한다.

용어 & 참고

❶ 이하의 그래프들에서는 다음을 가정한다.
- E_0: 최초 균형점
- E_1: 변경된 균형점

(2) 수요 · 공급이 동시에 변하는 경우

① 수요와 공급이 동시에 증가한 경우

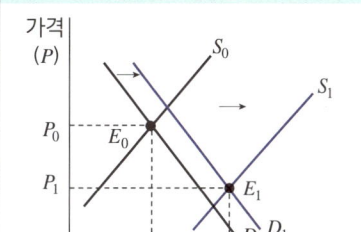

- ㉠ **수요의 증가가 공급의 증가보다 큰 경우:** 균형가격은 상승하고, 균형거래량은 증가한다.
- ㉡ **공급의 증가가 수요의 증가보다 큰 경우:** 균형가격은 하락하고, 균형거래량은 증가한다.
- ㉢ **수요와 공급이 동일하게 증가한 경우:** 균형가격은 변하지 않고, 균형거래량은 증가한다.

② 수요와 공급이 동시에 감소한 경우

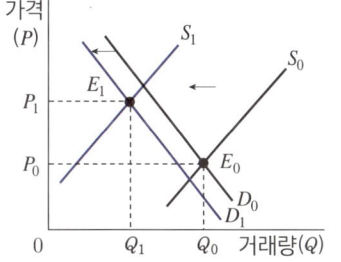

- ㉠ **수요의 감소가 공급의 감소보다 큰 경우:** 균형가격은 하락하고, 균형거래량은 감소한다.
- ㉡ **공급의 감소가 수요의 감소보다 큰 경우:** 균형가격은 상승하고, 균형거래량은 감소한다.
- ㉢ **수요와 공급이 동일하게 감소한 경우:** 균형가격은 변하지 않고, 균형거래량은 감소한다.

사례 | 균형가격과 균형거래량의 변화 사례연습

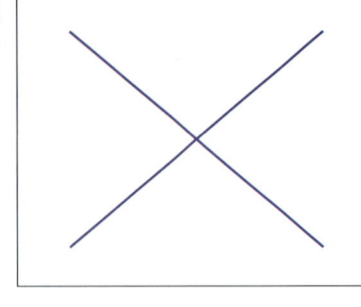

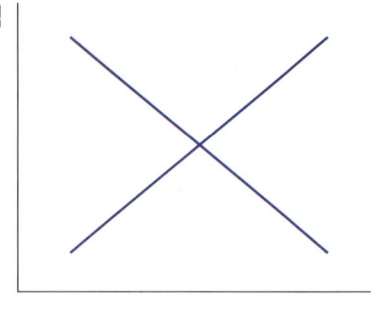

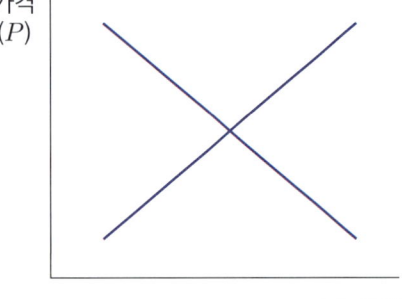

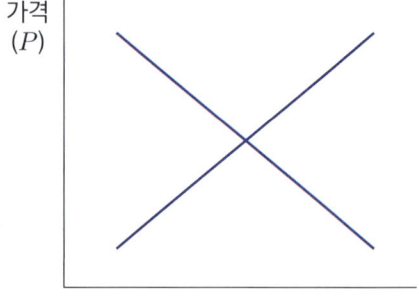

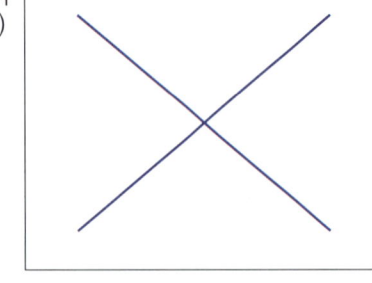

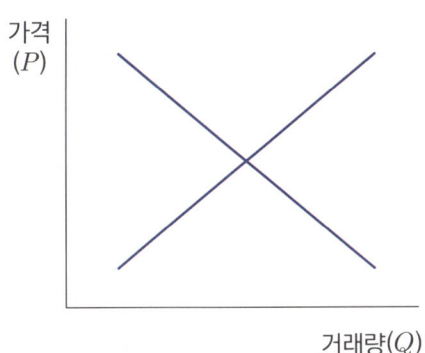
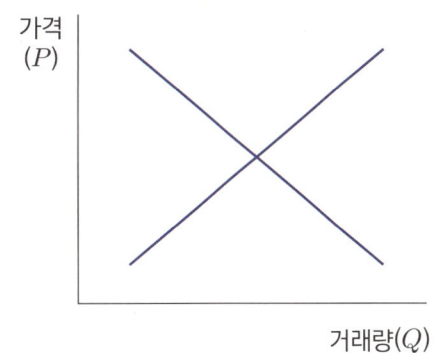
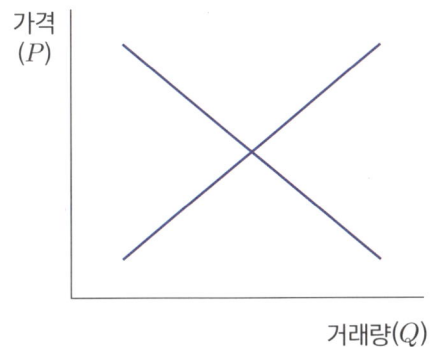
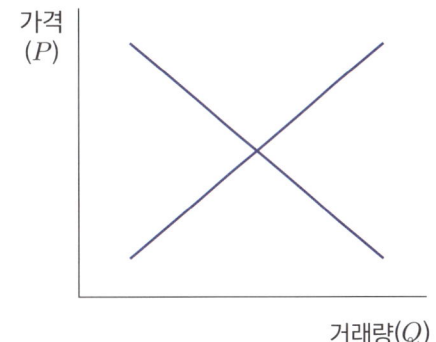
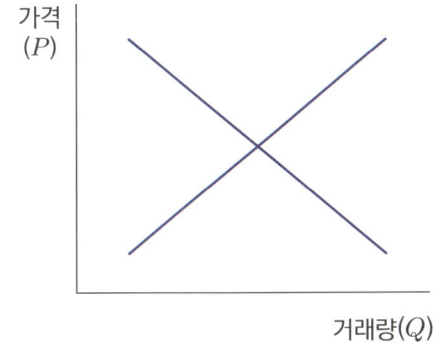
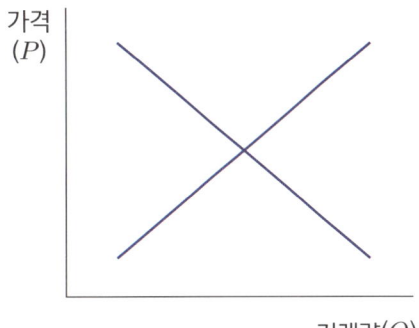

용어 & 참고

03 수요와 공급의 탄력성

1. 탄력성의 개념 ★

앞에서는 가격이 변할 때 수요량과 공급량은 어느 방향으로 변할 것인가, 그리고 수요와 공급이 변할 때 균형가격과 균형거래량은 어느 방향으로 변할 것인가라는 변동의 방향에 대하여 살펴보았다. 그러나 앞으로 살펴볼 탄력성은 가격이 변할 때 그 양이 얼마나 변하는지를 판단하는 정량적(定量的) 지표❶이다. 이러한 탄력성에는 수요의 가격탄력성, 공급의 가격탄력성, 수요의 소득탄력성, 수요의 교차탄력성이 있다.

❶ 정량적·정성적 지표
- 정량적(定量的) 지표: 자료에 대한 양의 변화를 측정하는 지표이다.
  ㉮ 수요의 가격탄력성은 가격이 변할 때 수요량이 얼마나 변하는지, 즉 양의 변화를 측정하므로 정량적 지표이다.
- 정성적(定性的) 지표: 자료의 성질이나 특징의 변화를 나타내는 지표이다.

2. 수요의 가격탄력성(price elasticity of demand)

(1) 의의

수요의 가격탄력성이란 어떤 재화의 가격이 변할 때 그 재화의 수요량이 얼마만큼 변하는가를 측정하는 척도를 말하는 것으로서 그 변화하는 정도는 가격의 변화율에 대한 수요량의 변화율로 측정된다.

$$\text{수요의 가격탄력성} = \frac{\text{수요량의 변화율(\%)}}{\text{가격의 변화율(\%)}} = \frac{\frac{\text{수요량의 변화분}}{\text{최초의 수요량}}}{\frac{\text{가격의 변화분}}{\text{최초의 가격}}}$$

(2) 계산

어떤 재화의 가격이 200원에서 240원으로 20% 상승(하락)하였을 때 그 재화의 수요량이 100개에서 90개로 10% 감소(증가)하였다면, 이때의 수요의 가격탄력성을 계산해보면 다음과 같다.

$$\text{수요의 가격탄력성} = \frac{\frac{10}{100}}{\frac{40}{200}} = \frac{0.1\downarrow(\uparrow)}{0.2\uparrow(\downarrow)} = 0.5$$

(3) 수요의 가격탄력성 구분

수요의 가격탄력성은 '0'과 '무한대(∞)' 사이의 값을 가지며, 다음과 같이 구분한다.

① **단위탄력적:** 가격의 변화율과 수요량의 변화율이 동일한 경우로 수요의 가격탄력성은 '1'이 된다. 즉, 가격이 1% 변할 때 수요량도 1% 변하므로 수요곡선의 기울기는 45°(직각쌍곡선)로 나타난다.

② **탄력적:** 가격의 변화율보다 수요량의 변화율이 더 큰 경우로 수요의 가격탄력성은 '1'보다 크다(예 가격이 10% 변할 때 수요량이 20% 변하면 수요의 가격탄력성은 '2'가 되고, 양의 변화가 많으므로 수요곡선의 기울기는 완만해진다).

③ **비탄력적:** 가격의 변화율보다 수요량의 변화율이 더 작은 경우로 수요의 가격탄력성은 '1'보다 작다(예 가격이 10% 변할 때 수요량이 5% 변하면 수요의 가격탄력성은 '0.5'가 되고, 양의 변화가 적으므로 수요곡선의 기울기는 급해진다).

④ **완전비탄력적:** 가격이 변하여도 수요량이 전혀 변하지 않는 경우로 수요의 가격탄력성은 '0'이 된다(예 가격이 10% 변하여도 수요량은 전혀 변하지 않으므로 수요의 가격탄력성은 '0'이 되고, 양의 변화가 전혀 없으므로 수요곡선의 기울기는 수직선으로 나타난다).

⑤ **완전탄력적:** 가격이 변하면 수요량이 무한대로 변하는 이론적인 경우로 수요의 가격탄력성은 '무한대(∞)'가 된다❶(예 가격이 10% 변할 때 수요량이 무한대로 변할 경우, 양의 변화가 무한대가 되므로 수요곡선의 기울기는 수평선으로 나타난다).

❶ 미세한 가격의 변화에도 수요량이 무한대로 변하는 경우를 말한다.

❷ E_d
수요의 가격탄력성

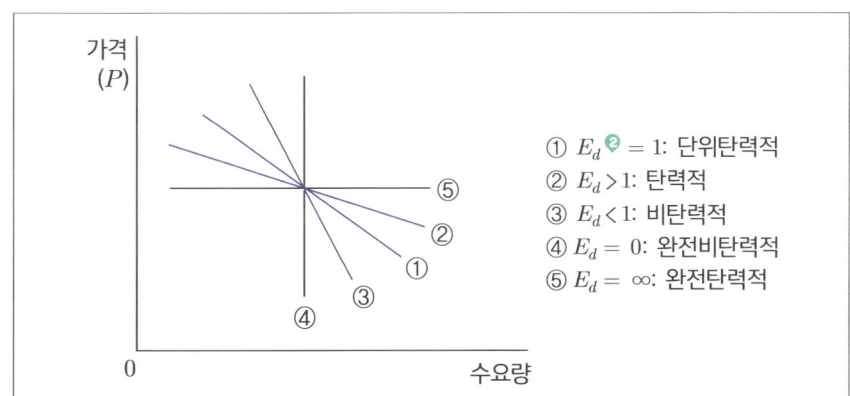

① E_d❷ = 1: 단위탄력적
② $E_d > 1$: 탄력적
③ $E_d < 1$: 비탄력적
④ $E_d = 0$: 완전비탄력적
⑤ $E_d = \infty$: 완전탄력적

용어 & 참고

탄력성의 개념과 수요곡선의 기울기

구분	수요량의 변화 정도	수요곡선의 기울기
① 단위탄력적	가격 변화율 = 수요량 변화율	45° 기울기
② 탄력적	가격 변화율 < 수요량 변화율	완만한 경사
③ 비탄력적	가격 변화율 > 수요량 변화율	급경사
④ 완전비탄력적	가격이 변할 때 수요량은 변하지 않는다.	수직선
⑤ 완전탄력적	가격이 변할 때 수요량은 무한대로 변한다.	수평선

(4) 수요의 가격탄력성 결정요인

① 일반적으로 대체재가 적은 경우보다 대체재가 많은 경우에 수요의 가격탄력성은 더 커진다. 즉, 수요자 입장에서 대체재가 많다는 것은 선택의 폭이 넓어지는 것이므로 동일한 효용이라면 가격이 싼 재화의 수요량이 더 많이 증가할 수 있다.

② 부동산은 개별성이 있어서 물리적으로 완전한 대체관계가 성립하지 않으므로 비탄력적이다. 그러나 용도적 대체는 가능하기 때문에 용도적 대체재가 늘어날수록 수요의 가격탄력성은 더 커진다.

③ 재화의 용도가 다양할수록, 용도전환이 용이할수록 수요의 가격탄력성은 더 탄력적이 된다.

④ 고가성·내구성·개별성 때문에 부동산의 수요는 가격에 대하여 단기에는 비탄력적이지만 장기에는 탄력적이 된다. 충분히 준비하면 장기에는 양의 변화가 더 많다는 것이다. 따라서 단기수요곡선보다 장기수요곡선의 기울기가 더 완만하다.

3. 공급의 가격탄력성(price elasticity of supply)

(1) 의의

공급의 가격탄력성이란 어떤 재화의 가격이 변할 때 그 재화의 공급량이 얼마만큼 변하는가를 측정하는 척도를 말하는 것으로서 그 변화하는 정도는 가격의 변화율에 대한 공급량의 변화율로 측정된다.

$$공급의\ 가격탄력성 = \frac{공급량의\ 변화율(\%)}{가격의\ 변화율(\%)} = \frac{\dfrac{공급량의\ 변화분}{최초의\ 공급량}}{\dfrac{가격의\ 변화분}{최초의\ 가격}}$$

(2) 계산

어떤 재화의 가격이 200원에서 240원으로 20% 상승(하락)하였을 때 그 재화의 공급량이 100개에서 110개로 10% 증가(감소)하였다면, 이때의 공급의 가격탄력성을 계산해보면 다음과 같다.

$$공급의\ 가격탄력성 = \frac{\dfrac{10}{100}}{\dfrac{40}{200}} = \frac{0.1\uparrow(\downarrow)}{0.2\uparrow(\downarrow)} = 0.5$$

(3) 공급의 가격탄력성 크기의 결정요인

① 생산량을 늘릴 때 생산요소가격이 하락할수록 공급의 가격탄력성은 더 탄력적이 된다.
② 생산기술이 빠르게 발전하는 상품일수록 공급의 가격탄력성은 더 탄력적이 된다.
③ 용도전환이 용이할수록 공급의 가격탄력성은 더 탄력적이 된다.
④ 건축 인·허가가 어려울수록 공급의 가격탄력성은 더 비탄력적이 된다.
⑤ 생산에 소요되는 기간이 길수록 공급의 가격탄력성은 더 비탄력적이 된다.
⑥ 단기공급의 가격탄력성은 장기공급의 가격탄력성보다 더 비탄력적이 된다(단기 ⇨ 비탄력적, 장기 ⇨ 탄력적).

용어 & 참고

❶ 신규주택이나 건축물은 일반 재화에 비해 생산(건축)에 소요되는 기간이 길기 때문에 가격이 상승해도 적시에 공급량을 늘리기가 어렵다.
⇨ 양의 변화가 적어서 공급이 더 비탄력적이 된다.

4. 수요의 소득탄력성

(1) 의의

수요의 소득탄력성이란 수요자의 소득이 변할 때 그 재화의 수요량이 얼마만큼 변하는가를 측정하는 척도를 말하는 것으로서 그 변화하는 정도는 소득의 변화율에 대한 수요량의 변화율로 측정된다.[1]

$$\text{수요의 소득탄력성} = \frac{\text{수요량의 변화율(\%)}}{\text{소득의 변화율(\%)}} = \frac{\dfrac{\text{수요량의 변화분}}{\text{최초의 수요량}}}{\dfrac{\text{소득의 변화분}}{\text{최초의 소득}}}$$

(2) 계산

① 수요자의 소득이 200만원에서 240만원으로 20% 늘어날 때 그 재화의 수요량이 100개에서 110개로 10% 증가하였다면, 이러한 재화는 정상재(우등재)이다.

$$\text{수요의 소득탄력성} = \frac{\dfrac{10}{100}}{\dfrac{40}{200}} = \frac{0.1(10\%)\uparrow}{0.2(20\%)\uparrow} = (+)0.5$$

즉, 수요의 소득탄력성이 '0'보다 큰 경우는 소득의 증가로 인하여 수요량이 늘어난 것이므로 그 값은 양(+)의 값을 가지며, 이러한 재화를 정상재라 한다.

② 수요자의 소득이 200만원에서 240만원으로 20% 늘어날 때 그 재화의 수요량이 100개에서 90개로 10% 감소하였다면, 이러한 재화는 열등재(하급재)이다.

$$\text{수요의 소득탄력성} = \frac{\dfrac{10}{100}}{\dfrac{40}{200}} = \frac{0.1(10\%)\downarrow}{0.2(20\%)\uparrow} = (-)0.5$$

즉, 수요의 소득탄력성이 '0'보다 작은 경우는 소득의 증가로 인하여 수요량이 감소한 것이므로 그 값은 음(-)의 값을 가지며, 이러한 재화를 열등재라 한다.

용어 & 참고

수요(공급)의 가격탄력성과 달리 소득탄력성에서는 탄력적 또는 비탄력적이라는 개념을 사용하지 않는다.

land.Hackers.com

핵심개념

CHAPTER 1 부동산시장
- 불완전경쟁시장으로서의 부동산시장 ★
- 부동산시장의 특성 ★

CHAPTER 2 지대이론
- 리카도의 차액지대설 ★
- 파레토의 경제지대 ★
- 튀넨의 위치지대설(입지교차지대설) ★

PART 3
부동산시장론

CHAPTER 1 부동산시장
CHAPTER 2 지대이론

CHAPTER 1 부동산시장

01 부동산시장

(1) 시장의 개념은 상품의 수요자와 공급자가 모여 거래행위가 이루어지는 특정한 장소뿐만 아니라 어떤 상품에 대한 수요와 공급에 관한 정보가 수요자와 공급자 사이에 교환되어 그 상품이 매매되는 추상적인 장소까지 포함한다.

(2) 부동산시장은 수요와 공급에 의해서 가격이 결정되고 결정된 가격이 수요와 공급을 조절하는, 즉 자원배분을 수행하는 곳이라 할 수 있다. 일반재화시장은 지리적인 공간을 수반할 필요는 없으나 부동산시장은 부동성이라는 물리적 특성으로 인하여 구체적인 지리적 공간을 고려하여야 한다.

(3) 부동산시장이란 부동산의 양·질·위치 등 제(諸) 측면에서 유사한 부동산에 대하여 그 가격이 균등(유사)해지는 경향이 있는 지리적 구역이라 할 수 있다.

02 불완전경쟁시장인 부동산시장의 개념

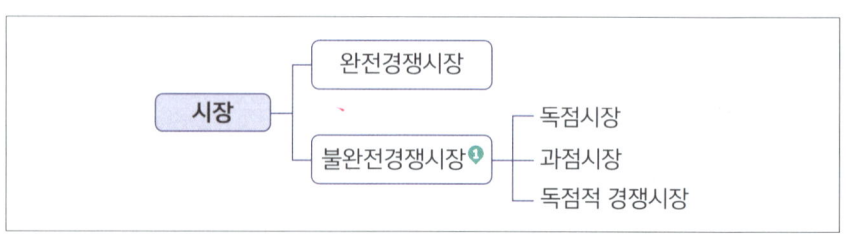

> **❶ 불완전경쟁시장의 종류**
> - **독점시장**: 재화나 서비스의 공급이 단일기업에 의해서 이루어지는 시장조직이다.
> - **과점시장**: 공급자가 둘 이상의 소수로 구성된 시장조직이다.
> - **독점적 경쟁시장**: 차별화된 유사한 상품을 취급하는 다소 많은 공급자로 구성된 시장조직이다.

(1) 완전경쟁시장의 요건

① **다수의 수요자와 공급자**
  ㉠ 완전경쟁시장은 다수의 수요자와 공급자가 존재한다는 것을 전제한다. 즉, 소비자나 기업이 해당 산업에 대하여 진입과 퇴출이 자유로워야 한다는 것이다.
  ㉡ 따라서 완전경쟁시장에서 개별수요자나 개별공급자는 수요와 공급에 의하여 시장균형가격이 결정되면 그 균형가격을 주어진 것으로 받아들이고 행동하므로 가격순응자(price-taker)·가격수용자라고 한다.

② **재화의 동질성:** 완전경쟁시장이 성립하기 위한 중요한 가정 중의 하나는 재화가 동질적이라는 것이다. 동질적인 재화에는 하나의 가격이 성립하는 '일물일가(一物一價)의 법칙'이 적용된다. 또한, 상품이 동질적이라는 것은 표준화를 통하여 상품들에 완전한 대체관계가 성립한다는 것을 의미한다.

③ **자원의 완전한 이동가능성:** 완전경쟁시장은 자원이나 자본의 완전한 이동가능성을 전제한다. 따라서 완전한 시장에서는 지역별로 수급불균형의 상태는 성립하지 않으며, 언제나 균형상태에 있다.

④ **완전한 정보:** 완전경쟁시장에 참여하는 모든 수요자·공급자가 현재와 미래에 대한 완전한 정보, 즉 동일한 정보의 양을 가진다는 것을 전제한다. 따라서 정상이윤 이상의 초과이윤❶은 존재하지 않으며, 완전경쟁시장에서는 균형가격에 해당하는 정상이윤만 존재한다.

⑤ **시장기구에 의한 균형가격의 성립으로 효율적 자원배분 가능:** 완전경쟁시장은 수요와 공급의 작동이 원활하여 언제나 균형가격이 성립하고, 어떠한 이유로 인하여 일시적으로 균형상태를 벗어나더라도 항상 '보이지 않는 손'에 의하여 신속하게 균형수준으로 회귀한다. 따라서 정부가 개입할 필요가 없는 이상적인 시장모델이다.

용어 & 참고

❶ **정상이윤·초과이윤**

정상이윤	균형가격에 해당하는 이윤
초과이윤	정상 이상의 이윤

용어 & 참고

(2) 불완전경쟁시장으로서의 부동산시장 ★

부동산이 가지는 고가성·개별성·부동성·부증성의 불완전한 특성 때문에 부동산시장은 불완전경쟁시장이 된다.

① 부동산의 고가성(高價性)으로 인하여 시장참여가 제한되고, 가격을 공급자가 결정·설정하는 경우가 많다. 시장참여자가 유효수요자와 유효공급자로 한정되어 경쟁이 자유롭지 못하므로 불완전경쟁시장이 된다.

② 개별성으로 인하여 동질의 재화가 존재하지 않으므로 일물일가의 법칙이 성립하지 않는다. 또한 완전한 대체관계가 성립할 수 없다.

③ 부동성으로 인하여 부동산자원을 이동시킬 수 없으므로 특정 지역에 수요가 더 많은 초과수요나 공급이 더 많은 초과공급이 발생할 수 있고, 이러한 지역간 수급불균형의 문제는 시장기구가 스스로 해결할 수 없다.

④ 시장참여자간의 정보의 비대칭성(불완전성)으로 인하여 정보를 많이 가진 주체는 그렇지 못한 주체보다 정상 이상의 초과이윤을 획득할 수 있다.

⑤ 부동산은 수요와 공급의 작동이 원활하지 못하여 균형가격이 성립되지 않고, 효율적인 자원배분에도 실패하게 된다. 따라서 시장기구에 맡겨 두면 사회적 후생이 감소하게 되므로 이러한 불완전한 부동산시장은 정부의 개입이 필요하다.

03 부동산시장의 특성 ★

부동산시장은 일반재화시장과 달리 부동산의 특성 때문에 고유한 시장의 특성이 있다.

(1) 지역시장·국지적 시장

부동산은 부동성이 있어 부동산시장이 지역시장·국지적 시장이 된다.

① 부동산시장은 부동성으로 인하여 재화를 이동할 수 없으므로 지역시장별로 초과수요현상과 초과공급현상이 발생할 수 있으며, 지역간 수급불균형이 초래된다.

- **예** A지역 주택시장은 수요가 공급보다 많고, B지역 주택시장은 공급이 수요보다 많을 수 있다는 것이다.

② 부동산시장은 부동성이라는 자연적 특성으로 인하여 지역적인 특성을 지니게 되므로 부동산이 속한 지역환경의 영향을 많이 받게 된다.

③ 물리적으로 동질적인 부동산이라도 지역이 달라지면 지역별로 서로 다른 가격이 형성되며, 지역시장별로 법적 통제나 규제도 각각 달라지게 된다.

④ 부동산시장은 지역·위치·용도·규모·질 등에 따라 여러 개의 부분시장으로 나누어지는 '시장의 분화(分化)현상'이 나타난다.

(2) 수급조절의 곤란성

부동산시장은 가격이 수요와 공급을 원활하게 조절하지 못한다. 이를 수급조절의 곤란성이라고 한다.

① 부동산시장은 고가성·내구성·개별성·부증성 등의 불완전한 특성과 각종 법적 규제 등에 의하여 시장환경이 변하더라도 가격이 수요와 공급을 조절하기가 쉽지 않아 단기적으로 '가격의 왜곡'현상이 발생할 가능성이 많다.

② 즉, 주택시장에서 수요가 급증하여 초과이윤이 발생하여도 주택의 생산이나 건축에 소요되는 기간이 길기 때문에 신규주택공급이 신속하게 늘어나지 못한다.

③ 부동산은 가격이 하락하여도 수요량이 적시에 늘어나지 못하며, 가격이 상승하여도 공급량이 적시에 늘어나지 못하는 경우가 많다. 즉, 부동산시장은 가격이 수요와 공급을 조절하는 데에 많은 시간이 소요된다.

④ 일반재화와 달리 부동산의 수요와 공급은 가격변화에 대하여 단기에는 양의 변화가 적어 비탄력적이고, 장기에는 양의 변화가 많아 탄력적이다.

용어 & 참고

(3) 거래의 비공개성 · 은밀성

부동산은 개별성이 있어 부동산시장에서는 거래행태가 잘 드러나지 않는다. 이를 거래의 비공개성, 거래의 은밀성이라고 한다.

① 주식이나 일반상품과 달리 부동산상품은 표준화되지 못한다. 따라서 거래사실이나 가격 등이 잘 드러나지 않는 등의 거래관행에 의하여 거래당사자가 아닌 제3자는 거래내용을 파악하기가 어렵다. 그러므로 부동산시장에 참여하기 위해서는 정보탐색비용이 수반되기도 한다.

② 이러한 거래의 비공개성 때문에 부동산가격의 왜곡현상이 발생하고, 불합리한 가격이 형성되기도 한다.

(4) 상품의 비표준화성

부동산은 개별성이 있어 표준화하기가 어렵다. 이를 상품의 비표준화성이라고 한다.

① 부동산은 개별성이라는 자연적 특성으로 인하여 상품의 표준화가 불가능하므로 부동산시장을 복잡하게 만든다.

② 부동산은 부동산의 개별성으로 인하여 일물일가의 법칙이 성립하지 않고 완전한 대체관계도 성립하지 않는다. 또한 개별성 때문에 동질의 재화가 존재하지 않으므로 수요 · 공급에 의한 부동산시장분석을 어렵게 한다. 즉, 개별성을 가진 이질적인 재화는 완전경쟁모형으로 분석하기에 용이하지 않다는 것이다.

(5) 시장의 비조직성

부동산은 개별성이 있어 부동산시장이 조직적❶이지 못하다. 이를 시장의 비조직성이라고 한다.

① 부동산시장에서는 시장의 국지성 · 개별성 등에 의하여 시장을 조직화하기가 어렵다.

② 일반재화시장과 달리 유통조직이라는 것이 없으므로 정부에 의한 집중통제도 용이하지 않다.

❶ 조직적 시장

동질의 재화에 대하여 '생산자 ⇨ 도매상 ⇨ 소매상 ⇨ 소비자'로 연결되는 유통체계를 갖춘 시장이다.

CHAPTER 2 지대이론

01 지대의 개념

지대(地代)는 일정기간 동안 토지의 사용·수익에 대한 대가로서 토지소유자의 소득으로 귀속되는 임대료를 말하며, 유량(flow)개념이다.

02 지대이론

(1) 리카도(D. Ricardo)의 차액지대설 ★

19세기 초반의 경제학자인 리카도는 차액지대설을 통하여 '생산비의 차이를 지대의 원천'으로 보아 "지대는 곡물가격이 상승하기 때문에 발생하는 것이다."라고 주장하였다. 즉, 생산성의 차이에 따른 토지의 비옥도가 지대를 결정한다고 주장한 것이다.

① **지대발생의 원인:** 작물을 경작할 수 있어 비옥도(생산성)가 있는 토지를 우등지라 하고, 생산성이 가장 낮은 토지를 한계지라 한다. 차액지대설에 의하면 생산물가격(매상고)과 생산비가 일치하는 한계지(최열등지)에서는 지대가 발생하지 않는다. 리카도는 '비옥한 토지의 양이 한정되어 있다는 우등지의 희소성'과 '토지에는 수확체감의 법칙(현상)❶이 있다'는 것을 지대의 발생원인으로 보았다.

㉠ 19세기 유럽에서 산업혁명이 시작되면서 인구의 증가가 생산성을 높여 경제성장을 유도한다는 사고(思考)의 변화가 발생하였다. 이에 따라 출산율이 높아지고 인구가 증가함으로써 곡물(밀)수요도 함께 증가하였기 때문에 곡물가격이 상승하게 되었다. 이러한 곡물가격의 상승은 경작자(농부)에게 작물의 경작을 통하여 초과이윤을 획득할 기회를 제공한다.

용어 & 참고

❶ **수확체감의 법칙(현상)**
수확체감의 법칙이란 자본과 노동 등 생산요소가 한 단위 추가될 때 이로 인하여 늘어나는 한계생산량은 점차 줄어든다는 것을 의미한다. 즉, 생산요소를 추가적으로 계속 투입해나갈 때 일정 시점이 지나면 새롭게 투입되는 요소로 인하여 발생하는 수확의 증가량은 감소한다는 것이다.

용어 & 참고

　　ⓛ 초과이윤의 발생으로 경작자는 작물을 더 경작하려고 하는데, 토지에는 우등지의 희소성(부증성)과 수확체감의 법칙이 작용하기 때문에 작물의 재배(경작)면적을 늘리는 방법으로 작물을 더 경작하려고 한다. 이에 따라 이전에 경작하지 않았던 한계지에서도 작물을 경작하게 되고, 그 토지에 비옥도가 생기면서 토지소유자에게 지대가 발생한다는 것이다.

　　ⓒ 즉, 비옥한 토지(우등지)와 덜 비옥한 토지(열등지) 사이에 생산성의 차이가 생기는데, 바로 이 생산성의 차이로 인하여 지대가 발생한다는 것이 차액지대설이다. 고전학파 경제학자인 리카도는 곡물가격이 상승하여 지대가 발생한다고 주장하였다.

② **지대의 성격**

　　㉠ 리카도를 비롯한 고전학파는 토지는 원시적으로 존재하는 것이기 때문에, 토지를 특별한 재화로 취급하여 인공적인 자본이나 노동과는 별개의 것으로 엄격하게 구분(구별)하였다.

　　ⓒ 경작자의 곡물 생산에 따라 한계지에도 비옥도가 생기고 지대가 발생하게 되는데, 리카도는 이렇게 발생한 지대소득은 토지소유자의 입장에서는 아무런 노력 없이 얻는, 일종의 불로소득이라고 주장하였다.

　　ⓒ 차액지대설에 따르면 지대는 토지생산물가격의 구성요인이 되지 않으며 또한 될 수도 없다. 즉, 지대를 다른 생산요소(예 자본, 노동 등)들에게 지불하고 남은 잉여인 불로소득으로 보았다.

(2) 파레토(V. Pareto)의 경제지대 ★

지대의 현대적 의미를 파악할 때 생산요소(예 토지, 노동 등)의 총수입은 전용수입과 경제지대❶를 합한 것이라고 정의할 수 있다.

생산요소 공급자의 총수입 = 전용(이전)수입 + 경제지대

① **전용(이전)수입**: 어떤 생산요소가 현재의 용도에서 다른 용도로 전용되지 않고 현재의 용도에 그대로 사용되도록 하기 위하여 지불하여야 하는 최소한의 지급액을 말한다. 전용수입은 생산요소의 기회비용이라고 볼 수 있다.

② **경제지대**❷
  ㉠ 공급이 제한되어 있거나 공급의 가격탄력성이 낮은 생산요소에서 발생하는 추가적인 소득, 토지공급의 희소성에 따른 잉여분(초과수입)을 말한다.
  ㉡ 즉, 전용(이전)수입을 초과하여 생산요소에 추가로 지불되는 보수가 경제지대인 것이다. 이는 생산요소공급자의 잉여분을 말한다.
  ㉢ 공급의 가격탄력성이 비탄력적일수록 총수입 중에서 경제지대가 차지하는 비중은 커진다.
  ㉣ 공급이 완전비탄력적인 경우에는 생산요소공급에 대한 수입 전체가 경제지대가 된다. 즉, 토지의 물리적 공급은 완전비탄력적이므로 수입 전체(100%)가 경제지대가 된다.

용어 & 참고

❶
전용 (이전) 수입	생산요소 공급자의 최소보수(기회비용)
경제 지대	생산요소 공급자의 추가보수, 초과수입

❷ **경제지대**
경제학(노동시장)에서는 유명 연예인이나 운동선수의 높은 소득을 경제적 지대(economic rent)와 관련이 있다고 본다.

공급의 가격탄력성에 따른 경제지대의 크기

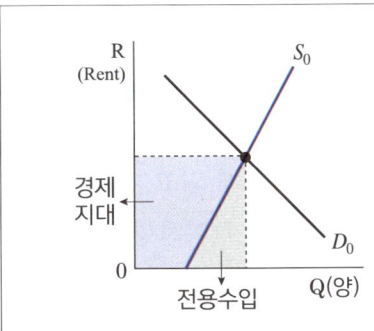
① 공급이 비탄력적일수록 경제지대가 커진다.

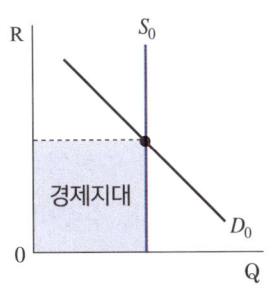
② 공급이 완전비탄력적이면 총수입은 모두 경제지대이다.

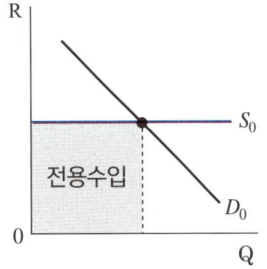
③ 공급이 완전탄력적이면 총수입은 모두 전용수입이다.

용어 & 참고

(3) 튀넨(J. H. von Thünen)의 위치지대설(입지교차지대설) ★

① 개념

ⓐ 튀넨은 직접 농장을 운영한 경험을 토대로 1826년에 그의 논문 '고립국이론'에서 지대의 결정과 농업용 토지가 어떻게 할당되는지를 설명하였다.

ⓑ 튀넨은 지대의 결정이 토지의 비옥도만이 아닌 위치에 따라 달라지는 위치지대의 개념을 통하여, 읍 중심(시장)으로부터 원거리에 입지한 토지생산물에 비하여 근거리에 입지한 토지생산물의 '수송비 절약분'이 지대가 된다고 하였다.

ⓒ 지대를 생산물가격(매상고·매출액)에서 생산비와 수송비를 뺀 것으로 보았으며, 지대의 차이를 수송비에서 찾고 있다. 따라서, 고립국이론을 상정한 경작자(농부)의 순수익(이윤)은 다음과 같은 과정으로 계산할 수 있다.

> 지대(순수익) = 매출액(생산물가격) − 생산비 − 수송비

② 개별작물의 한계지대곡선

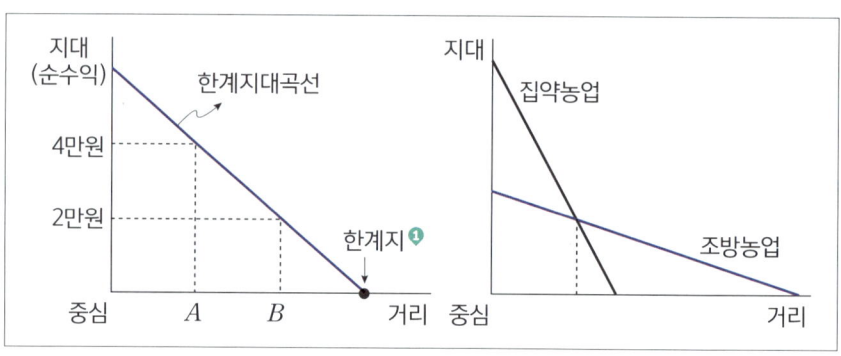

❶ 한계지
여기서 한계지란 수송비부담 때문에 더 이상 경작할 수 없어서 지대가 '0'인 토지를 말한다.

ⓐ 단일작물의 경우, 외곽에서 읍 중심으로 들어갈수록 절약되는 수송비가 지대화된다. 즉, 위치지대설에 따르면 중심지에서 거리가 멀어질수록 수송비는 늘어나게 되고 지대는 감소하게 된다. 수송비와 지대는 반비례관계(역선형 함수)이므로, 이는 우하향하는 한계지대곡선으로 나타난다.

ⓑ 즉, 읍 중심(시장)에 가까울수록 수송비가 감소되므로 토지이용자(경작자)가 지불할 수 있는 입찰지대는 증가한다.

ⓒ 생산물가격, 생산비, 수송비, 인간의 행태에 따라 한계지대 곡선의 기울기는 달라진다. 집약적 농업의 경우 한계지대 곡선은 급해지고, 조방적 농업의 경우 한계지대곡선은 완만해진다.
ⓔ 중심으로 갈수록 집약적 토지이용이 이루어지고, 외곽으로 갈수록 조방적 토지이용이 이루어진다. 즉, 읍 중심(시장)에 입지한 업종이나 작물일수록 토지보다는 자본을 많이 사용하고, 외곽에 입지하는 업종이나 작물일수록 자본보다는 토지를 많이 사용하게 된다는 것이다.

③ **입찰지대(bid rent)**
ⓐ 입찰지대란 단위면적의 토지에 대하여 토지이용자가 지불하고자 하는 최대금액으로, 초과이윤이 '0'이 되는 수준의 지대를 말한다.
ⓑ 한정된 토지에 대한 입지경쟁의 결과, 가장 높은 지대를 지불하는 입지주체가 중심지에 가깝게 입지하게 되고, 각 위치별로 지대지불능력에 따라 토지이용의 유형이 결정된다.

용어 & 참고

핵심개념

CHAPTER 1
부동산정책의 의의와 기능
- 형평성 측면의 정치적 기능 ★
- 효율성 측면의 경제적 기능 ★
- 불완전경쟁 ★
- 공공재 ★
- 정보의 비대칭 ★
- 외부효과 ★

CHAPTER 2
주택정책
- 임대료규제정책의 개념 ★
- 수요자보조금정책 ★
- 생산자보조금정책 ★

CHAPTER 3
조세정책
- 부동산자원배분 및 경기조절수단 ★
- 소득재분배 ★
- 조세의 전가와 귀착의 개념 ★

PART 4
부동산정책론

CHAPTER 1   부동산정책의 의의와 기능
CHAPTER 2   주택정책
CHAPTER 3   조세정책

CHAPTER 1 부동산정책의 의의와 기능

01 부동산정책의 의의

(1) 부동산정책이란 인간과 부동산과의 관계에서 발생하는 여러 가지 부동산문제를 해결하는 정부의 공적 개입이라 할 수 있다. 부동산정책의 목적은 사익성보다는 공익성 추구에 있지만, 최근에는 사익성과 공익성을 조화시키고 이를 절충하는 방향으로 전환되고 있는 추세이다.

(2) 부동산문제에는 토지가격이 합리적 가격 이상으로 급등하는 지가고(地價高)현상, 난개발과 환경파괴의 문제, 비효율적인 토지이용의 문제, 주거의 수준이 낮거나 주택공급이 부족한 현상 등이 있다.

02 정부의 시장개입이유 - 부동산정책의 기능

(1) 정부는 사회적 목표를 달성하기 위하여 여러 가지 방법으로 부동산시장에 개입한다. 그 사회적 목표는 형평성일 수도 있고, 효율성일 수도 있으며 그 밖의 다른 목표일 수도 있다. 부동산시장은 시장기구가 스스로 형평성을 달성하기 어렵고, 효율성을 제고하기도 어렵기 때문에 정부의 시장개입이 필요하다.

(2) 형평성 측면의 정치적 기능 ★

사회적 약자인 저소득층의 주거안정을 위한 공공임대주택공급정책 등 주거복지의 증진이나 공평한 소득재분배❶ 등을 위하여 정부가 부동산시장에 개입하는 것은 형평성 측면의 정치적 기능으로 볼 수 있다.

용어 & 참고

❶ **소득재분배**
정부가 계층간 불균등한 소득분포를 수정하는 행위를 말한다. 부동산에 대한 상속세·증여세는 사회계층간 소득격차를 좁히는 기능이 있다.

(3) 효율성 측면의 경제적 기능 ★

① 부동산시장은 부동산의 불완전한 특성으로 그 수요와 공급이 원활하게 작동하지 못하여 균형가격이 성립하지 않는다. 따라서 현실적인 부동산가격은 수요와 공급을 효율적으로 조절하지 못한다. 즉, 부동산시장은 가격기구가 자원을 최적·효율적으로 배분하지 못하고, 그 결과 사회 전체 구성원의 후생이 감소하는데 이를 시장실패라고 한다.

② '시장실패(market failure)'❶란 어떠한 요인에 의하여 부동산시장기구가 자원의 적정(최적·효율적)배분을 자율적으로 조정하지 못하는 상태를 말한다. 이러한 시장실패를 수정하기 위해서 정부가 부동산시장에 개입하는 것은 시장의 효율성을 높이고자 하는 경제적 기능이다. 즉, 최적(균형)생산량이나 최적(균형)소비량을 유지하기 위하여 개입하는 경우를 말하는 것이다.

❶ **시장실패**
시장기능에 맡겨두면 수요량과 공급량이 일치하지 않는 상태를 말한다.

03 시장실패의 원인

(1) 불완전경쟁 ★

① 독점·과점기업은 이윤극대화를 위하여 생산량을 적게 조정하고 높은 가격을 결정하는 등의 행동을 한다. 이렇게 되면 소비자 입장에서는 더 높은 가격을 지불하여야 하고 재화의 소비량도 줄어들게 되어 사회적(경제적) 후생손실을 초래할 수 있다.

② 독과점 등 불완전경쟁시장은 시장기능에만 맡겨 두면 자원배분의 효율성은 달성되지 못한다. 이에 정부는 독과점기업의 가격담합에 대해서 과징금 부과 등을 통하여 규제하고 있다.

❷
정보의 완전성, 재화의 동질성은 완전경쟁시장의 요건으로서 시장실패의 원인에 해당하지 않는다.

(2) 공공재(public goods) ★

① 공공재란 도로·공원·명승지처럼 가격이 존재하지 않는 재화로서 여러 사람이 소비하더라도 소비량이 줄지 않으며, 가격을 지불하지 않는 사람이라도 소비로부터 배제되지 않는 재화를 말한다.

❸
공공재는 사용수명이 긴 내구재적 성격을 갖는다.

용어 & 참고

② 공공재는 시장기능에 생산과 소비를 맡겨 두면 무임승차(free rider)의 문제가 발생하여 사적 기업의 수익성 확보를 어렵게 한다. 따라서 공공재는 사회적 적정 수준보다 더 적게(과소) 생산되는 경향이 있다.

③ 이러한 이유 때문에 공공재는 주로 공적 주체가 직접 공급하거나 민간주체에게 보조금을 지급하여 공급하도록 하고 있다.

> **보충** 무임승차문제(無賃乘車問題, free rider problem)
>
> 공공재의 경우에는 타인의 공동소비를 배제할 수 없기 때문에 대가를 지불하지 않으면서 소비하는 것을 막을 수가 없다. 따라서 공공재의 경우 소비자의 입장에서는 자신이 부담하여야 하는 비용을 줄이려고 하는 유인이 발생하게 된다. 공공재를 생산하는 데에는 비용이 수반되지만, 공공재의 이용주체들은 생산비(가격)을 지불하지 않으려는 행동을 한다. 이렇게 아무런 노력이나 대가 없이 만족을 얻으려는 경우를 무임승차문제라고 한다.

(3) 정보의 비대칭(asymmetric information) ★

① 완전경쟁시장에서는 시장참여자가 접하는 정보의 양과 질이 동일하다고 가정하지만, 불완전경쟁시장인 부동산시장에서는 거래에 관한 정보가 불완전하고 비대칭적이다.

② 즉, 경제주체들이 가지고 있는 정보의 양과 질이 서로 다르다는 것이다. 이처럼 ==부동산시장에서 정보가 불완전하고 비대칭적이면 자원배분의 효율성은 달성되지 못한다.==

③ 정보의 비대칭으로 정보를 많이 보유한 주체에게는 '도덕적 해이'의 문제가 발생하고, 정보가 부족한 주체에게는 '역선택'의 문제가 발생한다.

　㉠ **도덕적 해이(moral hazard):** 예를 들어 건물의 화재보험에 가입한 자가 화재예방을 게을리하거나 화재주의의무를 소홀히 함에 따라 화재발생가능성이 높아지는 현상으로, 이를 통하여 과다한 보험금을 지급받으려는 경우를 말한다.

　㉡ **역(逆)선택:** 예를 들어 보험회사가 보험가입대상자의 충분한 정보를 파악하기 어려운 경우, 높은 사고확률을 가진 보험가입대상자를 받아들임으로써 보험재정이 악화되는 현상으로, 정보가 부족해서 불리한 선택(하지 않아야 할 거래)을 하는 경우를 말한다.

(4) 외부효과(外部效果, external effect) ★ ❶

외부효과란 어떤 경제주체의 경제활동이 시장기구를 통하지 않고 거래상대방이 아닌 다른 제3자에게 의도하지 않은 이익이나 손해를 가져다주면서도 이에 합당한 대가나 보상이 이루어지지 않는 경우를 말한다. ❷

① 정(+)의 외부효과(외부경제)
　㉠ **현상**: 주택시장에서 주거지 부근에 생태공원과 학군이 조성되면 주거지에 정(+)의 외부효과를 발생시킬 수 있다.
　㉡ **개념**
　　ⓐ 한 경제주체의 행위가 시장기구를 통하지 않고 제3자에게 의도하지 않은 유리한 효과(이익)를 가져다주어도 이에 대한 대가가 이루어지지 않는 경우를 말한다.
　　ⓑ 이러한 정(+)의 외부효과를 유발하는 재화(공원 등 공공재)나 행위는 사회적 최적량보다 더 적게(과소) 생산되거나 더 적게(과소) 소비되는 문제가 발생할 수 있다. 즉, 이는 균형상태가 아니므로 시장실패의 원인이 된다.
　㉢ **정부의 대책**: 사적 경제주체에게 보조금을 지급하거나 정(+)의 외부효과를 발생시키는 재화를 직접 공급함으로써 과소생산이나 과소소비의 문제를 해결하고자 한다.

② 부(-)의 외부효과(외부불경제, 외부비경제)
　㉠ **현상**: 주택시장에서 주거지 부근에 쓰레기 소각장 등 유해시설이 설치되면 주거지에 부(-)의 외부효과를 발생시킬 수 있다.
　㉡ **개념**
　　ⓐ 한 경제주체의 행위가 시장기구를 통하지 않고 제3자에게 의도하지 않은 불리한 효과(손해)를 가져다주어도 이에 대한 보상이 이루어지지 않는 경우를 말한다.
　　ⓑ 예를 들면 공해를 유발하는 화학제품을 생산하는 공해기업은 화학제품을 많이 생산하면서 주거지역 주민들에게 의도하지 않은 공해나 환경오염에 따른 피해를 주게 된다.

용어 & 참고

❶ 외부효과
- 외부효과는 부동성과 인접성으로 설명될 수 있다.
- 외부환경이 부동산에 긍정적인 영향을 주는 것은 정(+)의 외부효과라 하고, 외부환경이 부동산에 부정적인 영향을 주는 것은 부(-)의 외부효과라 한다.

❷ 외부효과는 시장기구·가격기구 밖에서 발생하므로 외부효과 자체에는 가격이 형성되지 않고 시장가격에 반영되지도 않는다. 즉, 외부효과에 대한 가격의 변화를 알고자 하는 것이 아니라 외부효과가 왜 시장실패이고 사회적 후생 감소를 유발하는지에 초점을 두는 것이다.

용어 & 참고

ⓒ 이러한 부(-)의 외부효과를 유발하는 재화나 행위는 사회적 최적량보다 더 많이(과다·과잉) 생산되거나 더 많이(과다·과잉) 소비되는 문제가 발생할 수 있다. 즉, 이는 균형상태가 아니므로 시장실패의 원인이 된다.

ⓒ **정부의 대책:** 사적 경제주체에게 규제나 환경부담금 등을 부과하거나 공해기업의 경우 공해방지시설 설치를 의무화하여 과다(과잉)생산이나 과다(과잉)소비의 문제를 해결하고자 한다.

③ 외부효과는 생산과정뿐만 아니라 소비과정에서도 발생한다.
④ 정(+)의 외부효과와 부(-)의 외부효과는 모두 시장실패의 원인이며, 따라서 정부의 시장개입의 근거가 된다.

정(+)의 외부효과(외부경제)	부(-)의 외부효과(외부불경제)
• 시장기구를 통하지 않고 제3자에게 의도하지 않은 이익을 주어도 이에 대한 대가가 지불되지 않는 경우 • 과소생산, 과소소비 ⇨ 시장실패 • 보조금 지급, 규제 완화 ⇨ 생산·소비 증가 ⇨ 균형(최적)으로 유도	• 시장기구를 통하지 않고 제3자에게 의도하지 않은 피해를 주어도 이에 대한 보상이 이루어지지 않는 경우 • 과다(과잉)생산, 과다(과잉)소비 ⇨ 시장실패 • 규제, 각종 부담금 부과, 공해방지 관련 법 제정 ⇨ 생산·소비 감소 ⇨ 균형(최적)으로 유도

04 정부의 실패

정부의 실패란 자원배분의 효율성을 제고하기 위하여 정부가 부동산시장에 개입하였지만, 여러 가지 이유로 정부의 개입이 시장실패를 치유하지 못하는 결과를 초래하는 것으로 시장상황이 더욱 악화된 경우라 할 수 있다. 즉, 정부의 시장개입은 사회적 후생손실을 낳을 수 있다는 것이다.

CHAPTER 2 주택정책

01 임대료규제정책

용어 & 참고

(1) 임대료규제정책의 개념 ★
① 임대료규제정책은 저소득 임차가구를 보호하려는 일종의 최고가격제, 즉 '임대료상한제'를 말한다.
② 임대료규제정책은 임대료수준 또는 임대료 상승률을 일정범위 이내에서 규제함으로써 시장균형가격보다 낮은 수준으로 최고가격을 설정하여 임대인으로 하여금 정부가 규제하는 임대료 이상으로 임대료를 부과할 수 없도록 하는 일종의 가격통제정책이다.
③ 임대료를 시장균형가격 이하로 규제하는 것으로 정부가 규제한 임대료(가격) 이하로만 거래하도록 통제하는 것이다.

(2) 임대료규제정책의 효과

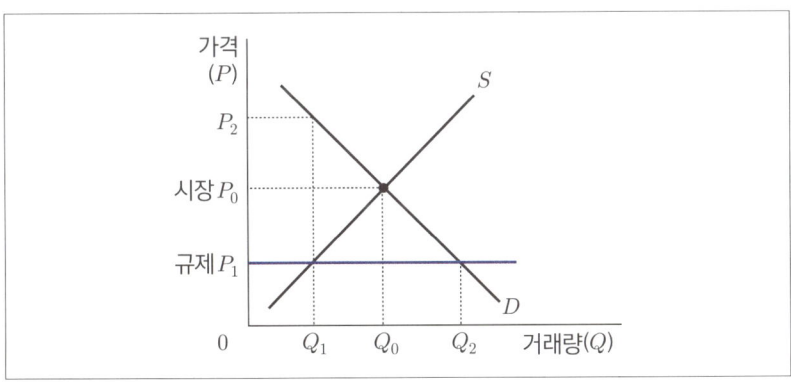

① **임대주택에 대한 초과수요가 발생한다:** 임대료를 시장균형임대료(P_0)보다 낮게 규제(P_1)함에 따라 임대료가 하락한 효과가 있으므로 임대주택수요량은 증가하고 임대주택공급량은 감소하여, 임대주택시장에 초과수요현상(Q_1~Q_2)이 나타난다. 이때 초과수요는 발생하지만, 임대료가 상승하지도 않고 임대주택의 공급이 늘어나지도 않는다.

> **용어 & 참고**

② **임대주택의 공급이 감소한다:** 투자자는 임대사업의 수익성 악화로 인하여 임대주택에 투자를 기피할 것이고, 기존의 임대주택도 다른 용도로 전환될 가능성이 높다. 즉, 임대료규제는 장기적으로 임대주택의 공급을 감소시킨다.

③ 임대료의 상한(P_1)이 시장균형임대료(P_0)보다 낮을 경우, 임대주택의 공급은 단기보다 장기에 더 많이 감소하게 된다. 이와 함께 임대업자는 임대주택사업의 수익성이 하락함에 따라 임대주택에 대한 관리 및 보수를 소홀히 하게 되어 임대주택의 질적 수준도 저하될 것이다.

④ 임대주택공급이 감소함에 따라 주택난이 더욱 심화된다.
  ㉠ 기존임차인들은 공급이 감소함에 따라 이주할 임대주택이 부족하게 되므로 다른 임대주택으로의 주거이동이 저하될 것이다.
  ㉡ 새롭게 임대주택을 구하고자 하는 신규임차인들 입장에서는 임대주택공급이 계속 감소하고 있고, 기존임차인들도 주거이동을 기피함에 따라 정부가 규제한 정상적인 임대료(P_1)만을 지불하여서는 임대주택을 구하기가 어려운 상황에 직면하게 된다. 따라서 신규임차인들은 규제임대료보다 높은 임대료(P_2)를 지불하여서라도 임대주택을 구할 수밖에 없다.
  ㉢ 즉, 주택난의 가중으로 불법적인 암시장(black market)이 형성되어 음성적인 지불현상이 나타나기도 한다. 따라서 규제임대료가 시장균형임대료보다 낮을 경우, 규제임대료(P_1)와 음성적 지불임대료(P_2)라는 '임대료의 이중가격'이 형성될 수 있다.

⑤ 임대료의 상한이 시장균형임대료보다 낮을 경우 수요와 공급이 탄력적일수록 초과수요량은 많아지고, 수요와 공급이 비탄력적일수록 초과수요량은 적어진다.

⑥ **임대료의 상한이 시장균형임대료보다 높을 때의 효과:** 시장의 균형임대료보다 높은 수준에서 임대료를 규제할 경우에는 임대주택시장에 아무런 변화가 발생하지 않을 것이다. 즉, 규제임대료를 시장균형임대료보다 높게 규제하면 임차인보호효과가 없다는 것이다.

02 임대료보조정책

(1) 개념
① 임대료보조정책은 저소득층의 주거안정을 위하여 정부가 재정지원을 통하여 무상으로 임대료의 일부 또는 전부를 보조해주는 간접적 개입방법이다.
② 정부가 임대업자(공급자)의 심리를 자극시켜 시장기능에 의하여 사적(민간) 임대주택의 공급 증가를 유도하는 정책이다.
③ 주택보조금정책은 수요 측면의 임차인에 대한 보조금정책과 공급 측면의 생산자에 대한 보조금정책으로 구분할 수 있다.

(2) 수요자보조금정책 ★
① **단기효과**
   ㉠ 임차인이 지불하여야 하는 100만원의 임대료 중에 정부가 30만원의 보조금을 무상으로 지급해주면, 임대료보조금을 지급받은 임차인의 효용이 증가하고 실질소득이 향상되는 효과가 발생한다.
   ㉡ 즉, 임차인의 명목소득은 동일하여도 임대료가 상대적으로 30만원만큼 하락한 효과가 있으므로 이전보다 임차인의 구매력이 향상되었다는 것이다.
   ㉢ 이에 따라 임대주택의 소비(수요)가 늘어나게 된다. 임대주택에 대한 수요 증가로 임대료가 단기적으로 상승하게 되고, 임대주택시장은 기존임대업자나 공급자에게 초과이윤을 얻을 수 있는 기회를 제공한다.

② **장기효과**
   ㉠ 임대주택시장에서 단기에 발생하는 초과이윤은 신규공급자로 하여금 시장에 진입하게 하는 요인이 된다. 따라서 장기적으로 임대주택공급이 증가하게 되고 임대주택의 임대료는 원래수준으로 하락하게 된다.
   ㉡ 즉, 다른 조건이 일정할 경우 임대료보조정책은 장기적으로 임대주택의 공급을 증가시키고 저소득 임차인의 주거안정에 기여할 수 있다.

용어 & 참고

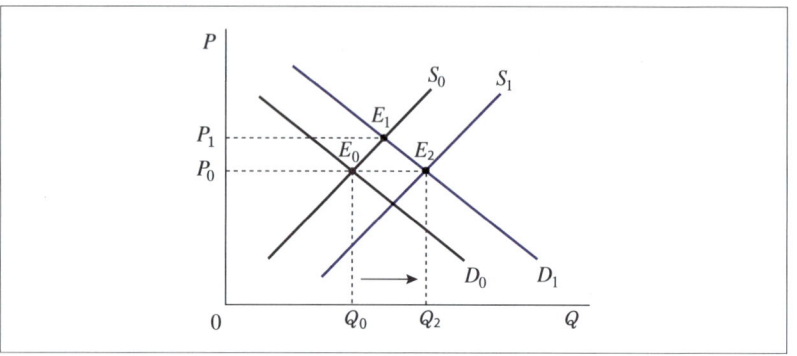

> **보충** 주택바우처(voucher)제도
>
> 임대료보조금을 현금이 아닌 바우처, 즉 일종의 쿠폰형식으로 지급하는 것이다. 소득대비 임대료부담이 큰 저소득 가구를 대상으로 하여 월 임대료의 일부를 재정을 통하여 지원하는 것으로, 지역별·소득수준별로 차등지급한다. 임차인이 지급받은 바우처를 임대인에게 제출하고, 임대인은 해당 바우처를 정부에 제시하면 정부가 임대인 계좌에 바우처만큼의 현금을 입금하는 방식이다.

(3) 생산자보조금정책 ★

① 생산자보조는 임대업자에게 보조금을 지급하거나 장기 저금리의 건설자금을 지원해주는 등의 방식이다.

② 임대업자의 생산비를 절감하는 효과가 있으므로 장기적으로 임대주택공급이 늘어나는 효과가 있다. 이에 따라 임대료가 하락하여 수요자보조금정책처럼 저소득 임차인의 주거안정에 기여하게 된다.

③ 생산자에게 보조금을 지급하는 방식은 임대주택수요자에게 보조금을 지급하는 방식보다 임차인의 주거지 선택의 자유가 제한된다는 단점이 있다.

> 생산자에게 장기저리 지원 ⇨ 생산비 절감효과 ⇨ 임대주택공급 증가 ⇨ 임대료 하락

CHAPTER 3 조세정책

01 부동산조세의 기능

(1) 부동산자원배분 및 경기조절수단 ★
① 부동산조세는 외부효과로 발생하는 과소생산(소비)이나 과다생산(소비) 등의 시장실패를 수정하여 자원배분의 효율성을 제고하는 수단으로 활용될 수 있다.
② 정부의 주택에 대한 취득세 인하는 주택의 상대적 가격을 하락시키는 효과를 발생시켜 주택의 수요 증가를 유도할 수 있다. 이처럼 상대적 가격변화를 통하여 부동산의 수요·공급을 조절하는 자원배분기능이 있다.
③ 취득세 인하로 주택의 수요가 증가하여 주택거래량이 늘어나고, 주택가격이 상승함에 따라 주택의 신규공급이 촉진된다면 부동산조세가 부동산경기조절수단으로도 유용하게 활용된다는 것을 의미한다.

(2) 소득재분배 ★
부동산에 관한 상속세·증여세·종합부동산세 등은 사회계층간의 소득격차를 좁히는 기능이 있다. 소득재분배는 정부의 시장개입을 통하여 계층간 소득의 불균형문제를 일정 부분 해소하려는 정부의 정치적 기능에 해당한다. 이는 부동산시장의 기능이 아닌 만큼 용어 사용에 유의하여야 한다.

> **보충** 부동산조세의 유형

구분	취득단계	보유단계	처분단계
국세	상속세, 증여세, 인지세	종합부동산세	양도소득세
	전 단계 ⇨ 부가가치세		
지방세	취득세, 등록면허세	재산세	지방소득세

용어 & 참고

02 부동산조세의 전가와 귀착

(1) 조세의 전가와 귀착의 개념 ★

① 조세를 부과하면 법률상 납세의무자가 부과된 세금을 모두 부담하여야 하지만, 납세의무자는 부과된 세금을 본인의 비용으로 인식함에 따라 다른 방법을 통하여 세금의 일부를 타인에게 떠넘기려고 한다. 이를 '조세의 전가'라 하며, 타인에게 전가하고 난 나머지 부분으로 본인이 부담하는 몫을 '조세의 귀착'이라 한다.

② 즉, '조세의 전가'란 재산세가 부과되면 임대인이 (공급을 감소시켜서) 임대료 인상을 통하여 세금의 일부를 임차인에게 이전시키는 현상을 말하고, '조세의 귀착'이란 조세의 전가가 완료되어 실질적인 조세부담이 임대인과 임차인에게 각각 최종적으로 귀속되는 것을 말한다.

> 예 정부가 맥주생산업자에게 세금을 많이 부과하면, 맥주생산업자는 생산량을 감소시켜 맥주가격 인상을 통하여 세금의 일부를 맥주소비자에게 전가시킬 수 있다. 한편 맥주생산량의 감소는 맥주의 원재료가 되는 맥주보리의 소비량 감소로 이어지므로 맥주보리를 경작하는 농부의 수입이 감소되는 결과를 초래할 수 있다. 이처럼 세금이 다른 방법을 통하여 타인에게 전가되면 경제주체의 전체적인 만족도가 떨어지는 경제적 후생(순)손실이 발생할 수 있다.

(2) 조세 부과의 효과

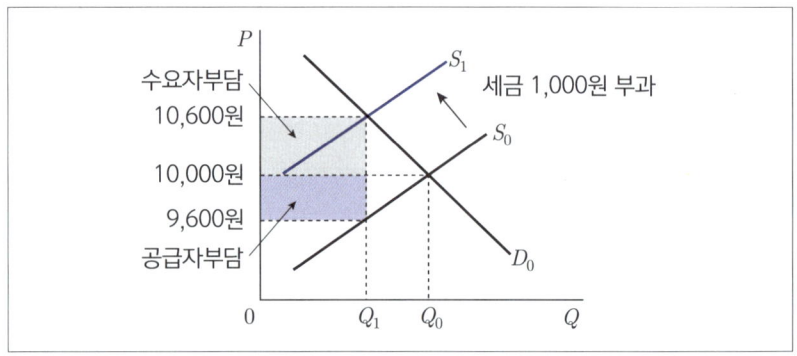

① 그림에서 재화의 최초가격은 10,000원이다. 납세의무자가 공급자일 때 정부가 공급자에게 1,000원의 세금을 부과하면, 공급자는 부과된 세금을 본인의 비용으로 인식하게 된다. 공급자의 비용 증가는 재화의 공급을 감소시키고, 공급곡선은 좌측으로 이동할 것이다. 공급이 감소함에 따라 재화의 가격은 최초가격보다 600원 상승한 10,600원이 되었다고 가정한다.

② 이전보다 재화의 가격이 상승하였으므로 수요자 입장에서는 세금 부과 전의 가격에서 600원의 부담이 늘어난 10,600원을 지불하여야 한다. 공급자 입장에서는 최초가격인 10,000원에서 600원이 상승한 10,600원의 수입이 발생하였지만, 부과된 세금 1,000원을 납부하면 실질적인 수입은 9,600원(= 10,600원 − 1,000원)으로 감소하게 된다. 결국 최초가격보다 400원이 줄어든 9,600원이 세금 부과 후 공급자의 이윤이다.

③ 부과된 세금은 600원만큼의 가격 인상으로 수요자의 지불가격을 높이고(소비자잉여 감소) 400원만큼 공급자의 이윤을 감소시키는(생산자잉여 감소) 경제적 후생(순)손실을 발생시키고, 거래량도 감소하며 자원배분의 왜곡을 초래할 수 있다. 결국 부과된 세금 1,000원은 가격 인상을 통하여 600원만큼이 수요자에게 전가되었고, 나머지 400원이 공급자의 몫으로 귀착되었다고 볼 수 있다.❶

④ 이와 같이 가격 인상 등의 방법으로 조세의 전가가 이루어지면 법률상 납세의무자와 실제로 조세를 부담하는 담세자는 달라진다. 조세의 전가와 귀착 정도는 수요와 공급의 상대적인 가격탄력성에 따라 달라지는데, 상대적으로 비탄력적인 쪽이 더 많은 세금을 부담하게 된다.

(3) 상대적 가격탄력성에 따른 조세의 귀착❷

① 탄력적일수록 조세의 귀착부담이 적어지고, 비탄력적일수록(가격탄력성이 낮을수록) 조세의 귀착부담이 많아진다.

② 공급의 가격탄력성은 탄력적이고 수요의 가격탄력성은 비탄력적인 시장에서 세금이 부과될 경우, 실질적으로 수요자가 공급자보다 더 많은 세금을 부담하게 된다.

③ 공급은 비탄력적이고 수요는 탄력적일 경우, 공급자의 세금부담이 많아지고 상대적으로 수요자의 세금부담이 적어진다.

> **용어 & 참고**
>
> ❶ 조세의 전가와 귀착
> 납세의무자 ≠ 실제 부담하는 담세자(수요자 지불가격↑, 공급자 실질이윤↓) ⇨ 경제적 후생손실)
>
> ❷ 가격탄력성에 따른 조세의 귀착
>
> | 탄력성 | 조세의 귀착 부담 |
> |---|---|
> | 탄력적 | 적다 |
> | 비탄력적 | 많다 |
>
> 공급의 가격탄력성 > 수요의 가격탄력성
> ⇨ 수요자 귀착부담 多

핵심개념

CHAPTER 1 부동산투자분석 및 기법
- 투자의 기회비용 = 요구수익률 ★
- 영업현금흐름의 계산 ★
- 매각현금흐름의 계산 ★
- 화폐의 시간가치를 구하는 자본환원계수 ★
- 할인현금수지분석법 ★

CHAPTER 2 부동산투자이론
- 위험 – 수익의 상쇄관계를 통한 투자대안분석의 의의 ★

PART 5
부동산투자론

CHAPTER 1   부동산투자분석 및 기법
CHAPTER 2   부동산투자이론

CHAPTER 1 부동산투자분석 및 기법

> 용어 & 참고

01 부동산 직접투자의 개념과 기회비용

1. 부동산투자의 개념

(1) 장래의 수익은 항상 위험을 내포하고 있는 불확실성이 존재한다. 이러한 관점에서 투자란 장래의 불확실한 수익을 위해서 현재의 확실한 소비를 희생하는 행위라고 할 수 있으며, 미래의 위험을 감수하는 것에 대한 보상이라고 정의되기도 한다. 이와 같이 부동산투자에는 위험이 수반되며 이에 따라 부동산투자에는 일정한 대가를 요구하게 된다.

(2) 소득이득❶과 자본이득❷의 기대

부동산은 영속성·내구성을 가진 재화이므로 부동산의 보유기간 동안 부동산을 운영·임대하면서 임대료수입(소득이득)을 얻을 수 있을 뿐만 아니라 투자기간 말에 처분을 통한 매각대금(자본이득)도 얻을 수 있다는 장점을 가지고 있다. 주식이나 채권과 달리 부동산에 투자하면 매기의 일정한 임대료(현금흐름)를 획득할 수 있다.

2. 투자의 기회비용 = 요구수익률 ★

(1) <mark>요구수익률은 투자에 대한 위험으로 인하여 투자자가 대상부동산에 자본을 투자하기 위하여 충족되어야 할 최소한의 필수수익률을 의미한다.</mark> 요구수익률은 해당 부동산에 투자하였을 경우에 포기하여야 하는 대체투자안의 수익률이라는 점에서 자본의 기회비용❸(자본비용)의 의미를 갖는다.

(2) 요구수익률에는 시간에 대한 비용(보상)으로 표현되는 무위험(이자)률과 위험에 대한 비용(보상)으로 표현되는 위험할증률이 포함되어 있다. 이는 다음과 같이 피셔방정식❹으로 표현할 수 있다.

---

❶ **소득이득(income gain)**
부동산의 전형적인 보유기간 동안에 발생하는 이득으로서 임대료수입, 지대수입 등을 말한다.

❷ **자본이득(capital gain)**
부동산 취득 후 자산가치의 상승으로 인한 것으로서 투자기간 말에 발생하는 매매차익, 양도차익을 말한다.

❸ **기회비용**
여러 가능성 중 하나를 선택하였을 때 그 선택으로 인하여 포기하여야 하는 가치로써 표시한 비용이다. 한정된 자원으로 생산이나 소비활동을 하는 경제활동에 있어서 다른 경제활동을 할 수 있는 기회의 희생으로 이루어진다.

❹ **피셔방정식**
명목이자율 = 실질이자율 + 예상인플레이션율

요구수익률	=	무위험 (이자)률 (시간에 대한 비용)	±	위험할증률 (위험에 대한 비용)	+	예상 인플레이션율
8%	=	3%	+	2%	+	3%

✚ 무위험(이자)률이 3%이고 위험할증률이 2%이며 예상인플레이션율이 3%일 때, 이를 전부 합한 연 8% 이상의 투자수익률이 확보(충족)되어야 부동산투자가 이루어질 수 있다는 것이다.

① **무위험(이자)률**❶
  ㉠ 정기예금이자율이나 국채이자율로서 금융기관이 부도나지 않는 이상 소정의 원금과 이자는 지급받게 되고, 국가가 부도나지 않는 이상 국채이자도 반드시 지급받게 되는데, 이들을 무위험자산❷이라 한다.
  ㉡ 이자율은 돈의 가치(가격)를 의미하는 것으로서 자금시장의 수요와 공급, 즉 자금시장의 동향에 따라 달라질 수 있으므로 일반경제상황과 관련이 있다. 또한, 이자율은 중앙은행에서 정하는 기준(정책)금리에 따라서 변할 수도 있다. 다른 조건이 일정할 때, 중앙은행의 기준금리의 인상은 무위험률을 높이는 요인으로 작용할 수 있다.

② **위험할증률(risk premium):** 위험할증률은 위험대가율, 위험보상률이라고도 한다. 투자자의 위험에 대한 태도에 따라 그 보상 정도는 달라질 수 있다. 즉, 공격적인 투자자와 보수적인 투자자의 위험보상 정도는 다르다. 따라서 요구수익률도 투자자마다 달라지게 된다.

③ 무위험률과 위험할증률이 커지면 요구수익률도 높아진다. 요구수익률이 높아질수록 기회비용이 커지므로 부동산에 투자할 가능성은 낮아진다. 즉, 투자자의 요구수익률(기회비용)이 충족될 때 부동산투자가 이루어질 수 있다.❸

(3) 피셔(Fisher)효과

투자자는 어떤 자산에 투자를 하든지 예상되는 인플레이션❹을 고려하기 마련이다. 인플레이션이 발생하면 투자원금의 가치가 하락하므로, 이와 같이 예상되는 인플레이션(기대인플레이션)을 요구수익률에 반영하는 것을 피셔효과라 한다.

용어 & 참고

❶ **무위험(이자)률**
표현 그대로 위험이 없는 이자율이다.

❷ **무위험자산**
정기예금이나 국채는 위험이 전혀 없는 것은 아니지만, 위험자산인 주식이나 부동산 등과 구별하기 위해 무위험자산이라 한다.

❸
기대수익률 ≥ 요구수익률
⇨ 투자혜택

❹ **인플레이션(inflation)**
화폐가치가 하락하여 물가가 전반적·지속적으로 상승하는 경제현상을 말한다.

용어 & 참고

02 투자를 통한 현금흐름의 계산

1. 의의

(1) 투자분석의 기본전제

① 부동산을 취득할 때에는 지분투자액과 저당투자액을 함께 고려한다고 가정한다. 지분투자액이 40억원이고 융자금(저당투자액)이 60억원이면 총투자액은 100억원이고, 부동산(취득)가격도 100억원이 된다. 이때 융자금 60억원에 대한 매 기간의 대가, 즉 매 기간 상환하여야 할 원리금과 투자기간 말에 부동산을 매각할 때 아직 상환하지 못한 융자잔금도 고려한다.

② 부동산투자안의 타당성을 분석하기 위해서는 먼저 부동산투자안의 예상현금흐름이 계산되어야 한다. 이때 투자대상부동산의 현금흐름이란 부동산운영을 통해서 발생하는 영업현금흐름(임대료수입, 소득이득)과 당해 부동산을 투자기간 말에 매각할 때 발생하는 매각현금흐름(매각대금, 자본이득)으로 구성된다.

(2) 현금흐름(예상수익)의 예측의 의의

현금흐름의 예측은 투자부동산의 전형적인 보유기간(통상 5년)을 가정하여 투자자가 대상부동산의 임대·운영을 통하여 얻는 매년의 세후현금수지와 투자기간 말에 얻는 세후지분복귀액을 구하는 데 의의가 있다.

2. 영업현금흐름의 계산 ★ - 1년간의 소득이득 계산과정

영업현금흐름(영업수지)의 계산이란 부동산의 보유기간 동안 영업·임대활동으로부터 발생하는 현금수입(cash inflow)과 현금지출(cash outflow)을 측정하는 것을 말한다. 투자부동산의 유형마다 계산과정은 다르지만, 일반적으로 다음과 같은 과정으로 최종적인 세후현금흐름을 계산한다.

```
  가능총소득(PGI; Potential Gross Income)①
+ 기타수입(other income)
− 공실 및 대손충당금(vacancy & bad debt allowance)
─────────────────────────────────────────
  유효총소득(EGI; Effective Gross Income)
− 영업경비(OE; Operating Expenses)
─────────────────────────────────────────
  순영업소득(NOI; Net Operating Income)
− 부채서비스액(DS; Debt Service)
─────────────────────────────────────────
  세전현금흐름(BTCF; Before-Tax Cash Flow)②
− 영업소득세(TFO; Taxes From Operating)
─────────────────────────────────────────
  세후현금흐름(ATCF; After-Tax Cash Flow)
```

용어 & 참고

❶ 가능총소득
= 단위당 예상임대료 × 임대단위 수(면적)

❷
세전현금흐름
= 세전현금수지

(1) 가능총소득(가능조소득)

가능총수입이라고도 하며 투자부동산으로부터 얻을 수 있는 최대한의 임대료수입을 의미하는데, 단위당 임대료에 임대가능면적(임대단위 수)을 곱하여 구한다. 즉, 원룸의 1실당 연간 임대료가 600만원이고 원룸의 객실 수가 100실이면 6억원(=600만원×100실)이다. 이는 공실(空室)이 없다고 가정하였을 경우 최대로 가능한 임대료수입이다.

(2) 기타수입(기타소득)

임대료수입 외의 부가적인 수입(영업 외 수입)이다. 임대부동산의 규모가 큰 경우 구내식당을 운영해서 얻는 수입, 주차료수입, 자판기 등을 설치해서 얻는 수입 등 임대소득 외의 수입을 말한다.

(3) 공실률과 대손충당금(공실 및 불량부채·채권)

① **공실률:** 전체 임대공간 중 비어있는 공간이나 기간의 비율을 말하며, 과거와 현재의 공실률수준을 토대로 임대시장의 상황을 감안하여 계산한다. 투자부동산이 100% 모두 임대된다고는 볼 수 없으므로 최소한의 공실률은 반영할 필요가 있다.

② **대손충당금(불량부채·채권):** 회수 불가능한 임대료수입 등 예상손실에 해당하는 금액을 사전에 공제하는 것을 말한다.

③ 가능총소득의 5%를 공실 및 대손충당금으로 반영할 경우, 가능총소득이 6억원일 때 여기에 5%(0.05)를 곱하면 공실 및 대손충당금(불량부채)은 3천만원이 된다.

용어 & 참고

(4) 영업경비(운영경비, 운영비용)

영업경비는 투자대상부동산의 운영·임대에 소요되는 여러 가지 경비를 말한다.

① 영업경비에 포함되는 것으로는 유지·관리비, 화재보험료, 광고비, 인건비(종업원 급여), 용역비, 전기요금, 전화요금 등이 있고, 부동산 보유세인 재산세도 영업경비에 포함된다.

② 공실 및 대손충당금, 부채서비스액(원리금, 연간 이자비용), 소유자 급여 및 개인업무비, 영업소득세, 자본이득세, 건물의 감가상각비 등은 영업활동에 소요되는 경비(영업경비)에 해당하지 않는다.

(5) 부채서비스액(저당지불액 = 원리금상환액 ≒ 연간 이자비용)

부채서비스액은 저당대부액(융자금)에 대한 매 기간 상환하여야 할 원금상환분과 이자지급분을 합한 것을 말한다. 융자금이 60억원일 때 대출이자율이 10%이고 원금만기일시상환방식이라면, 매 기의 부채서비스액은 6억원(= 60억원 × 10%)이다. 부채서비스액은 융자조건에 따라서 달라질 수 있다.

저당대부액과 저당지불액은 동일한 개념이 아니므로 용어 정리를 잘 해두어야 한다.
⇨ 융자금 = 대출원금 = 저당대부액

3. 매각현금흐름의 계산 ★ – 자본이득의 계산과정

(1) 지분복귀액의 개념

부동산을 일정기간 보유하다가 투자기간 말에 처분하였을 경우, 융자금 중에서 미상환잔액을 모두 상환하고 자본이득세를 공제한 이후에 처분하여 얻은 매각차액을 말한다. 즉, 최초의 지분투자액에 대한 결과물을 계산하는 것이다.

(2) 지분복귀액의 계산

지분복귀액은 투자자가 처음에 투자자금으로 지출한 원래의 지분투자액, 보유기간 동안 저당지불액의 납입으로 인한 원금상환분(지분형성분), 투자기간 말 부동산의 가치상승분의 세 가지로 구성된다. 지분복귀액은 다음과 같이 계산된다.

지분복귀액
= 매각현금흐름

```
            매도가격(selling price)
    −       매도경비(selling expense)
    ─────────────────────────────────
            순매도액(net sales proceed)
    −       미상환저당잔금(unpaid mortgage balance)
    ─────────────────────────────────
            세전지분복귀액(before-tax equity reversion)
    −       자본이득세(capital gain tax)
    ─────────────────────────────────
            세후지분복귀액(after-tax equity reversion)
```

① **매도가격:** 투자기간 말 지분복귀액의 계산은 장래 예상되는 부동산 매도가격의 추계로부터 시작한다. 매도가격은 총매각대금(현금흐름)이라고도 하며, 투자자가 팔고 싶어 하는 예상되는 매도가격이다.

② **순매도액:** 매도가격에서 매도경비를 빼면 순매도액(net sales proceed)이 되며, 순매각현금흐름이라고도 한다. 매도경비에는 부동산처분과 관계되는 광고비, 중개보수, 법적 수속비, 기타경비 등이 포함된다.

③ **세전지분복귀액:** 순매도액에서 상환하지 못하고 남은 미상환저당잔금을 뺀 것을 세전지분복귀액이라 하며, 세전매각현금흐름이라고도 한다. 융자액 60억원 중에서 5년 동안 20억원을 상환하였다면 미상환저당잔금은 40억원이다.

④ **세후지분복귀액:** 순매도액에서 미상환저당잔금을 공제하면 세전지분복귀액이 되며, 여기서 다시 자본이득세를 공제하면 세후지분복귀액이 된다. 세후지분복귀액은 부동산매도시 투자자에게 돌아오는 최종의 현금흐름이다.

용어 & 참고

03 화폐의 시간가치

1. 개념

(1) 부동산투자는 현재시점에서 이루어지고, 투자부동산의 임대료수입과 매각대금은 미래에 발생한다. 즉, 투자금액의 투입시점과 수익이 발생하는 시점이 일치하지 않으므로 현재시점의 가치와 미래시점의 가치를 일치시키는 이자율에 대한 개념정립이 필요하다. 다시 말해 현재 1억원의 가치와 1년 후의 1억원의 가치는 동일하지 않으며, 액면상으로만 동일할 뿐이지 현재 1억원의 가치가 더 크다.

(2) 즉, 현재 1억원으로 이자율 10%의 정기예금에 가입하면 이 금액의 가치는 1년 후에 1억 1천만원이 되므로, 1년 후의 1억원의 가치보다 현재 1억원의 가치가 더 크다는 것이다. 바꾸어 말하면 1년 후의 1억원이라는 액면상의 가치는 현재시점의 1억원의 가치보다 작다는 것이다.

2. 이자율(rate, interest)의 개념

(1) 개념정리와 수식의 도출

이자율의 개념에는 단리와 복리가 있다.

① **단리**

㉠ 단리는 투자원금에 대해서만 붙는 이자를 말한다.

㉡ 단리를 반영하면 현재 100만원의 2년 후의 가치는 다음과 같이 구할 수 있다.

> 100만원 + [100만원 × 0.1(10%) × 2년] = 120만원
> 따라서 이자율이 10%일 때, 현재 100만원은 2년 후 120만원이 된다.

② **복리**

㉠ 복리는 지급받을 이자가 원금에 가산되어 또 이자가 발생하는 개념으로, 최초의 투자금액이 수익을 창출하고 그 수익이 재투자됨을 가정하는 것이다. 부동산투자에서 사용하는 이자율은 통상적으로 복리의 개념을 활용한다.

㉡ 복리를 반영하면 현재 100만원의 2년 후의 가치는 다음과 같이 구할 수 있다.

> - 1년 후의 현금흐름
>   100만원 × 1 + 100만원 × 0.1 = 100만원(1 + 0.1) = 110만원
> - 2년 후의 현금흐름
>   110만원 × 1 + 110만원 × 0.1 = 110만원(1 + 0.1) = 121만원
> 1년 후의 현금흐름에서 100만원(1 + 0.1) = 110만원이라는 관계가 성립하므로, 2년 후의 현금흐름은 다음과 같이 정리할 수 있다.
> ⇨ 100만원(1 + 0.1)(1 + 0.1) = 100만원$(1 + 0.1)^2$ = 121만원
> 따라서 이자율이 10%일 때, 현재 100만원은 2년 후 121만원이 된다.

여기서 현재 100만원을 2년 후 121만원이 되게 하는 $(1 + r)^n$을 내가계수(미래가치계수)라 한다.

(2) 수익률과 할인율

현재가치를 미래가치로 만들어주는 이율(r)을 '수익률'이라 하고, 미래가치를 현재가치로 만들어주는 이율(r)을 '할인율'이라 한다. 같은 'r'이지만 각각 다른 개념이다.

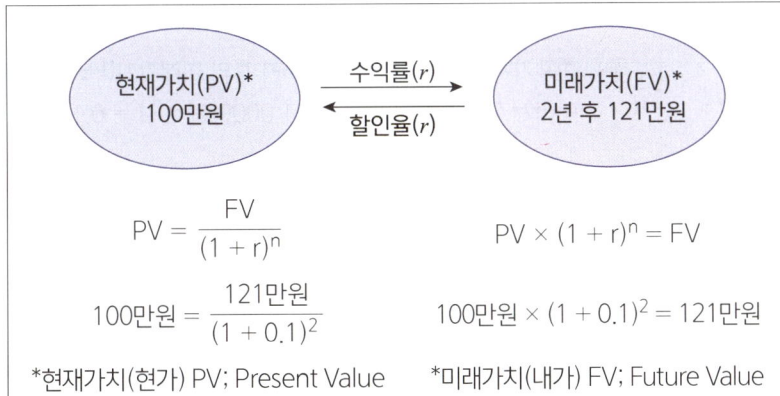

> 용어 & 참고

3. 화폐의 시간가치를 구하는 자본환원계수 ★

미래가치를 구하는 것으로는 일시불의 내가계수, 연금의 내가계수, 감채기금계수가 있고, 현재가치를 구하는 것으로는 일시불의 현가계수, 연금의 현가계수, 저당상수가 있다. 이러한 자본환원계수의 개념을 정리하고 이를 어떻게 적용하는지에 대하여 학습하여야 한다.

자본환원계수

현재가치계수	미래가치계수
일시불의 현가계수	일시불의 내가계수
연금의 현가계수	연금의 내가계수
저당상수	감채기금계수

(1) 미래가치계수(내가계수)

① 일시불의 미래가치계수

㉠ 개념: 1원을 이자율 r로 예금하였을 때 n년 후에 찾게 되는 금액을 구하는 계수이다(예 정기예금의 만기금액을 구할 때 사용 등).

$$\text{일시불의 미래가치계수(내가계수)} = (1 + r)^n$$

㉡ 적용

> 현재 토지가격이 1,000만원인데 토지가격이 매년 10%씩 상승한다면 5년 후에 토지가격은 얼마가 되겠는가? [단, $(1 + 0.1)^5 = 1.6105$]
>
> [해설] 현재가치(PV) × $(1 + r)^n$ = 5년 후의 미래가치(FV)
> 따라서 5년 후의 토지가격은 1,000만원 × $(1 + 0.1)^5 ≒$ 1,610만원이 된다.
>
>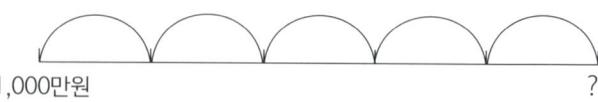
> 1,000만원   ?

② 연금의 미래가치계수
  ㉠ **개념:** 매년 1원씩 연금을 이자율 r로 계속해서 적립하였을 때 n년 후에 달성되는 금액을 구하는 계수이다(예 정기적금의 만기금액을 구할 때 사용 등).

  $$\text{연금의 미래가치계수(내가계수)} = \frac{(1+r)^n - 1}{r}$$

  ㉡ **적용**

  > 주택자금을 마련하기 위하여 매년 말 1,000만원씩 5년 동안 계속 적립하였을 때 5년 후에는 얼마가 되겠는가? [단, 연금의 내가계수(5년, 10%) = 6.1051]
  >
  > [해설] 연금의 미래가치(적금 만기금액)
  > = 연금액 × 연금의 내가계수(5년, 10%)
  > = 1,000만원 × $\frac{(1+0.1)^5 - 1}{0.1}$ ≒ 6,105만원

  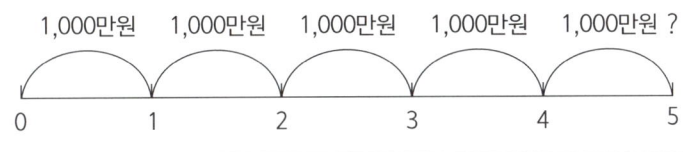

③ 감채기금계수
  ㉠ **개념:** n년 후에 1원을 만들기 위해서 매년 단위로 적립·불입하여야 할 금액을 구하는 계수로서 연금의 내가계수와 역수관계가 성립한다. 즉, 연금의 내가계수와 반대개념이다.

  $$\text{감채기금계수} = \frac{r}{(1+r)^n - 1}$$

  ㉡ **적용**

  > 5년 후에 6,105만원의 금액에 해당하는 주택자금을 만들기 위해서 매년 단위로 얼마씩을 적립하여야 하는가? [단, 감채기금계수(5년, 10%) = 0.163797]
  >
  > [해설] 매년 적립(연금)액 = 연금의 미래가치 × 감채기금계수(5년, 10%)
  > = 6,105만원 × $\frac{0.1}{(1+0.1)^5 - 1}$ ≒ 1,000만원

용어 & 참고

(2) 현재가치계수(현가계수)

① 일시불의 현재가치계수

⊙ **개념:** 할인율이 r일 때 n년 후의 1원이 현재 얼마만한 가치가 있는가를 구하는 계수이다. 즉, 투자기간 말 부동산 매각대금의 현재가치나 일정기간 후 임대료수입의 현재가치를 구할 때 사용한다. 일시불의 현가계수의 역수는 일시불의 내가계수이다.

$$\text{일시불의 현재가치계수(현가계수)} = \frac{1}{(1+r)^n} = (1+r)^{-n}$$

ⓒ **적용**

> 5년 후의 토지가격 1,610만원은 현재 얼마만큼의 가치가 있다고 볼 수 있는가? [단, 일시불의 현가계수(5년, 10%) = 0.620921]
>
> [해설] 일시불의 현재가치(PV)
> = 미래가치(FV) × 일시불의 현가계수(5년, 10%)
> = 1,610만원 × $\frac{1}{(1+0.1)^5}$ ≒ 1,000만원
>
> ?   1,610만원

② 연금의 현재가치계수

⊙ **개념:** 이자율이 r이고 기간이 n일 때 매년 1원씩 n년 동안 받게 될 연금을 일시불로 환원·할인한 액수를 구하는 계수이다(예 5년 동안 매년 동일한 금액의 임대료수입이 발생한다고 가정할 경우 매년 동일한 임대료수입의 현재가치를 구할 때 사용 등). 연금의 현재가치계수의 역수는 저당상수이다.

$$\text{연금의 현재가치계수(현가계수)} = \frac{1-(1+r)^{-n}}{r}$$

ⓒ 적용

> 매년 연금으로 1,000만원씩 5년 동안 받게 될 경우, 이 금액을 현재시점에서 일시불로 받는다고 하면 얼마가 되겠는가? [단, 연금의 현가계수(5년, 10%) = 3.790787]
>
> [해설] 연금의 현재가치 = 연금액 × 연금의 현가계수(5년, 10%)
> $= 1,000만원 \times \dfrac{1 - (1 + 0.1)^{-5}}{0.1} ≒ 3,790만원$
>
> ? ← 1,000만원 1,000만원 1,000만원 1,000만원 1,000만원

③ 저당상수

㉠ **개념**: 대출기관으로부터 일정금액을 융자를 받고, 원리금균등분할상환방식에 의해 매 기간 상환하여야 할 원리금(원금과 이자의 합계), 부채서비스액, 저당지불액을 구하는 계수이다.

$$저당상수 = \dfrac{r}{1 - (1 + r)^{-n}}$$

ⓒ 적용

> 금융기관으로부터 3,790만원의 대출을 받았다. 원리금균등분할상환방식에 따라 5년 동안 매년 얼마씩의 원리금을 상환하여야 하는가? [단, 저당상수(5년, 10%) = 0.263797]
>
> [해설] 저당지불액(매기 연금액)
> = 융자금(연금의 현재가치) × 저당상수(5년, 10%)
> $= 3,790만원 \times \dfrac{0.1}{1 - (1 + 0.1)^{-5}} ≒ 1,000만원$
>
> 3,790만원 ? ? ? ? ?

복리이자표[이자율 10%(년)]

년	내가계수	연금의 내가계수	감채기금계수	현가계수	연금의 현가계수	저당상수
1	1.100000	1.000000	1.000000	0.909091	0.909091	1.100000
2	1.210000	2.100000	0.476190	0.826446	1.735537	0.576190
3	1.331000	3.310000	0.302115	0.751315	2.486852	0.402115
4	1.464100	4.641000	0.215471	0.683013	3.169865	0.315471
5	1.610510	6.105100	0.163797	0.620921	3.790787	0.263797

기출문제 바로가기

용어 & 참고

04 투자의 타당성분석기법

1. 의의

(1) 투자의 타당성분석이란 미래에 예상되는 임대료수입과 매각대금의 현재가치가 초기지분투자액보다 더 큰지, 즉 투자수익이 투자자의 요구수익률을 충족하고도 남는 게 있는지를 판단하여 투자를 결정하는 것이다.

(2) 여기에서 중요한 문제는 '해당 부동산에 지불한 투자금액은 얼마인가', '일정한 투자금액에 대한 해당 부동산의 수익률은 얼마인가' 또는 '예상되는 수익률은 위험을 보상할 수 있을 것인가' 등에 대한 답을 구해야 한다는 것이다.

(3) 투자의 타당성을 분석하기 위한 판단기준으로서 투자분석기법에는 크게 현금흐름할인법(할인현금수지분석법), 전통적인 평가기법(비할인법)으로 나누어 볼 수 있는데, 이 중 화폐의 시간가치를 고려하는 현금흐름할인법에 대해서 살펴보기로 하겠다.

2. 할인현금수지분석법(DCF) ★

(1) 개념

① 할인현금수지분석법(Discounted Cash Flow Method)은 현재의 부동산가격이 장래의 현금흐름을 할인한 현재가치와 똑같다는 인식을 기초로 하고 있다. 이는 현재의 1원은 미래의 1원보다 더 큰 가치를 가지고 있는 것으로 평가되기 때문이다. 이를 앞에서 화폐의 시간가치(time value of money)라고 하였다.

② 투자를 통하여 얻는 '현금유입'을 수익 혹은 수입이라고 하는데, 이는 보유기간 동안의 세후현금수지의 합과 투자기간 말 세후지분복귀액을 합한 것을 말한다. 즉, 임대료수입과 매각대금의 합을 말한다. 반면에 투자에 소요되는 '현금유출'은 현금지출, 투자비용, 투자금액, (초기)지분투자액이라고 한다.

③ 할인현금수지분석법은 장래 예상되는 현금유입과 현금유출을 현재가치로 할인하고, 이것을 서로 비교하여 투자의 타당성을 분석하는 방법이다. 할인현금수지분석법에는 순현재가치(NPV)법, 내부수익률(IRR)법, 수익성지수(PI)법이 있다.

(2) 순현가(순현재투자가치, NPV; Net Present Value)법

① 순현재가치(순현가)는 현금유입의 현재가치에서 현금유출의 현재가치를 뺀(공제한) 값으로 정의된다. 즉, 순현가법이란 장래 기대되는 세후소득의 현재가치의 합계와 투자비용으로 지출된 금액의 현재가치의 합계를 서로 비교하여 투자결정을 하는 방법을 말한다.

$$NPV = \sum_{t=1}^{T} \frac{ATCF_t}{(1+k)^t} + \frac{ATER_T}{(1+k)^T} - I_0$$

단, $ATCF_t$: t기의 세후현금수지
$ATER_T$: T기(보유기간 말)의 매각에 의한 세후지분복귀액
I_0: 최초의 지분투자액
k: 부동산투자로부터 얻어야 할 최소한의 요구수익률
t: 현금흐름이 얻어지는 시기 t = 0, 1, 2, …, T

순현가
= 현금유입의 현재가치(合) − 현금유출의 현재가치(合)
= [부동산 보유기간 동안 매년의 세후현금수지의 현재가치합] + [부동산 처분시 세후지분복귀액의 현재가치] − (초기) 지분투자액

② 순현가를 계산하기 위해서는 사전에 할인율이 결정되어야 하는데, 이는 부동산투자로부터 충족되어야 할 최소한의 요구수익률로서 투자의 위험도를 반영하여 결정된다.

③ 요구수익률(k)은 시간에 대한 대가와 위험에 대한 대가를 포함하는데, 투자자는 위험이 없더라도 시간의 경과에 대한 대가를 얻어야 하며, 위험의 수준이 높으면 높을수록 더 높은 수익률을 요구하게 된다. 따라서 부동산투자의 위험도가 크면 클수록 더 높은 할인율을 적용하게 되고, 이에 따른 순현가는 작아지게 된다.

용어 & 참고

④ 부동산투자의 실행 여부를 판단함에 있어서 순현가가 '0'보다 크면 해당 투자안을 채택하고, '0'보다 작으면 기각한다. 여러 개의 상호 배타적인 부동산투자안의 우선순위를 결정하고자 하는 경우에도 순현가가 큰 순서로 투자의 우선순위를 정한다.

> ㉠ 채택 여부
>   ⓐ 투자안의 순현가(NPV) ≥ 0 ⇨ 채택한다.
>   ⓑ 투자안의 순현가(NPV) < 0 ⇨ 기각한다.
> ㉡ 우선순위: 투자안의 순현가(NPV)가 큰 것부터 우선한다.

(3) 내부수익률(IRR; Internal Rate of Return)법

① 내부수익률❶은 현금유입의 현재가치와 현금유출의 현재가치를 일치시키는(같게 만드는) 할인율을 말한다. 이는 부동산투자에 있어서 운영에 의한 현금흐름(세후현금수지)의 현재가치와 매각에 의한 현금흐름(세후지분복귀액)의 현재가치를 합한 현금유입의 현재가치 합과 현금유출의 현재가치(지분투자액)를 일치시키는 할인율을 의미한다. 즉, 내부수익률은 순현가를 '0'으로 만드는 할인율을 의미한다.

$$NPV = \sum_{t=1}^{T} \frac{ATCF_t}{(1+r)^t} + \frac{ATER_T}{(1+r)^T} - I_0 = 0$$

단, $ATCF_t$: t기의 세후현금수지
$ATER_T$: T기(보유기간 말)의 매각에 의한 세후지분복귀액
I_0: 최초의 지분투자액
r: 내부수익률
t: 현금흐름이 얻어지는 시기 t = 0, 1, 2, ⋯, T

② 수식의 분모값 r은 내부수익률로서, 현금흐름 자료로부터 구해진다.

③ 부동산투자의 실행 여부의 판단은 해당 부동산투자의 내부수익률과 그 투자로부터 얻어야 할 최소한의 요구수익률인 k를 비교하여 결정한다.

---

❶ 내부수익률
화폐의 시간가치를 고려한 여러 기간의 수익률이다. 내부수익률은 수익률이 되기도 하고, 할인율 개념으로도 사용된다.

④ 내부수익률이 요구수익률보다 크면 그 투자안을 채택하여야 하고, 내부수익률이 요구수익률보다 작으면 그 투자안을 기각하여야 한다.
⑤ 따라서 요구수익률 k는 투자안의 채택 여부를 결정하는 기준으로서의 의미를 갖는다. 또한 여러 개의 부동산투자안들이 있는 경우 그 우선순위는 내부수익률이 큰 순서로 결정한다.

> ㉠ 채택 여부
> ⓐ 투자안의 내부수익률(IRR) ≧ 요구수익률(k) ⇨ 채택한다.
> ⓑ 투자안의 내부수익률(IRR) < 요구수익률(k) ⇨ 기각한다.
> ㉡ 우선순위: 투자안의 내부수익률(IRR)이 큰 것부터 우선한다.

순현가와 내부수익률 비교

구분	순현가(NPV)	내부수익률(IRR)
개념	현금유입의 현가합에서 현금유출의 현가를 공제·차감한 금액	• 현금유입의 현가합과 현금유출의 현가를 같게 만드는 할인율 • 순현가를 '0'으로 만드는 할인율
투자 결정	• 순현가 ≧ 0: 투자채택 • 순현가 < 0: 투자기각	• 내부수익률 ≧ 요구수익률: 투자채택 • 내부수익률 < 요구수익률: 투자기각
할인율 (재투자율)	요구수익률(k)	내부수익률(r)
비고		• 순현가법이 투자판단의 준거로 내부수익률법보다 선호되고 더 합리적이다. • 순현가법의 할인율은 요구수익률로서 투자자의 위험보상을 반영하므로 부(富)의 극대화에 기여하는지를 판단할 수 있지만, 내부수익률법의 할인율은 내부수익률로서 위험보상을 반영하지 못한다. 즉, 내부수익률이 크다고 해서 투자자의 부(富)가 늘어나는 것은 아니다.

용어 & 참고

용어 & 참고

(4) 수익성지수(PI; Profitability Index)법

① 수익성지수는 부동산투자로부터 얻게 될 장래 현금유입의 현재가치를 현금유출의 현재가치로 나누어 계산한다. 즉, 수익성지수는 현금유출의 현재가치에 대한 현금유입의 현재가치를 말한다. 수익성지수도 순현가처럼 사전에 할인율을 결정하여야만 그 값을 구할 수 있다.

$$PI = \left\{ \sum_{t=1}^{T} \frac{ATCF_t}{(1+k)^t} + \frac{ATER_T}{(1+k)^T} \right\} \div I_0$$

단, $ATCF_t$: t기의 세후현금수지
$ATER_T$: T기(보유기간 말)의 매각에 의한 세후지분복귀액
I_0: 최초의 지분투자액
k: 부동산투자로부터 얻어야 할 최소한의 요구수익률
t: 현금흐름이 얻어지는 시기 t = 0, 1, 2, ···, T

$$수익성지수(PI) = \frac{현금유입의\ 현가}{현금유출의\ 현가}$$

② 부동산투자의 실행 여부를 판단함에 있어 수익성지수가 '1'보다 큰 부동산투자안은 채택하고, '1'보다 작은 부동산투자안은 기각한다.

  ㉠ 채택 여부
    ⓐ 투자안의 수익성지수(PI) ≧ 1 ⇨ 채택한다.
    ⓑ 투자안의 수익성지수(PI) < 1 ⇨ 기각한다.
  ㉡ 우선순위: 투자안의 수익성지수(PI)가 큰 것부터 우선한다.

③ 수익성지수는 최초의 지분투자액(현금유출의 현재가치)에 비해 부동산투자로부터 얻게 될 현금유입의 현재가치가 몇 배인가를 구하고자 하는 것이다. 이런 수익성지수는 투자규모(금액)가 다른 여러 투자안의 우선순위를 결정하는 경우에 주로 사용된다.

④ 여러 투자안의 우선순위를 결정할 때, 순현가법과 수익성지수법의 투자 우선순위는 달라질 수 있다.

CHAPTER 2 부동산투자이론

01 위험 – 수익의 상쇄관계를 통한 투자대안분석

용어 & 참고

(1) 위험 – 수익의 상쇄관계를 통한 투자대안분석의 의의 ★

① 위험 – 수익의 상쇄관계(trade-off)란 높은 수익을 얻기 위해서는 그에 따른 위험도 그만큼 커진다는 것을 말한다. 바꾸어 표현하면 투자안의 위험이 클수록 기대수익률도 커진다는 것으로 위험과 기대수익은 비례관계에 있다.

② 현대 포트폴리오이론에서는 투자대상들의 투자가치를 기대수익과 위험, 이 두 가지 요인만을 고려하여 평가하고 있다. 투자가치는 그 투자로 인한 미래의 기대수익에 달려 있는데, 그 기대수익은 실현되지 않을 가능성, 즉 위험을 지니고 있기 때문이다.

$$투자가치 = f(기대수익, 위험)$$

③ 기대수익과 위험에 대한 측정이 가능하다면 많은 투자대상들 중에서 기대수익률이 동일한 것들에 대해서는 위험이 보다 작은 투자대상을 택하고, 예상위험이 동일한 것들에 대해서는 기대수익이 보다 큰 투자대상을 택함으로써 많은 투자대상들을 쉽게 몇 개의 최적투자대상으로 압축할 수 있다.

④ 'CHAPTER 1 부동산투자분석 및 기법'에서는 장래의 현금흐름이 확실한 상황에서 투자의 타당성을 분석하였지만, 'CHAPTER 2 부동산투자이론'에서는 장래의 기대수익의 달성이 불확실한 상황에서 통계적 기법으로 기대수익률과 위험을 측정하여 투자안을 분석하게 된다.

용어 & 참고

(2) 기대수익률의 측정

부동산 A · B에 대한 분석 결과, 호경기 · 정상 · 불경기의 세 가지 상황(각각이 일어날 확률은 0.3, 0.4, 0.3)에서 예상투자수익률이 추정되었다고 하자.

미래투자수익률의 확률분포

상황	확률(p)	부동산 A	부동산 B
호경기	0.3	100%	40%
정상	0.4	15%	15%
불경기	0.3	−70%	−10%

① 투자대상들의 수익성 정도는 예상수익률의 확률분포에서 평균적인 수익률을 계산하여 평가한다. 미래에 평균적으로 예상되는 수익률을 기대수익률(expected rate of return)이라고 하는데, 각 상황(호경기 · 정상 · 불경기)이 발생할 확률에 그 상황별로 발생 가능한 추정수익률을 곱한 다음, 이들의 합으로 계산한다.

② 부동산 A · B의 기대수익률[E(R)]은 다음과 같이 계산된다.

- $E(R_A) = (0.3 \times 100\%) + (0.4 \times 15\%) + [0.3 \times (-70\%)]$
  $= 15\%$
- $E(R_B) = (0.3 \times 40\%) + (0.4 \times 15\%) + [0.3 \times (-10\%)]$
  $= 15\%$

(3) 투자위험

투자위험이란 투자수익의 변동가능성, 기대한 투자수익이 실현되지 않을 가능성, 실제 결과가 기대예상과 달라질 가능성을 말한다. 모든 투자자산 · 위험자산은 투자위험을 지니고 있다. 투자위험을 측정하는 합리적인 방법은 분산 혹은 표준편차를 이용하는 것이다.

정규분포를 통한 투자수익률의 확률분포도

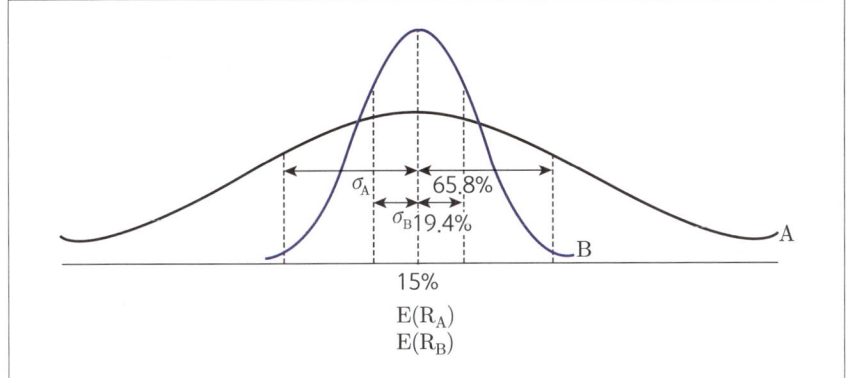

① 여기서 부동산 A와 부동산 B를 비교하면 부동산 A의 투자위험이 부동산 B의 투자위험보다 높은 것을 알 수 있다. 두 투자안의 기대수익률은 동일하지만, 투자위험은 부동산 A가 더 크기 때문에 부동산 B가 우월한 투자대상이 된다.

② 투자결정의 기준으로 평균과 분산만을 고려한다는 것은 수익률의 확률분포가 정규분포인 것을 가정한 것이다. 위 그림은 부동산 A와 부동산 B에 대하여 정규분포를 가정하여 나타낸 것이다.

핵심 분산 정도에 따른 위험도

미래 투자수익률의 확률분포도가 좁게 분포되어 있을수록 분산이 더 작다. 즉, 표준편차가 더 작다는 것으로 투자위험이 더 작다는 의미이다. 따라서 기대수익률을 달성할 가능성은 더 높아진다.

(4) 위험에 대한 투자자의 태도❶와 무차별효용곡선

위험에 대한 투자자들의 태도는 위험회피형·위험추구형❷·위험중립형으로 구분할 수 있다. 일반적으로 투자자들의 위험에 대한 성향은 위험회피형이며, 합리적인 투자자들은 위험회피형 투자자에 해당된다. 이는 위험혐오적·위험기피적이라고도 한다.

① 기대수익률이 동일한 두 개의 투자대안이 있을 경우에 사람들은 대부분 덜 위험한 쪽을 선택하려고 할 것인데, 이러한 합리적이고 이성적인 투자자들의 태도를 위험회피형이라고 한다.

❶
위험회피적 투자자는 상대적으로 고위험-고수익 투자대안을 선호하는 공격적 투자자와 저위험-저수익 투자대안을 선호하는 보수적 투자자로 구분할 수 있다.

❷
- **위험추구(선호)형**: 높은 수익률을 획득할 기회를 얻기 위해 보다 큰 위험을 기꺼이 부담하는 투자자
- **위험중립형**: 위험의 크기에 관계없이 기대수익률의 크기에 의해서만 투자결정을 하는 투자자

용어 & 참고

② 위험회피적이라는 말은 사람들이 전혀 위험을 감수하지 않겠다는 의미는 아니다. 위험회피형 투자자라 할지라도 높은 수익을 얻고자 할 때에는 이에 따른 위험을 기꺼이 감수하게 된다.

③ 위험회피적인 투자자는 투자안의 위험이 커지면 기대수익을 높이게 되는데, 이것은 무차별효용곡선으로 표시된다. 무차별효용곡선이 아래쪽을 향하여 볼록한 우상향형태를 띠는 것은 투자자가 위험회피형이라는 것을 의미한다.

위험회피형 투자자의 무차별효용곡선

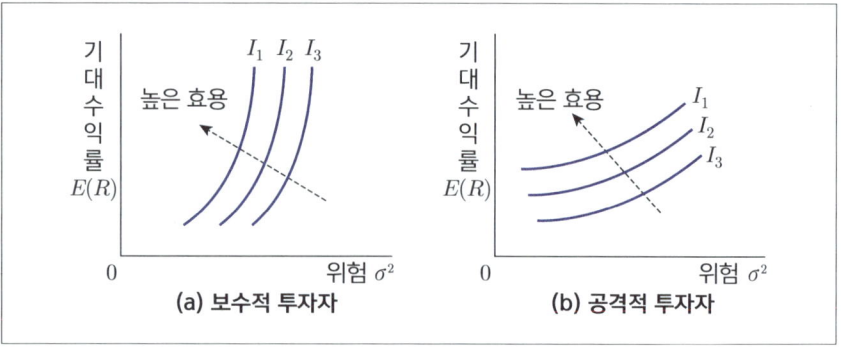

❶ (a)처럼 기울기가 급한 경우는 극히 위험을 회피하는 보수적인 투자자의 예로서 일정한 위험 증가가 있을 때보다 더 많은 기대수익의 증가를 요구하는 경우를 나타낸다. 반면 (b)처럼 기울기가 상대적으로 완만한 경우는 공격적인 투자자의 예로서 기대수익의 증가가 위험 증가에 미치지 못하더라도 만족하는 경우를 나타낸다.

④ 위 그림은 무차별효용곡선(indifferent utility curve)으로, 이는 특정 투자자에게 동일한 효용을 가져다주는 기대수익과 분산(위험)의 조합을 연결한 곡선이다.

⑤ 위험회피형의 투자자라도 위험회피도에 따라, 즉 위험의 증가에 따라 보상을 바라는 정도가 차이가 있으므로 무차별효용곡선의 기울기는 달라지게 된다.

⑥ 위 그림의 (a), (b)는 위험회피의 정도에 따라 보수적인 투자자와 공격적인 투자자로 나누어 나타낸 것이다.

(5) 평균 – 분산 지배원리와 최적포트폴리오의 선택

① 평균 – 분산 지배원리란 불확실성하에서 두 투자안의 기대수익(평균)이 동일하다면 위험(분산)이 작은 투자대안을 선택하고, 위험이 동일하다면 기대수익이 높은 투자대안을 선택하는 방법을 말한다.

구분	A	B	C	D
기대수익률(%)	10	5	10	4
표준편차(%)	14	4	18	4

㉠ A와 C를 비교하면 기대수익률은 동일하지만 A의 위험이 낮으므로(A의 표준편차가 더 낮다) A가 효율적 투자안(효율적 포트폴리오)이다. B와 D를 비교하면 위험은 동일하지만 B의 기대수익률이 높으므로 B가 효율적 투자안이다.

㉡ 효율적 투자안인 A와 B 중에서 최적의 선택은 투자자의 위험성향에 따라 다르다. 공격적인 투자자는 위험이 높지만 기대수익도 높은 A를 선호할 것이고, 보수적인 투자자는 기대수익은 낮지만 위험도 낮은 B를 선호할 것이다.

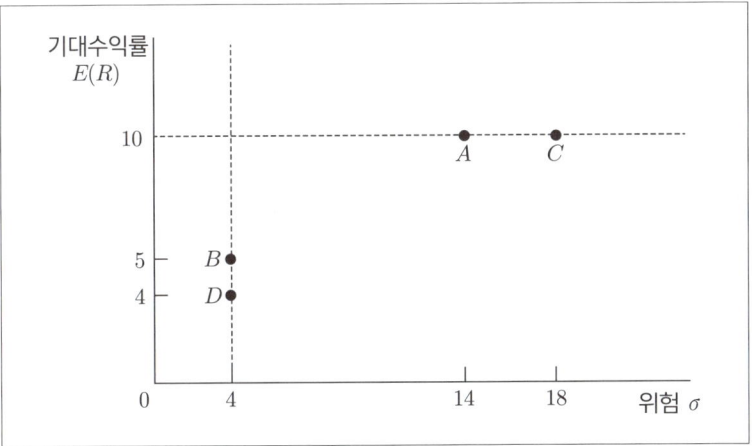

② 지배원리에 의하여 선택된 개별투자대안 또는 투자대안의 집합체를 효율적 투자대안 또는 효율적 포트폴리오라고 한다. 곧 위험회피형 투자자가 선택할 수 있는 '투자대상 후보'를 말한다.

③ 지배원리를 통하여 선택된 효율적 투자대안(포트폴리오)의 묶음을 '효율적 포트폴리오 집합'이라 하고, 이 투자안들을 모두 연결한 것을 효율적 전선(前線), 효율적 투자선, 효율적 프론티어(frontier)라고 한다.

㉠ 효율적 전선(효율적 프론티어)이란 동일한 위험하에서 최고의 수익률을 얻을 수 있는 투자대안을 모두 연결한 곡선으로 우상향하는 형태를 나타낸다.

㉡ 효율적 전선이 우상향하는 이유는 주어진 위험하에서는 그 이상의 수익을 얻을 수 없기 때문에 더 높은 수익을 얻기 위해서는 더 많은 위험을 부담하여야 한다는 것이다. 즉, 위험 – 수익의 상쇄관계를 의미한다.

❶ 효율적 전선에 존재하는 투자대안은 위험회피형 투자자에게 모두 동일한 효용을 제공하는 '투자대상 후보'이다.

용어 & 참고

- 그림에서 곡선 X~Y는 효율적 전선을, $I_1 \cdot I_2 \cdot I_3$는 무차별효용곡선을 나타낸다.
- 효율적 전선과 무차별효용곡선이 접하는 점인 B는 보수적인 투자자의 최적포트폴리오가 되고, A는 공격적인 투자자의 최적포트폴리오가 된다.

④ **최적포트폴리오의 선택:** 투자대상들이 일차적으로 지배원리에 의하여 효율적 투자안으로 선별되면 이들 중에서 최종적으로 어느 투자안을 선택할 것인가의 문제는 효율적 포트폴리오(투자대안)과 무차별효용곡선이 만나는 투자안을 찾으면 된다.

효율적 전선과 최적포트폴리오의 선택

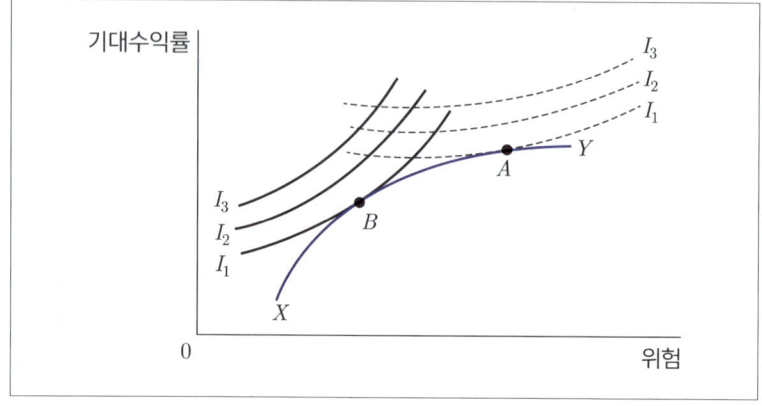

㉠ 상대적으로 보수적인 투자자는 B를 택하고, 공격적인 투자자는 A를 택함으로써 만족을 극대화시킬 수 있게 된다.
㉡ 이처럼 지배원리를 충족하는 효율적 투자안 중에서 투자자의 위험선호도까지 고려하여 최종적으로 선택되는, 즉 무차별효용곡선과 접하는 투자안을 최적투자대안 또는 최적포트폴리오(optimal portfolio)라고 한다.
㉢ 결론적으로 투자대상들의 선택과정은 먼저 지배원리를 충족하는 효율적 투자안을 선택한 다음, 이 중에서 투자자의 무차별효용곡선(위험선호도)에 적합한 최적투자안을 선택하는 것으로 정리할 수 있다.
㉣ 최적포트폴리오는 투자자의 위험에 대한 태도에 따라서 달라진다. 즉, 한 투자자에게 최적인 투자안이 다른 투자자에게는 최적이 아닐 수도 있다.

land.Hackers.com

핵심개념

CHAPTER 1 부동산금융
- 대출규제수단 ★
- 고정금리저당대출 ★
- 변동금리저당대출 ★
- 원리금균등분할상환방식 ★
- 원금균등분할상환방식 ★
- 체증식(점증식) 상환방식 ★

CHAPTER 2 부동산증권론 및 개발금융
- 주택저당유동화제도 ★
- 프로젝트 파이낸싱 ★
- 부동산투자회사 ★

PART 6
부동산금융론

CHAPTER 1   부동산금융
CHAPTER 2   부동산증권론 및 개발금융

CHAPTER 1 부동산금융

01 부동산금융

(1) 금융의 개념

금융이란 재화와 용역의 거래를 수반하지는 않지만, 이자율을 매개로 화폐의 수요와 공급이 이루어지는 현상을 말한다. 부동산도 금융이라는 매개를 통하여 부동산의 거래, 부동산의 수요와 공급이 이루어진다. 특히 부동산의 투자 또는 개발에는 거액의 자금이 소요되기 때문에 금융의 중요성이 더욱 증대되고 있다.

(2) 부동산금융

① 부동산금융이란 부동산과 금융이 결합된 개념이다. 과거에는 부동산이 대출을 얻기 위한 담보수단으로 주로 활용됨으로써 저당대출을 부동산금융으로 인식해 왔다. 그러나 최근에는 부동산증권화, 부동산개발 관련 프로젝트 파이낸싱❶ 등 다양한 부동산금융기법이 개발되어 활용되고 있다.

② 이와 같이 부동산이 담보라는 소극적인 역할에서 벗어남으로써 부동산금융의 개념이 새롭게 정립되고 있다. 따라서 부동산금융이란 부동산에 관한 금융으로서 ㉠ 주택금융, ㉡ 부동산개발금융, ㉢ 부동산을 수단으로 하는 담보(저당)금융으로 정의할 수 있다.

③ 부동산금융은 부동산을 운용대상으로 하여 자본을 조달하는 일련의 과정이라 할 수 있다. 즉, 부동산의 개발·취득 등의 목적으로 화폐와 신용을 이전하기 위하여 사용되는 제도·시장·수단과 관계된 영역을 포괄하는 개념으로 이해할 수 있다.

용어 & 참고

❶ 프로젝트 파이낸싱 (project financing)
부동산개발사업의 분양수입금 등 장래의 현금흐름을 기초로 금융기관으로부터 자금을 조달하는 방법을 말한다.

02 주택금융(주택소비금융)

1. 주택금융(주택소비금융)의 개념

(1) 주택소비금융❶❷❸이란 소비자들이 주택을 구입하거나 주택개량을 용이하게 하는 데 목적이 있는 소비자금융으로, 대출조건이 대부분 고정금리·저금리이고, 일시금으로 대출을 실행하되 원리금의 상환은 장기분할로 행하여진다.

(2) 즉, 차입자에게 금리변동위험과 매기의 원리금상환부담을 줄여줌으로써 소득 증가를 바탕으로 주택구입을 용이하게 해주는 정책적인 특수금융으로, 일반적인 담보대출이나 기업금융과는 그 성격이 다르다. 동시에 주택금융은 수요자의 주택마련저축을 유도하고, 정부 등 공공부문이 필요한 주택자금을 공급하거나 이를 지원하는 역할을 수행한다. 이러한 역할을 바탕으로 주택금융은 주택경기부양을 통하여 전반적인 경기조절수단으로 유용하게 활용되고 있다.

(3) 여기에서는 주택금융에 대한 이론을 학습하기에 앞서 주택금융에 적용되는 기본적인 용어를 살펴보고자 한다.

2. 저당대출의 주요용어

(1) 대출이자율(대출금리, rate, interest)

① 원금에 대한 이자의 비율을 말한다. 대출기관에서는 대출기관의 자금조달비용, 다른 경쟁 대출기관이 부과하는 대출이자율, 담보가치와 차입자의 신용상태에 따른 대출의 위험도, 다른 대안적 투자에서 얻을 수 있는 수익률(무위험수익률) 등을 고려하여 대출이자율을 결정한다.

② 다른 조건이 일정할 경우 대출이자율이 낮을수록 이자상환부담이 적어지므로 대출수요는 증가하고 이에 따라 부동산수요도 증가할 수 있다.

용어 & 참고

❶ **주택(소비)금융**
주택을 담보로 제공하고 자금을 조달하는(제공받는) 형태의 금융을 말한다.
⇨ 저당금융

❷ **주택소비금융의 종류**
┌ 대출
│ • 보금자리론
│ • 디딤돌대출 등
└ 저축
  • 주택청약종합저축

❸ **보금자리론**
모기지론(mortgage loan)이라고도 하며, 한국주택금융공사가 발행하는 장기주택대출상품으로 10년, 15년, 20년, 30년, 40년, 50년 상품이 있고, 무주택자나 1주택 소유자가 이용할 수 있다.

용어 & 참고

(2) 융자금(대출원금, 저당대부액) 및 저당잔금(잔고)

① 융자금은 최초에 융자받은 금액을 말하며, 저당잔금은 대출기간 중 상환하지 못하고 남은 융자금액의 일부·부분을 말한다. 잔금비율은 대출원금에 대한 잔금의 비율을 의미하고, 상환비율은 대출원금에 대한 상환된 금액의 비율을 의미한다.

② 예를 들어 융자금액이 1억원이고 6년이 경과한 시점에서 잔금이 5,400만원이면, 잔금비율은 0.54(= 5,400만원 ÷ 1억원)가 되고, 상환비율은 0.46이 된다. 따라서 '잔금비율 + 상환비율 = 1'로 표현할 수 있다.

(3) 대출기간(융자기간, 상환기간, 저당기간)

① 대출기간은 차입자가 대출원금을 상환하여야 하는 기간을 말한다. 주택금융은 주로 저소득층의 주택구입을 용이하게 하고, 매기의 상환부담을 줄여주기 위한 통상 10년 이상의 장기대출이 대부분이다.

② 다른 조건이 일정할 경우, 대출기간이 길수록 매기의 상환부담이 작아져 대출수요는 증가하고 부동산수요도 증가할 것이다. 반면에 대출기관은 대출기간이 길어지면, 즉 만기가 긴 대출상품일수록 대출원금 회수가 늦어져 유동성위험이 커질 수 있다.

(4) 원리금상환액(부채서비스액, 저당지불액, 월부금)

① 원리금상환액은 대출원금에 대하여 매 기간 상환하여야 할 금액을 말하며, 여기서 원리금(debt service)은 대출기간 중의 원금상환분과 이자지급분의 합계로 매 기간 대출기관에 상환하여야 하는 금액을 말한다.

② 대출조건에 따라 원리금상환액은 달라진다. 원리금균등분할상환방식이나 원금균등분할상환방식이라면 매기 상환할 금액에는 원금과 이자가 포함되지만, 원금만기일시상환방식이라면 매기 상환할 금액에는 이자만 포함된다.

③ 즉, 원금만기일시상환방식은 대출원금을 대출 만기에 일시상환하는 방식이다. 여기서 이자만 상환하는 기간을 '거치기간'이라 한다.

> **보충** 거치기간

'거치(据置)'의 사전적 의미는 '손을 대거나 변경하지 않고 그대로 둠' 혹은 '공채·사채·저금·연금 따위를 일정기간 동안 상환 또는 지급하지 아니함'이다. '거치기간'이란 금융기관으로부터 대출을 받은 후, 원금을 갚지 않고 매달 이자만 납부하는 기간을 말한다. 이는 일반적으로 금융기관으로부터 대출을 이용할 때 상환할 방식에 대하여 '거치기간이 있는 상환방식'으로 정한 후, 대출을 받은 후 일정기간(거치기간) 동안에는 이자만 지급하다가 거치기간이 끝나면 원금을 분할상환하는 방식이다. 이 경우 대출기간은 거치기간과 상환기간을 포함하는 것이다.

> 예) 대출기간은 20년이고 '3년 거치 17년 상환'인 경우에는 3년 동안은 이자만 상환하고 4년이 되는 해부터 대출원금을 분할하여 상환하는 것이다.

(5) 부동산대출 관련 주요 비율(대출규제수단) ★

① **담보인정비율(융자비율·대부비율·대출비율·저당비율, LTV; Loan To Value ratio)**

㉠ 금융기관이 대출심사시 대출위험을 고려할 때 측정하는 비율로서, 담보인정비율(LTV)은 대출신청금액(융자금)을 부동산감정가액(부동산가치)으로 나눈 비율이다.

$$담보인정비율(LTV) = \frac{융자금}{부동산가치}$$

㉡ 담보인정비율(LTV)은 금융기관이 대출을 해줄 때 담보로 설정되는 부동산의 시장가격에 대비하여 인정해주는 금액의 비율을 말한다. 즉, 시장가격이 4억원인 아파트를 담보로 2억원을 차입하였다면 담보인정비율(LTV)은 50%이다. 즉, 담보인정비율(LTV)이 50%이면 4억원의 아파트를 담보로 2억원까지 융자가 가능하다.

ⓐ 다른 조건이 일정할 때, 담보인정비율(LTV)이 높을수록 융자가능금액이 늘어나므로 대출수요가 증가하고 부동산수요도 증가한다.

ⓑ 다른 조건이 일정할 때, 담보인정비율(LTV)이 높을수록 대출기관의 채무불이행위험이 커지므로 대출이자율은 높아진다.

용어 & 참고

② **총부채상환비율(소득대비 부채비율, 차주상환능력, DTI; Debt To Income):** 차입자의 연소득에 비하여 매기 원리금상환액의 비율이 얼마나 되는지를 체크하여 대출의 부실화를 사전에 방지하고자 하는 규제수단이다.

$$총부채상환비율(DTI) = \frac{원리금상환액(= 융자금 \times 저당상수)}{연소득}$$

㉠ 총부채상환비율(DTI)은 주택을 구입하려는 소비자가 주택담보대출을 받을 때 장래에 대출금을 얼마나 잘 상환할 수 있는지를 소득으로 따져 대출한도를 정하는 것을 말한다. 즉, 소득증명이 되지 않거나 상환능력이 부족하다고 판단되면 대출을 규제하겠다는 의미이다.

㉡ 총부채상환비율(DTI)이 40%이면 매년 상환하는 원리금이 연소득의 40% 이내이어야 하므로, 연소득이 4,000만원인 경우 대출로 인한 연간 원리금상환액은 1,600만원이 넘을 수 없다는 의미이다. 다시 말해 부채로 매년 상환하여야 할 연간 원리금이 소득의 40%를 초과할 수 없다는 것이다.

③ 주택금융에서는 담보인정비율(LTV)과 총부채상환비율(DTI)을 적용하여 적은 한도를 기준으로 대출가능금액을 결정하게 된다.

03 주택금융에 적용되는 고정금리와 변동금리

1. 고정금리저당대출 ★

(1) 의의

① 고정금리저당대출은 대출기간 동안 초기이자율의 변동이 없는 고정된 명목이자율을 적용하는 융자제도이다.

② 한국주택금융공사가 발행하는 '보금자리론'이 대표적인 고정금리상품이며, 차입자는 고정금리상품을 이용하는 것이 변동금리상품을 이용하는 것보다 금리변동위험이 적은 편이다.

(2) 대출이자율의 결정요인

① 대출금리를 결정할 때에도 피셔방정식①이 활용된다. 금융기관 입장에서 대출은 일종의 투자가 된다. 대출로부터 적정한 수익을 확보할 필요가 있는데, 무위험이자율에 해당하는 수익은 확보되어야 하며, 대출 이후 여러 가지 대출위험에 직면해 있으므로 이에 대하여 보상을 받을 필요가 있는 것이다. 대출 이후 예상하지 못한 인플레이션이 추가적으로 발생하면 대출원금의 가치가 하락할 가능성이 있다. 이러한 세 가지 요인은 필수적으로 대출이자율에 반영된다.

② 고정금리저당대출에 적용·설정되는 대출금리(금융기관의 요구수익률)는 예상인플레이션이 반영된 명목금리이다.

> **대출(명목)금리**
> = 실질금리 ± (대출 관련)위험에 대한 대가 + 예상인플레이션율

③ 고정금리저당대출은 대출 이후 실질금리가 변하여도 최초에 적용된 명목금리는 변하지 않는다. <u>다른 조건이 동일할 때, 고정금리대출이 변동금리대출보다 초기이자율이 더 높다.</u>

④ 고정금리저당대출은 대출실행 이후 금융기관이 위험요인을 대출금리에 추가적으로 반영하지 못한다. 따라서 대출과 관련된 위험프리미엄을 사전에 명목금리에 반영하는 것이다.

(3) 대출기관의 저당대출위험요인

① **채무불이행위험**
   ㉠ 채무불이행은 차입자(채무자)가 하는 것이고, 채무불이행위험은 대출기관의 위험이므로 용어 사용에 유의할 필요가 있다.
   ㉡ 채무불이행위험이란 차입자의 소득이 감소하여 상환능력이 부족해짐에 따른 위험이나 저당대출 이후 주택의 담보가치가 하락하여 대부비율(LTV)이 상승할 때 대출기관이 대출한 원금을 회수하지 못할 위험을 말한다. 이는 대출기관의 원금회수위험이라고도 한다.

용어 & 참고

① **피셔방정식**
요구수익률 = 무위험률 + 위험할증률 + 예상인플레이션율

용어 & 참고

② **금리(이자율)변동위험**
　㉠ 고정금리저당대출은 대출 이후에 시장금리가 지속적으로 상승하는 경우, 대출기관이 시장금리 상승분을 추가적으로 대출이자율에 반영할 수 없다. 즉, 금리(이자율)변동위험이란 대출금리를 설정할 때 얼마만큼의 이자율을 부과하는가에 대한 불확실성에 따른 위험이라 할 수 있다.
　㉡ 고정금리대출상품은 대출기관 입장에서 금리변동위험에 심하게 노출되어 있으며, 대출상품의 만기가 길수록 금리변동위험이 커진다고 볼 수 있다.

③ **조기상환위험(만기 전 변제위험)**
　㉠ 대출의 만기 전에 차입자가 대출원금을 미리 갚는 경우를 조기상환(중도상환)이라 한다. 조기상환은 차입자가 하는 것이고, 조기상환위험은 대출기관의 위험이다. 차입자가 대출금을 일시에 상환할 만큼의 여유자금이 있을 경우 조기상환이 발생할 수 있다.
　㉡ 고정금리대출 차입자는 대출 이후 시장금리가 하락하면 타 금융기관으로부터 더 낮은 금리의 대출을 이용하여 기존 대출을 갚을 요인이 발생하기도 한다. 대출기관 입장에서는 차입자가 조기상환을 할 경우, 나머지 대출기간 동안의 이자수익을 상실한 결과가 되므로 이러한 위험에 대하여 일종의 페널티 성격의 중도(조기)상환수수료를 부과할 수 있다.

> **보충** **중도상환수수료(조기상환수수료, prepayment penalties)**
>
> • 대출약정기한까지 대출금을 사용하지 않고 대출기간 중도에 대출금을 상환하는 경우 그 상환대출금에 대하여 부과하는 페널티성 수수료이다.
> • 금융기관은 장기계획에 의하여 자금을 운용하고 그로부터 발생하는 수익을 계산하여 자금운용을 하기 때문에, 채무자가 조기상환을 하게 되면 금융기관은 새로운 자금운용대상을 찾아야 하고, 찾는 기간 동안 자금운용에 공백이 생겨(대출이자는 감소하고 상대적으로 예금이자는 지속적으로 지불되므로) 수익이 감소할 수 있는데, 이에 대한 보상으로 부과하는 페널티성 수수료이다.
> • 주택담보대출에는 보편화되어 있으며, 일반적으로 중도상환시 상환금액의 1~2% 정도를 수수료로 부과하고 있다.

④ **유동성위험(liquidity risk)**
  ⊙ 금융기관의 자금부족위험을 말한다. 금융기관은 보통 예금이나 적금 등의 금융상품을 판매하여 자금을 조달하고, 이렇게 조달한 자금을 주로 대출 등으로 운용한다. 예금의 만기는 주로 5년 미만이고, 대출(주택금융)의 만기는 주로 10년 이상이다.
  ⊙ 단기로 조달한 자금을 장기로 대출(운용)하는 과정에서의 현금흐름의 불일치 문제로, 대출에 대한 원리금의 회수는 늦은 데 비하여 예금만기에 지급할 자금이 부족한 경우이다. 이러한 장기대출에 따른 대출기관의 자금부족위험을 말한다.
  ⊙ 대출의 만기가 길수록, 즉 장기대출일수록 대출기관의 금리변동위험과 유동성위험은 커진다. 다른 조건이 일정할 경우, 대출만기가 10년인 상품보다 30년인 상품에 대출이자율이 더 높게 적용된다.
  ⊙ 금융기관이 추가로 자금을 조달하는 것이 가능하다면 유동성위험을 줄일 수 있다.

(4) 고정금리저당대출의 특징

① 예상하지 못한 인플레이션이 발생할 경우(기대인플레이션보다 실제인플레이션이 더 높을 경우), 대출기관은 실제인플레이션만큼을 추가로 대출이자율에 반영하지 못하므로 불리해진다(손해이다). 반면, 차입자는 최초 적용된 이자율 외에 추가적으로 더 부담하지 않으므로 상대적으로 유리해진다(이익이다).
② 차입자가 고정금리대출을 이용하여도 금리변동위험은 있다. 단지 변동금리대출을 이용하는 것보다 금리변동위험이 적을 뿐이다. 즉, 대출 이후 시장이자율이 대출약정이자율보다 하락하면 차입자는 상대적으로 불리해진다. 만일 차입자가 변동금리로 차입하였다면 상환부담은 줄어들었을 것이다.
③ 고정금리대출에서는 차입자와 대출기관 모두 금리변동위험에 노출되어 있는데, 대출기관이 상대적으로 금리변동위험이 더 큰 편이다. 차입자 입장에서는 향후 시장금리가 상승할 것으로 예상되면 금리변동위험을 줄일 수 있는 고정금리대출을 이용하는 것이 유리하다.

용어 & 참고

❶ 양도성예금증서
(CD; Certificate of Deposit)

- 은행이 양도성을 부여하여 무기명 할인식으로 발행한 정기예금증서를 말한다.
- 무기명 양도 가능, 할인식 발행, 실세금리연동형

❷ 코픽스
(COFIX; Cost Of Fund Index) 기준금리

양도성예금증서(CD) 금리가 은행의 실세금리를 제대로 반영하지 못한다는 문제점을 보완하기 위하여 도입되었다.

2. 변동금리저당대출 ★

(1) 개념

① 변동금리대출은 시장금리의 변동에 따라 대출금리가 계속 변동하는 형태로서, 대표적으로 양도성예금증서(CD)❶연동 주택담보대출과 코픽스(COFIX)연동 주택담보대출이 있다.

② 다른 조건이 동일할 때, 변동금리대출은 금리변동위험을 차입자에게 전가하므로 그 초기이자율은 고정금리대출보다는 낮은 편이며, 차입자를 유인하기 위해서라도 변동금리대출의 초기이자율은 고정금리대출보다 낮아야 한다.

(2) 변동금리대출이자율의 결정요인 – 코픽스(COFIX)연동 주택담보대출의 경우

> 변동금리의 대출금리 = 기준금리(지표) ± 가산금리(마진)

① **코픽스 기준금리**❷: 은행의 자본조달비용을 지수(index)화하여 제공되고 있는 주택담보대출 기준금리를 말한다. 즉, 코픽스 기준금리는 정기예금·정기적금·상호부금·주택부금·양도성예금증서·환매조건부 채권매도·표지어음매출·금융채(후순위채 및 전환사채 제외) 등의 수신금리를 취합·가중평균하여 은행연합회가 산출하여 매월 고시하고 있다.

② 다른 조건이 일정할 때, 코픽스 기준금리가 높아지면 이를 기준으로 하는 주택담보대출금리도 높아진다(6개월 또는 1년 단위 기준금리 조정).

③ **가산금리:** 금융기관이 차입자의 직업·신용점수·연체실적 등에 따라 차등적용하는 것으로 차입자의 채무불이행가능성이 크다고 판단되면 가산금리를 더하고, 대출과 관련된 위험이 적거나 신용점수 등이 높으면 우대금리 등을 적용하여 대출금리를 인하해주기도 한다.

(3) 변동금리저당대출의 특징

① 대출기관은 금리변동위험을 회피하기 위하여 변동금리대출상품을 판매한다. 즉, 변동금리대출은 대출기관을 인플레이션위험으로부터 어느 정도 보호해준다.

② 변동금리대출은 금리변동위험을 대출기관이 차입자에게 전가시키는 형태로서, 차입자 입장에서는 고정금리대출에 비하여 금리변동위험이 큰 편이다.

③ 변동금리대출상품은 금리변동위험을 차입자에게 전가하였다고 해서 대출기관 입장에서 금리변동위험이 완전히 제거되는 것은 아니다. 즉, 대출 이후 시장금리가 하락하면 변동금리상품을 판매한 대출기관의 수익성이 악화되는 문제가 있다.

④ 기준금리의 조정주기가 짧을수록(3개월 ⇨ 1개월) 금리변동위험은 대출기관에서 차입자에게 더 많이 전가된다. 다른 조건이 일정할 경우, 기준금리의 조정주기가 짧은 상품보다 긴 상품을 이용하는 것이 차입자의 금리변동위험을 줄일 수 있다.

⑤ 향후 시장금리가 하락할 것이라 예상되면 차입자는 변동금리상품을 이용하는 것이 유리할 것이다. 그러나 대출 이후 시장금리가 상승하면 차입자의 금리변동위험이 커지는 문제가 발생한다.

보충

명목(대출)이자율이 동일하더라도 이자계산기간이 짧을수록 유효이자율은 높아진다. 예를 들면, 1년 만기 대출의 경우 대출기관은 기간 중 4회에 나누어 이자를 받는 것이 기말에 한 번 이자를 받는 것보다 유리하다.

용어 & 참고

① 저당대출의 상환방식

- **원리금균등상환방식**
  - 매기의 원리금이 균등
  - 원금과 이자의 구성비율이 변함
- **원금균등상환(체감식)방식**
  - 매기의 원금이 균등
  - 원리금은 점차 감소
- **체증식 상환방식**
  - 초기 상환액은 낮추고, 점차적으로 상환액을 늘려가는 방식

② 원리금균등분할상환방식의 적용범위

주택금융에서 현재 가장 일반적으로 사용되는 상환방식으로 단독주택, 공동주택, 상업용 부동산까지 광범위하게 사용되고 있다.

③
CPM(Constant Payment Mortgage loan)이라고도 한다.

④

저당상수 = $\dfrac{r}{1-(1+r)^{-n}}$

⑤ 상환조견표
매기의 원리금, 이자지급분, 원금상환분, 잔금과 잔금비율 등을 표기한 것이다.

---

04 부동산저당대출의 상환방식

(1) 저당대출의 상환방식 ①

원리금균등분할상환방식, 원금균등분할상환방식, 체증식 상환방식, 계단식 상환방식, 원금만기일시상환방식이 있다. 상환방식은 대출상품에 따라 달라지며 차입자가 선택할 수도 있다.

(2) 원리금균등분할상환(fully amortized mortgage loan)방식 ★

① **개념:** 대출 만기까지의 총이자금액을 미리 산출하고 융자원금에 이자총액을 더하여, 총 상환해야 할 원금과 이자의 합계를 대출기간으로 나눔으로써 매기 원리금이 일정하게 지불되는 대출방식이다. ② ③

  ㉠ 원리금 중에서 초기에는 원금상환분은 적지만 이자가 많고, 후기에는 이자지급분은 적어지지만 원금상환분이 많아지는 방식이다.

  ㉡ 원리금균등분할상환방식은 매년 원리금(상환금액)이 균등·일정하다.

② **매년의 원리금, 이자지급분, 원금상환분, 잔금(잔고)을 구하는 과정**

  ㉠ 매년 원리금 = 융자금(대출원금, 저당대부액) × 저당상수 ④
  ㉡ 매년 이자지급분 = 저당잔금 × 이자율
  ㉢ 매년 원금상환분 = ㉠ 매년 원리금 − ㉡ 매년 이자지급분

대출원금 1억원, 대출기간(만기) 20년, 금리 10%인 경우 (저당상수 = 0.11746)의 상환조견표 ⑤

(단위: 원)

기간	원리금	이자 지급분	원금 상환분	잔금	잔금비율
0	0	0	0	100,000,000	1.00000
1	11,746,000	10,000,000	1,746,000	98,254,000	0.98254
2	11,746,000	9,825,400	1,920,600	96,333,400	0.96334
…	…	…	…	…	…
19	11,746,000	2,008,380	9,737,620	10,676,180	0.106762
20	11,746,000	1,067,618	10,678,382	0	0
	[균등(일정)]	(감소)	(증가)		

③ 매기의 원리금은 일정하지만, 원리금에서 원금과 이자의 구성비율은 시간이 경과함에 따라 달라진다. 상환초기에는 이자지급분이 차지하는 비중이 크지만, 매기 원금이 상환되고 잔금이 감소하므로 후기로 갈수록 이자지급분은 점차 감소하게 된다. 따라서 이자지급곡선은 음(−)의 기울기를 갖는다.

④ 상환초기에는 원금상환분이 차지하는 비중은 작지만, 후기로 갈수록 원금상환분이 차지하는 비중이 점차 늘어난다. 따라서 원금상환곡선은 양(+)의 기울기를 갖는다.

⑤ 원금상환분과 이자지급분이 비대칭적인 구조를 나타내므로 상환기간의 1/2이 지나도 대출원금의 절반도 상환되지 않는다. 즉, 대출기간의 약 2/3 정도 지나야만 원금의 절반 정도가 상환되는 구조이다.

⑥ 다음 그림은 원리금에서 원금상환분과 이자지급분의 변화를 보여주는 것으로서 대출만기가 20년일 경우, 13~14년쯤 지나야만 대출원금의 절반 정도가 상환된다는 것이다.

원리금균등분할상환방식에서의 원금상환분과 이자지급분의 변화

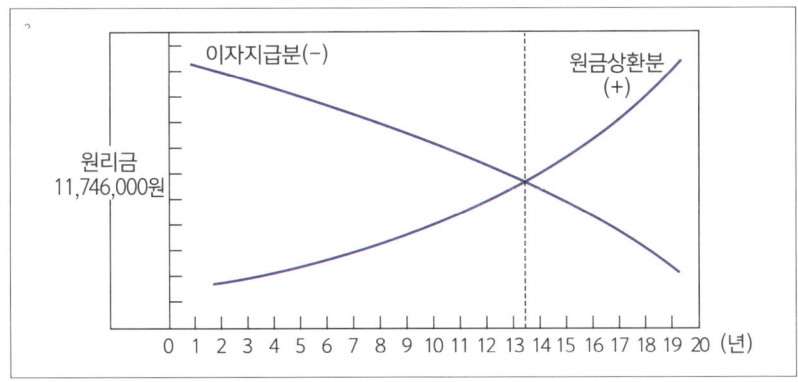

⑦ 원리금균등분할상환방식은 매기의 상환금액(원리금)이 일정하므로 차입자의 소득이 일정한 경우에 적합한 방식이며, 주택금융에서 가장 보편화되어 있는데 그 특징은 다음과 같다.
  ㉠ 원리금균등분할상환방식은 원금균등분할상환방식에 비하여 차입자의 초기상환부담이 적은 편이다.
  ㉡ 원리금균등분할상환방식은 원금균등분할상환방식보다 대출기관의 원금회수속도가 느린 편이다.

용어 & 참고

ⓒ 잔고가 신속하게 감소하지 않으므로 전체 대출기간을 고려한 차입자의 이자상환부담은 원리금균등분할상환방식이 원금균등분할상환방식에 비하여 많은 편이다.

ⓔ 차입자 입장에서 대출초기에 상환부담을 줄이고자 한다면 원리금균등분할상환방식이 적합하지만, 잔금이 신속하게 감소하지 않아 대출만기까지의 이자부담은 큰 편이다.

(3) 원금균등분할상환(CAM; Constant Amortization Mortgage loan)방식 ★❶

❶ 원금균등분할상환
= 체감식 상환

① **개념:** 대출원금을 대출기간으로 균등하게 나누어 매년(매기) 일정한 금액(원금)을 상환하고, 이자는 매년(매기) 줄어든 융자액(잔금)에 대해서만 지급하는 방식이다.

㉠ 이자는 초기에 많고, 기간이 지날수록 원금이 상환되어 대출잔액도 감소함에 따라 이자도 점차 줄어든다.

㉡ 원금균등분할상환방식은 매년 상환하는 원금이 균등(일정·고정)하다.

② **매년의 원금상환분, 이자지급분, 원리금, 잔금(잔고)을 구하는 과정**

> ㉠ 매년 균등한 원금 = 융자금(대출원금) ÷ 대출(상환)기간
> ㉡ 매년 이자지급분 = 저당잔금 × 이자율
> ㉢ 매년 원리금 = ㉠ 매년 균등한 원금 + ㉡ 저당잔금에 해당하는 이자

대출원금 1억원, 대출기간(만기) 20년, 금리 10%인 경우의 상환조견표

(단위: 원)

기간	원금상환분	이자지급분	원리금	잔금
0	0	0	0	100,000,000
1	5,000,000	10,000,000	15,000,000	95,000,000
2	5,000,000	9,500,000	14,500,000	90,000,000
…	…	…	…	…
19	5,000,000	1,000,000	6,000,000	5,000,000
20	5,000,000	500,000	5,500,000	0
	[균등(일정)]	(감소)	(감소)	

③ 매년 상환하여야 할 원금이 균등한 방식이다. 매기 원금이 일정액씩 상환되므로 상환 후기로 갈수록 잔금도 감소하며, 잔금이 감소함에 따라 이자지급분도 점차 감소하게 된다. 즉, 원금상환분은 일정하고 이자지급분은 감소하므로 전체 원리금도 상환기간이 지남에 따라 감소한다(체감식 상환).

④ 상환하여야 할 원금이 매기 균등하므로 대출기간의 1/2이 경과하면 정확하게 대출원금의 1/2이 감소한다. 앞에서의 대출조건에서 대출기간이 10년 지나면, 상환한 원금은 5,000만원(=500만원×10년)이고, 잔금도 5,000만원이 된다.

⑤ 원금균등분할상환방식의 특징을 살펴보면 다음과 같다.
  ㉠ 원금균등분할상환방식은 원리금균등분할상환방식에 비해 대출초기에 차입자의 원리금상환부담이 큰 편이다.
  ㉡ 즉, 원금균등분할상환방식은 원리금균등분할상환방식보다 대출기관의 원금회수❶가 빠르기 때문에 대출 초기에 대출기관의 원금회수위험이 적은 편이다.
  ㉢ 차입자 입장에서는 원리금균등분할상환방식보다 초기에 상환부담이 크다는 단점이 있지만, 원금상환액이 많아 잔금의 감소속도가 원리금균등분할상환방식보다 빠르므로 전체 기간 동안의 이자부담은 더 적은 편이다.
  ㉣ 즉, 차입자가 전체 대출기간 동안의 이자상환부담을 줄이고자 한다면 원리금균등분할상환방식보다 원금균등분할상환방식이 더 적합하다.

원금균등분할상환방식(CAM)의 원리금상환 추이 및 잔고 변화

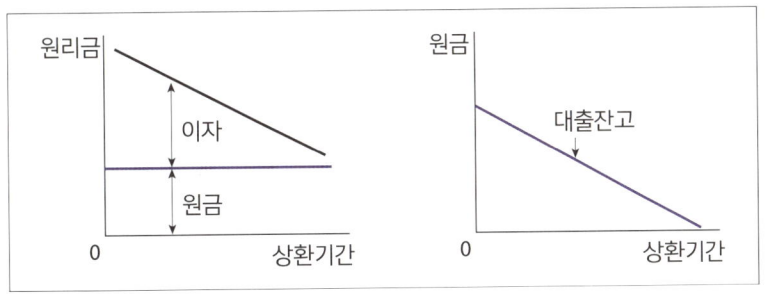

❶ 대출(금융)기관의 원금회수기간 = 가중평균상환기간 (duration)

용어 & 참고

(4) 체증식(점증식) 상환방식 ★

① **개념:** 체증식 상환방식은 원리금균등분할상환방식이나 원금균등분할상환방식보다 대출 초기에 상환부담을 극히 낮추어 주고 차입자의 소득이 증가함(계획된 증가율)에 따라서 상환금액을 점차 늘려가는 형태이다.

② **특징**
  ㉠ 미래에 소득 증가가 예상되는 주로 젊은 저소득층이나 주택의 보유예정기간이 짧은 사람에게 적합한 방법이라 할 수 있다.
  ㉡ 초기상환금액이 매기 지급이자를 충당하기에도 부족하므로 대출기관 입장에서는 부(-)의 상환❶이 발생할 수 있다. 즉, 대출초기에 대출기관의 원금회수위험이 큰 편이다.
  ㉢ 차입자 입장에서는 초기에 상환부담이 낮은 편이지만, 그만큼 대출기관 입장에서는 원금균등분할상환방식이나 원리금균등분할상환방식보다 초기에 대출기관의 원금회수가 늦은 편이다.

❶ 부(-)의 상환
상환금액이 지급이자를 충당하기 어려워 초기에 원금을 회수하지 못하는 것을 말한다.

CHAPTER 2 부동산증권론 및 개발금융

01 자산유동화증권(ABS)

(1) 개념

자산유동화증권(ABS; Asset-Backed Securities)이란 기업이나 금융기관이 보유하고 있는 자산을 표준화하고 특정 조건별로 집합(pooling)하여, 이를 바탕으로 기초자산의 현금흐름을 이용하여 발행한 유가증권을 말한다.

① 자산유동화증권은 자산보유자의 신용도와 분리되어(bankruptcy remoteness) 자산 자체의 신용도로 발행되는 증권이다.

② 자산유동화증권은 다양한 구조(structure)와 보강 등을 통하여 일반적으로 자산보유자보다 더 높은 신용도를 지닌 증권으로, 주로 채권형태로 발행되지만, 주권, 수익증권, 출자증권 등으로도 발행할 수 있다.

③ 금융기관과 일반기업의 자금조달을 원활하게 하여 재무구조의 건전성을 높이고 주택자금의 안정적인 공급을 통하여 주택금융기반을 확충하기 위하여「자산유동화에 관한 법률」에 의해서 자산유동화증권이 발행되고 있다.

(2) 자산유동화증권(ABS) 발행과 관련된 주요 주체

① **자산보유자(originator):** 유동화대상자산을 보유한 기관으로 실질적인 자산유동화의 수혜자라고 볼 수 있다.

② **유동화전문회사(issuer)❶:** 유동화증권 발행을 원활히 하고 자산보유자로부터 자산을 분리하기 위하여 설립하는 특수목적회사(SPC; Special Purpose Company)를 의미한다.

③ **신용보강기관:** 발행할 증권의 전반적인 신용위험을 경감시키는 업무를 담당하는 기관을 의미한다. 주로 은행이 신용보강기관의 역할을 담당한다.

> **용어 & 참고**
>
> ❶ **유동화전문회사(SPC)**
> - 명목회사(paper company)로서 유동화중개기관의 역할을 수행한다.
> - 주식회사 또는 유한회사로 한다(「자산유동화에 관한 법률」제17조 제1항, 개정 23.7.7, 시행 24.1.12).

용어 & 참고

(3) 자산유동화의 기본구조

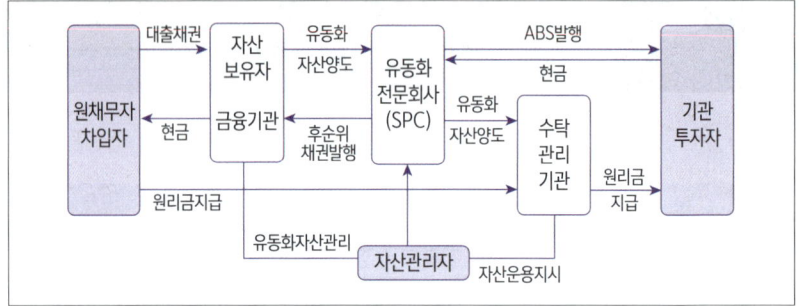

> **보충** 「자산유동화에 관한 법률」에 의한 자산의 양도방식

1. 매매 또는 교환에 의할 것
2. 양수인이 주택저당채권에 대한 수익권 및 처분권을 가질 것
3. 양도인은 주택저당채권에 대한 반환청구권을 가지지 아니하고, 양수인은 주택저당채권에 대한 대가의 반환청구권을 가지지 아니할 것

> **보충** 자산유동화증권(ABS; Asset-Backed Securities)

'자산유동화'를 ABS(Asset-Backed Securities)라고 하는데 'ABS증권'이란 자산유동화에 의하여 발행된 증권을 말하며, 여기서 유동화(流動化)는 현금흐름이 예상되는 자산을 증권화하여 유동화시킨다는 것을 의미한다. 즉, 현금흐름이 있는 자산가치를 근거로 증권을 발행하여 이를 유동화시키는 것을 'ABS'라 하고 자산유동화증권, 자산담보부 증권 등의 용어로 사용된다. 주식, 채권, 자산유동화증권(ABS)을 구별하자면 다음과 같다.

 ⇨ 기업의 가치 총액에서 부채를 뺀 부분을 발행주식 수로 나눈 것이다.
기업의 안정성·성장성·수익성이 주가를 결정하는 요인이 된다.

 ⇨ 채권 권면에 표시된 금액(액면이자율·표면이자율·쿠폰이자율)을 지급하는 부채증권으로, 신용평가회사의 신용평가를 기준으로 발행된다.
신용등급이 높을수록 낮은 금리로 자금을 조달할 수 있다.

 ⇨ 현금흐름이 예상되는 자산가치를 근거로 주권, 사채 등으로 발행된다.
자산(asset): 매출채권, 카드대출채권, 자동차할부채권, 주택저당대출채권 등이 있다.

부동산금융과 관련된 채권과 주식 ❶

구분	채권	주식
자금조달형태	부채(대부)증권	지분(출자)증권
가치(가격)의 결정	발행주체의 신용평가를 기준으로 신용등급 부여 예 AA-	발행주체의 자산가치·수익가치·본질가치로 구성
자본의 성격	타인자본(부채)	자기자본(자본)
증권소유자의 권리	채권자(채권의 이자 수취)	주주(배당 획득)
증권의 성격	확정(고정)이자 (변하지 않음)	배당은 가변적
증권가격의 변화 (가격변동위험 존재)	• 금리↑ ⇨ 채권가격↓ • 금리↓ ⇨ 채권가격↑	투자원금 손실가능성(주가 하락 가능성) 있음
조달자금의 상환	채권의 만기에 일시상환	상환의무 없음
경영참여	불가능	가능
적용	• 국채·지방채 • 부동산투자회사의 회사채 • MBS(주택저당증권)	• 부동산투자회사의 주식 • 부동산펀드의 수익증권 • 신디케이트의 출자증권

용어 & 참고

❶ 지분금융·부채금융

- **지분금융**: 주식, 출자증권, 주식형 수익증권 등을 발행하여 자금을 조달하는 것으로, 조달한 자금은 자기자본이 된다.
- **부채금융**: 저당대출을 이용하거나 부채증권(채권) 등을 발행하여 타인자본을 조달하는 것으로, 조달한 자금에 대해 원금과 이자 등 상환의무가 있다.

❷

채권수익률과 채권가격은 반비례 관계이다.

02 주택저당유동화증권(MBS)

(1) 주택저당유동화제도(MBS; Mortgage Backed Securities) ★ ❸

① 주택저당유동화제도란 개별금융기관이 보유한 장기주택저당(대출)채권을 집합화(패키지, pooling)하여 한국주택금융공사(HF; Housing Finance)에 매각하고, 한국주택금융공사가 주택저당(대출)채권 집합물을 기초로 주택저당증권(MBS)을 발행하여 기관투자자 등에게 매각함으로써 자금을 조달하게 된다.

② 이렇게 조달한 자금을 금융기관(예 은행 등)에 공급하고, 금융기관이 주택의 수요자(차입자)에게 대출을 실행함으로써 차입기회를 확대하는 제도이다. 이러한 주택저당유동화제도를 통해 발행된 대출상품이 대표적으로 한국주택금융공사의 보금자리론(loan)이다.

❸ 주택저당유동화제도(MBS)

- 2003년 이후로 건설경기·주택경기를 부양할 목적으로 정부주도하에 자산유동화제도(ABS)를 주택금융시장에 적용한 사례라 볼 수 있다.
- 우리나라에서는 2004년 한국주택금융공사가 설립되어 유동화중개기관 역할을 수행하고 있다.

용어 & 참고

(2) 저당대출(mortgage)의 정의

① 저당금융을 통칭하는 용어로 신용대출과 대비되는 부동산담보대출을 의미한다. 모기지(mortgage)는 자금용도면에서 반드시 주택금융(housing loan)과 같은 의미는 아니지만, 실제 미국에서는 모기지를 주택금융제도로 인식·발전시켜왔기 때문에 흔히 모기지는 곧 주택금융제도로 이해되고 있다.

② 모기지제도의 가장 중요한 특징은 모기지 그 자체에 있는 것이 아니라 주택금융기관이 주택자금을 대출한 후, 이 대출채권을 담보로 취득한 모기지와 함께 매각·유통시킬 수 있다는 점이다.

(3) 주택저당시장의 구조

주택저당시장은 저당권이 설정되고 대출이 이루어지는 1차 저당시장(주택자금대출시장)과 주택저당채권이 매각·유동화되는 2차 저당시장(주택자금공급시장)으로 구분된다.

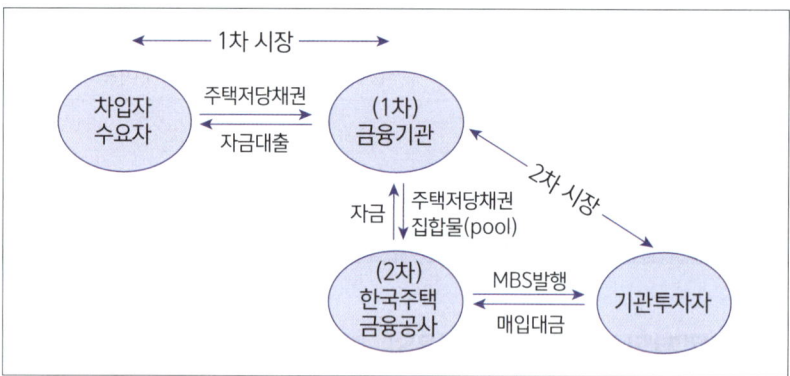

① **1차 저당시장(primary mortgage market) – 주택자금 대출시장**
  ㉠ **개념**: 1차 저당시장은 저당권이 설정되는 시장으로 주택금융시장이라고 한다. 즉, 주택자금의 차입자와 저당대출을 제공하는 1차 대출기관(금융기관)간의 시장이다.
  ㉡ 대출기관은 대출을 원하는 수요자에게 저당을 설정하고 주택자금을 대출한다. 이때 대출을 실행하고 대출기관이 매기 원리금을 지급받을 권리를 주택저당대출채권·주택저당채권·저당대출채권·대출채권이라 한다. 주택저당증권(MBS)과는 다른 개념이므로 용어 사용에 유의할 필요가 있다.

ⓒ 대출기관은 설정된 주택저당(대출)채권을 자산포트폴리오의 일부로 보유, 즉 매기 원리금을 상환받을 수 있거나 주택자금이 필요할 때에는, 2차 저당시장에 매각하여 자금을 조달하게 된다.

ⓓ 유동화제도가 원활하게 운영되기 위해서는 1차 저당시장의 대출금리가 2차 저당시장의 금리보다 높아야 한다. 즉, 대출기관은 2차 저당시장에서 낮은 금리로 자금을 조달하여 1차 저당시장에서 높은 금리의 대출로 운용한다는 의미이다.

② **2차 저당시장(secondary mortgage market) – 주택자금공급시장**

ⓐ **개념:** 2차 저당시장을 유동화시장이라고 한다. 2차 저당시장은 주택저당(대출)채권 집합물을 매각하는 1차 대출기관과 주택저당증권(MBS)을 매입하는 기관투자자간의 시장이다. 즉, '금융기관(1차 대출기관) ⇨ 한국주택금융공사(2차 대출기관) ⇨ 기관투자자'까지의 시장이다.

ⓑ **주택저당채권의 유동화(流動化):** 주택저당채권이라는 자산이 1차 저당시장에 고정되어 있지 않고 2차 저당시장으로 계속 흘러가게 하여 새롭게 자금을 조달하는 개념으로, 2차 저당시장이 존재하여야만 1차 저당시장에 더 많은 자금이 제공될 수 있다. 즉, 1차 저당시장에 많은 자금이 공급되기 위해서는 2차 저당시장이 반드시 필요하다. 유동화에 결정적 역할을 하는 것은 2차 저당시장이다.

> **보충**
> 1차 저당시장의 차입자와 2차 저당시장과는 아무런 관련이 없다. 즉, 일반적으로 차입자의 개별적인 채무불이행 등이 주택저당증권(MBS)수익률에 근본적으로 영향을 주지 않는다는 것이다.

ⓒ 1차 대출기관이 주택저당(대출)채권 집합물을 한국주택금융공사에 매각하면, 한국주택금융공사에게 원리금을 수취할 권리가 넘어간 것이므로 그만큼의 자금을 1차 대출기관에 제공한다. 한국주택금융공사는 이렇게 보유한 주택저당(대출)채권 집합물을 기초(담보)로 자산유동화증권을 발행하게 되는데, 이를 주택저당증권(MBS)이라 한다.

용어 & 참고

❶ 주택저당(대출)채권을 매각할 때에는 한꺼번에 묶어서 팔게 되는데, 이 묶음을 저당대출 풀(pool), 패키지(package), 집합물이라 한다.

❷ '주택저당(대출)채권 집합물'을 기초로 발행된 유가증권을 '주택저당증권(MBS)'이라 하며, 주식(stock)이 아닌 주로 채권(bond)형태로 발행된다.

❸ 주택저당증권(MBS)은 차입자나 금융기관의 신용을 근거로 발행된 것이 아니라 '주택저당(대출)채권'이라는 자산을 기초로 발행된 것이므로, 자산의 신용도만 높게 평가되면 발행될 수 있다.

용어 & 참고

❶ MBS의 발행효과

주택수요자(차입자)
- 장기 저금리의 주택 자금 차입 가능
- 주택의 수요 증가요인

금융기관(1차 대출기관)
- 자금조달 용이
- 유동성 증가(유동성위험 감소)

한국주택금융공사(HF)
- 2차 대출기관
- 유동화중개기관

기관투자자
- 안정적·장기적 투자수단으로 활용

정부
- 주택경기조절수단으로 활용

❷
한국주택금융공사의 보금자리론은 대부비율 70%까지 융자가 가능하다.

ㄹ. 자산유동화증권(ABS)을 발행하기 위해서는 「자산유동화에 관한 법률」에 따라 유동화전문회사(SPC)가 필요한 것처럼, 주택저당유동화는 정부주도하에 실체회사인 한국주택금융공사(HF)가 1차 대출기관(금융기관)과 기관투자자 사이에서 유동화중개역할을 담당하고 있다.

(4) 주택저당증권(MBS)의 발행효과 ❶

① 주택의 수요자(차입자)
  ㉠ 금융기관으로부터 더 많은 자금이 제공됨에 따라 주택소비자는 차입기회가 확대되어 보금자리론을 이용하여 적은 자기자본으로도 주택구입이 용이해진다.
  ㉡ 주택저당유동화제도가 시행되고 자금공급이 늘어남에 따라 대출수요가 늘어나고 주택의 수요가 증가하여 주택가격 상승요인으로 작용할 수 있다.
  ㉢ 다른 조건이 일정할 때, 장기주택저당대출의 활성화는 주택의 수요를 증가시킨다.

② 금융기관(1차 대출기관)
  ㉠ 금융기관은 보유하고 있던 주택저당(대출)채권을 매각하여 더 많은 자금을 조달할 수 있다. 이렇게 조달한 자금을 1차 저당시장의 차입자에게 대출함으로써 수수료 수입과 부가적인 이자수입의 획득이 가능하게 된다.
  ㉡ 금융기관은 한정된 재원으로 더 많은 차입자에게 자금을 제공할 수 있다. 여기서 '한정된 재원'이란 주택저당(대출)채권을 의미하는데, 주택저당(대출)채권 집합물보다 더 많은 금액에 해당하는 주택저당증권(MBS)을 발행하여 자금을 조달할 수 있다는 것이다.
  ㉢ 금융기관은 일시금 대출을 실행하고 대출금을 장기분할회수하는 과정에서 발생하는 원금회수의 불확실성인 유동성위험을 감소시킬 수 있다. 즉, 주택저당(대출)채권을 유동화시키면 금융기관의 유동성이 증가(유동성위험 감소)하는 효과가 있다.

③ **한국주택금융공사(HF) – 유동화중개기관**

한국주택금융공사는 2차 저당시장에서 유동화중개기관(2차 대출기관)의 역할을 수행하고 있다. 주택저당증권(MBS)을 발행하여 연기금 등 기관투자자에게 매각하고, 조달한 자금을 금융기관에 제공하며, 기관투자자에게 주택저당증권(MBS) 지급보증 업무도 수행하고 있다. 궁극적으로 장기보금자리론을 주택소비자가 공급받을 수 있도록 하는 중개업무를 담당하고 있다.

④ **기관투자자**

㉠ 보험사, 연기금 등 기관투자자는 자산을 투자·운용함에 있어서 주식이나 단기채권 이외에 주택저당증권(MBS)이라는 상품으로 투자 포트폴리오를 다양화시키고, 분산투자효과를 기대할 수 있다.

㉡ 주택저당증권(MBS)은 만기가 5년 이상인 장기채권이므로 기관투자자에게 자산운용을 장기적으로 할 수 있는 기회를 제공하고, 한국주택금융공사가 지급보증하므로 안정적인 투자수단이 된다.

㉢ 주택금융시장(1차 저당시장)에 많은 자금이 공급되기 위해서는, 즉 저당의 유동화가 원활하게 수행되기 위해서는 저당수익률이 투자자의 요구수익률을 만족시켜야 한다. 주택저당증권(MBS) 수익률은 국가가 발행하는 국채수익률보다 높아야 기관투자자의 자금을 주택금융시장으로 유인할 수 있다.

⑤ **정부**

㉠ 주택저당유동화제도는 주택수요의 증가를 유도하므로 주택가격 상승과 거래량 증가를 통하여 주택경기를 회복시킬 수 있는 수단으로 활용될 수 있다.

㉡ 정부 입장에서는 일반경기나 주택경기 침체시에 연기금, 공제회 등 기관투자자의 여유자금을 주택저당시장으로 유입을 유도하여 자금흐름의 왜곡을 방지할 수 있다. 즉, 주택금융자금의 수급불균형문제를 완화시킬 수 있다.

용어 & 참고

❶ 주택상환사채(住宅償還私債)
한국토지주택공사와 주택건설등록사업자가 주택건설에 필요한 자금을 마련하기 위하여 발행하는 채권으로 일정기간이 지나면 주택으로 상환받을 수 있는 채권을 말한다.

1997년 IMF 구제금융(외환위기)과 2000년대 초반 카드사태(신용카드회사의 부실화)를 거치면서 금융감독기관의 금융기관에 대한 대출규제가 강화되어 엄격한 담보와 신용평가를 통해서만 대출이 가능하였다. 2004년 주택저당유동화제도(MBS) 시행 이후 주택경기가 회복국면에 들어서면서 건설업체에 대한 대출규제가 심화된 가운데, 금융기관이 여유자금을 대출하여 수익을 창출하기 위해서는 이러한 프로젝트금융기법이 필요하게 되었다.

03 부동산개발금융

1. 의의

부동산개발금융은 부동산의 공급자나 개발업자가 자금을 조달하는 금융기법이다. 전통적인 방법으로 건축대부나 주택상환사채❶의 발행이 있고, 최근에는 물적인 담보나 신용이 아닌 사업성을 기초로 하는 프로젝트 파이낸싱(PF기법), 주식 등 지분증권발행(지분금융)과 채권 등 부채증권발행(부채금융)을 통하여 자금을 조달하는 방법, 주식과 채권이 혼합된 성격의 메자닌(mezzanine)금융기법 등으로 다양화되고 있는 추세이다.

2. 프로젝트 파이낸싱(PF; Project Financing) ★

(1) 정의

① 부동산의 개발업자나 건설업자가 대규모 부동산개발사업을 추진하기 위하여 컨소시엄(연합법인, consortium) 등을 구성하고, 별도의 특수목적회사(SPC)격인 프로젝트개발회사(project company)를 설립하여 금융기관으로부터 개발사업에서 발생하는 장래의 수익성(예 분양현금흐름 등)을 기초로 개발에 필요한 자금을 차입(조달)하는 것을 말한다.

② 즉, 건설업자의 신용도가 극히 낮게 평가되어도 아파트개발사업에 대한 분양현금흐름보고서 등 수익성에 관한 자료만 제출하면 금융기관으로부터 융자가 가능하다는 것이다.❷

(2) 개념

프로젝트개발회사(project company)가 차입자가 되는 금융형태로서, 대출기관이 차입자의 신용이나 담보를 근거로 대출을 제공하는 것이 아니라 프로젝트개발회사의 근간이 되는 프로젝트개발사업의 사업성, 즉 현금흐름과 자산을 기초로 하여 대출을 제공하는 금융기법이다. 따라서 프로젝트 파이낸싱(PF)은 개발업자 입장에서 '프로젝트의 수익성에 기초를 둔 부채자금 조달수단'이라 할 수 있다.

부동산개발사업의 일반적 프로젝트 파이낸싱 구조

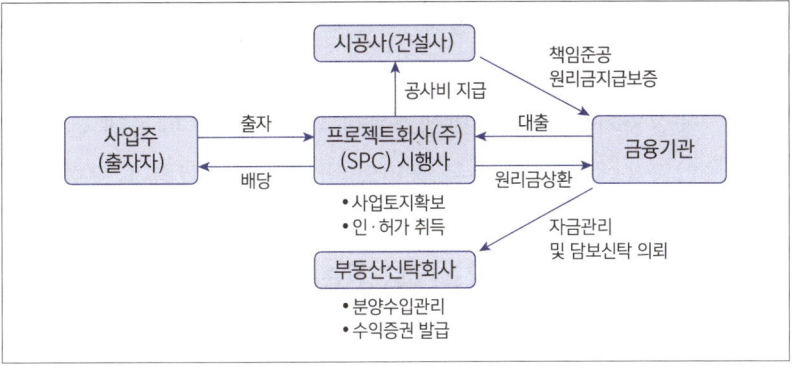

(3) 특징

① **비소구금융 · 제한적 소구금융(non-recourse or limited recourse financing)**

㉠ 대출금에 대한 원리금의 상환재원은 해당 프로젝트에서 산출되는 현금흐름(예 분양현금흐름 등)과 수익에 한정한다.

㉡ 전통적인 기업금융방식은 대출기관이 사업주에 대하여 직접이며 최종적인 상환요구(recourse)가 가능하다는 점에서 소구금융(recourse finance)이라고 할 수 있다. 프로젝트금융에서는 대출기관과 프로젝트사업주 사이에 여러 가지 직·간접적 보증 요구 등 위험배분의 조합이 활용되므로 실무적으로는 제한소구방식(limited recourse)이 일반적이다.

② **부외금융(off-balance sheet financing):** 사업주 자신과는 법적·경제적으로 독립된 프로젝트회사(SPC)가 자금을 대출받아 프로젝트를 수행하기 때문에 개별사업주의 재무상태표❶에 관련 부채가 기재되지 않으므로 사업주의 대외신용도에 영향을 주지 않는 부외금융의 특징을 갖는다. 즉, 개별사업주는 채무수용능력이 제고된다는 이점이 있다.

③ **당사자간 위험배분:** 프로젝트 파이낸싱은 프로젝트와 관련된 이해당사자들간의 적정한 위험(risk)배분에 대한 합의를 기초로 성립되지만, 예상과 달리 프로젝트 개발사업이 실패하면 이해관계가 복잡하게 얽히는 문제가 있다.

용어 & 참고

❶ **재무상태표**

차변	대변
자산	부채, 자본

❷ 일반적으로 개별사업주는 프로젝트사업을 공동으로 수행하기 위하여 컨소시엄 구성, 프로젝트회사(SPC) 설립을 하고, 이에 참여하는 대출기관은 대주단(신디케이트 loan: 공동대출)을 구성하게 된다.

용어 & 참고

④ **상대적으로 높은 금융비용:** 대출기관(금융지원단)은 프로젝트 파이낸싱사업의 사업성 검토에서 금융구조 완성 후 실제 자금이 제공되기까지 상당한 비용과 시간이 소요될 뿐만 아니라 금융절차가 복잡하고 발생가능한 위험이 크기 때문에 전통적인 기업금융에 비하여 높은 금리와 별도의 수수료를 요구한다.

3. 부동산투자회사(REITs; Real Estate Investment Trusts) ★

(1) 개념

① 부동산투자회사는 「부동산투자회사법」에 따라 설립 및 운용되며, 「부동산투자회사법」에서 특별히 정한 경우를 제외하고는 「상법」의 적용을 받는다.

② 부동산투자회사란 주식을 발행하여 불특정다수로부터 자금을 조달하고 이를 부동산에 투자·운용(예 부동산, 부동산증권, 부동산권리, 대출 등)하여 그 수익을 주주(투자자)에게 현금(금전) 또는 현물배당하는 회사(제도)를 말한다.

③ 부동산투자회사의 주식은 부동산을 지분증권화한 대표적인 형태로서 발행주식에 투자하면 투자회사의 운용실적에 따라 배당을 받을 수 있고 주식의 시세차익을 향유할 수도 있다. 당연히 투자원금의 손실이 발생할 수도 있다. 이러한 측면에서 볼 때 투자자 입장에서는 부동산에 대한 간접투자수단이 된다.

(2) 부동산투자회사의 발기설립 및 운용

- 국토교통부장관의 인가 및 인가취소
- 일정요건을 갖춘 위탁관리 및 기업구조조정 부동산투자회사는 등록 허용

구분	자기관리 부동산투자회사	위탁관리 부동산투자회사 및 기업구조조정 부동산투자회사
설립자본금	5억원 이상	3억원 이상
최저자본금	70억원 이상	50억원 이상

❶ 우리나라에서 법률상의 정의는 '부동산투자회사'로, 증권시장에 상장된 것은 '○○리츠'로 부르고 있다.

(3) 부동산투자회사와 그 외의 기관

① **자기관리 부동산투자회사:** 실체회사로서 본점 외에 지점이 있으며, 상근 임직원도 있다. 회사가 부도가 나지 않는 이상 그 존속기간은 영속적이다. 자기관리 부동산투자회사는 자산운용전문인력(예 공인중개사, 감정평가사 등)을 포함한 임직원을 상근으로 두고, 자산의 투자·운용을 직접 수행하는 회사이다.

② **위탁관리 부동산투자회사:** 명목회사(paper company), 서류상 회사로서 자산의 투자·운용을 외부 별도의 자산관리회사에 위탁하는 회사이다. 위탁관리 부동산투자회사는 본점 외에 지점을 설치할 수 없으며, 직원을 고용하거나 상근 임원을 둘 수 없다.

③ **기업구조조정 부동산투자회사:** 명목회사(paper company), 서류상 회사로서 1997년 IMF 구제금융(외환위기) 이후 부실화된 대기업의 구조조정을 촉진할 수단으로, 기업의 정상화를 목적으로 설립된 회사이다.

　㉠ 기업구조조정 부동산투자회사의 존속기한은 보통 한시적(5~7년)이며, 명목회사이므로 자산의 투자·운용을 외부 자산관리회사에 위탁한다.

　㉡ 자기관리 부동산투자회사와 달리 일반인에 대한 주식의 공개모집(공모)의무비율을 적용받지 않고, 1인당 주식소유한도도 적용받지 않으며 명목회사이므로 법인세 면제 특례가 있다.❸

④ **자산관리회사:** 위탁관리 부동산투자회사 또는 기업구조조정 부동산투자회사의 위탁을 받아 자산의 투자·운용업무를 수행하는 것을 목적으로 설립된 회사를 말한다. 자산관리회사는 자기자본이 70억원 이상이어야 하며, 자기관리 부동산투자회사처럼 자산운용전문인력을 두고 있다.

⑤ **부동산투자자문회사:** 부동산투자회사의 위탁으로 그 자산의 투자·운용에 관한 자문 및 평가업무 등을 수행하는 회사이다.

용어 & 참고

❶ 자기관리 부동산투자회사와 위탁관리 부동산투자회사는 일반부동산투자회사라 정의하는데, '일반'의 의미는 기업구조조정 부동산투자회사와 구분하기 위한 표현이다.

❷ **자산운용전문인력**
감정평가사 또는 공인중개사로서 해당 분야에 5년 이상 종사한 사람을 말한다.

❸ 기업구조조정 부동산투자회사는 자기관리 부동산투자회사보다 규정이 일부 완화되어 있다.

용어 & 참고

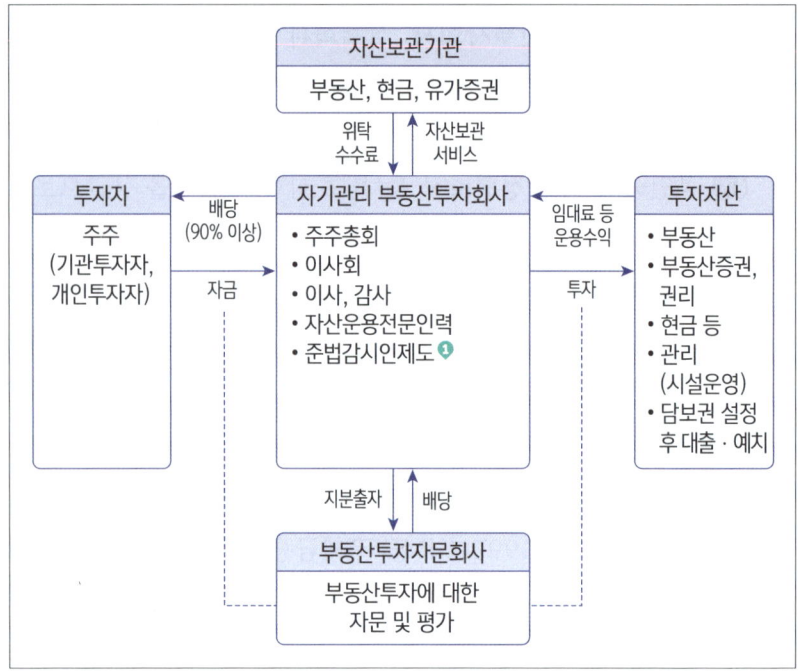

자기관리 부동산투자회사의 구조

❶ 내부통제기준 및 준법감시인제도

- 내부통제기준: 법령을 준수하고 자산운용을 건전하게 하며 주주를 보호하기 위하여 임직원이 따라야 할 절차와 기준이다.
- 자기관리 부동산투자회사 및 자산관리회사는 내부통제기준의 준수 여부를 점검하고, 내부통제기준을 위반할 경우 이를 조사하여 감사에게 보고하는 준법감시인을 상근으로 두어야 한다.

❷ 공모(公募)

불특정다수의 일반투자자로부터 주식을 발행하여 자금을 조달하는 방법이다. 기관투자자 등 특정인을 대상으로 주식을 발행하여 자금을 조달하는 것은 사모(私募) 방식이라 한다.

❸ 현물출자(現物出資)

자본금을 현물로 내는 것으로, 현금이 아닌 실물부동산이나 부동산 관련 권리, 신탁수익권 등을 자본금의 일부로 내고 주식을 배정받는 것이다.

(4) 부동산투자회사의 자본금조달방법

① 부동산투자회사는 주식의 공모❷ 이외에 최저자본금 조달 이후 현물출자❸도 가능하다. 현물출자하는 자산에는 부동산, 지상권·임차권 등 부동산에 관한 권리, 부동산에 관한 신탁수익권, 소유권이전등기청구권, 대토보상권도 가능하다.

② 영업인가나 등록 이후 금융기관으로부터 자금을 차입할 수 있고 사채(회사채)도 발행할 수 있다. 이렇게 정부는 제도적으로 뒷받침함으로써 증권시장을 통하여 자본조달을 용이하게 해주고 부동산투자회사의 활성화를 유도하고 있다.

(5) 부동산투자회사의 기대효과

① 부동산투자회사의 주식은 투자지분을 표준화·증권화한 상품으로 소액투자자에게 투자기회를 제공한다.

② 투자자(주주) 입장에서는 배당소득 및 부동산가격 상승으로 인한 자본이익(주식매각차익)을 기대할 수 있다. 물론 투자원금의 손실이 발생할 수도 있다.

③ 증권시장에 상장된 부동산투자회사의 주식에 투자하면 부동산에 직접투자하는 것보다 포트폴리오(분산투자)효과 측면에서 이점이 있고, 세금절감효과도 기대할 수 있다. 또한 부동산 관련 주식이므로 인플레이션 헷지(inflationary hedge)❶ · 보호기능을 갖기도 한다.

용어 & 참고

❶ 인플레이션 헷지 (inflationary hedge)
인플레이션을 방어하기 위해 부동산, 금 등 현물자산을 보유하는 것을 말한다.

핵심 부동산투자회사 요약

구분	자기관리 부동산투자회사	위탁관리 부동산투자회사	기업구조조정 부동산투자회사
영업개시	국토교통부 영업인가	인가 및 등록(요건 충족시)	
회사형태	실체회사, 직접 수행	명목(서류상)회사, 자산관리회사에 위탁	
설립 자본금	5억원 이상	3억원 이상	
최저자본금	70억원 이상	50억원 이상	
자산운용 전문인력	공인중개사 · 감정평가사 5년 이상, 5인 이상	없음	
투자자 보호장치	내부통제기준, 준법감시인제도	정관으로 정하는 바에 따라 감독이사를 둘 수 있음	
투자대상 및 운용방법	부동산 취득, 개발, 개량 및 처분, 관리(시설운영), 임대차 및 전대차, 대출		기업구조조정용 부동산
주식분산	1인당 50%를 초과하여 소유하지 못함		제한 없음
공모의무 비율	주식 총수의 30% 이상을 일반의 청약에 제공		의무사항 아님

핵심개념

CHAPTER 1
감정평가의 기초이론
- 감정평가의 의의 ★
- 부동산가격과 가치 ★
- 부동산가격의 형성과정 ★

CHAPTER 2
부동산가격 공시제도
- 표준지공시지가 ★
- 개별공시지가 ★
- 표준주택가격 ★
- 공동주택가격 ★

PART 7
부동산감정평가론

CHAPTER 1 감정평가의 기초이론
CHAPTER 2 부동산가격공시제도

CHAPTER 1 감정평가의 기초이론

용어 & 참고

(1) 감정평가의 의의 ★

① 감정평가란 토지 등의 경제적 가치를 판정하여 그 결과를 가액으로 표시하는 것을 말한다.

② 감정평가란 타인의 의뢰에 의하여 일정한 보수를 받고 부동산 등의 소유권 및 기타 권리·이익에 대한 경제적 가치(value)를 판정하여 그 결과를 가격·가액(price)으로 표시하는 것을 말한다.

③ 감정평가는 기준시점에서 최유효이용을 전제로 하여 대상부동산의 '시장가치'를 구하는 작업이라 할 수 있다.

> **핵심** 기준시점(「감정평가에 관한 규칙」)
>
> - '기준시점'이란 대상물건의 감정평가액을 결정하는 기준이 되는 날짜를 말한다.
> - 감정평가에 있어 가치형성요인이 변동하므로 기준시점의 확정이 중요하다.
>
> ```
> 10/20    감정평가 의뢰일
>            ⇩
> 11/1     가격조사 개시일(시작일)
>            ⇩
> 12/1     가격조사 완료일(기준시점)
>            ⇩
> 12/15    감정평가서 작성일
>            ⇩
> 12/20    감정평가서 전달일
> ```

(2) 부동산가격이론

① **시장가치(「감정평가에 관한 규칙」 제2조 제1호):** 시장가치란 감정평가의 대상이 되는 토지등(이하 '대상물건')이 통상적인 시장에서 충분한 기간 동안 거래를 위하여 공개된 후 그 대상물건의 내용에 정통한 당사자 사이에 신중하고 자발적인 거래가 있을 경우 성립될 가능성이 가장 높다고 인정되는 대상물건의 가액을 말한다.

② **부동산가격(price)과 가치(value) ★:** 부동산의 가치(value)란 부동산의 소유에서 비롯되는 장래이익에 대한 현재가치를 말한다. 즉, 영속성에 의하면 부동산가치는 부동산으로부터 발생하는 장래 유·무형의 편익을 현재가치로 환원한 값이라고 정의할 수 있다.

　㉠ **가격(price):** 매매당사자간에 교환의 대가로 시장에서 지불된 금액을 말하며, 대상부동산에 대한 과거의 값이다.

　㉡ **가치(value):** 장래 유·무형의 편익을 현재가치로 환원한 값을 말하며, 대상부동산에 대한 현재의 값이다.

　㉢ 가격과 가치의 관계

　　ⓐ **가격은 가치의 화폐적 표현:** 가치는 화폐를 매개체로 하여 가격으로 표시된다. 따라서 가격의 기초에는 가치가 존재하므로, 부동산가치가 상승하면 부동산가격도 상승한다.

　　ⓑ **가치 = 가격 ± 오차:** 부동산가격과 가치 사이에는 일정한 차이·오차가 발생할 수 있다.

　　ⓒ 가격은 수요·공급의 변동에 따라 변동하므로 일시적(단기적)으로 가치와 괴리될 수도 있다. 즉, 수요가 공급을 초과하면 가격은 균형수준을 벗어나서 가치 이상이 되고, 공급이 수요를 초과하면 가격은 균형수준을 벗어나서 가치 이하가 된다.

　　ⓓ 장기적으로는 경쟁의 원칙이 작용하여 가격과 가치는 일치하게 된다. 결국 가치란 가격의 장기적 균형치로 볼 수 있다.

용어 & 참고

> **핵심 가격과 가치**
>
> | 가격(price) | 가치(value) |
> |---|---|
> | 현실적 시장에서 교환의 대가로 실제 지불된 금액 | 통상적인 시장에서 성립될 가능성이 높다고 인정되는 가액(시장가치) |
> | 과거의 값 | 장래 유·무형의 편익을 현재가치로 환원한 값 |
> | 일정시점에서 하나만 존재 | 여러 가지 개념 성립(가치다원설) |
> | 객관적·구체적 개념 | 주관적·추상적 개념 |
> | 가격 ± 오차 = 가치 ||

(3) 부동산가격의 형성과정 ★

① 감정평가란 '부동산의 가치를 찾아가는 과정'이며, 감정평가사가 가치를 평가하기 위해서는 부동산가치에 영향을 미치는 가치형성요인을 파악하게 된다. 가치형성요인은 가치발생요인에 영향을 주고, 가치발생요인은 부동산의 수요와 공급을 변화시키며 이에 따라 부동산가치가 결정된다.

부동산가격의 형성과정

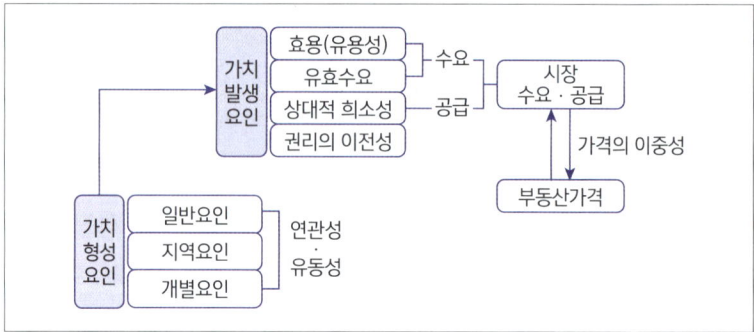

② 부동산의 가치형성요인

㉠ '가치형성요인'이란 대상물건의 경제적 가치에 영향을 미치는 일반요인, 지역요인 및 개별요인 등을 말하며, 이는 가치발생요인에 영향을 미치는 여러 가지 요인을 말한다(「감정평가에 관한 규칙」 제2조 제4호).

ⓒ 부동산가치의 형성요인은 그 요인을 이루는 여러 현상의 변동에 따라 항상 변화하기 때문에 동태적으로 파악하여야 하며, 이는 각각 독립하여 개별적으로 작용하는 것이 아니라 서로 유기적인 연관성을 가지고 작용한다.

　　ⓒ 부동산가치의 형성요인은 일반요인과 지역요인 그리고 개별요인으로 구분할 수 있으며, 감정평가사는 '일반요인 ⇨ 지역요인 ⇨ 개별요인'의 순서대로 가치형성요인을 파악하게 된다.

③ **부동산의 가치발생요인:** 부동산이 하나의 상품으로서 가치를 가지려면 효용(유용성)과 유효수요, 상대적 희소성의 요건을 모두 갖추어야 하며, 이들 중 어느 한 요인의 변동은 필연적으로 부동산가격에 반영된다.

　　㉠ **효용(유용성):** 부동산의 효용(유용성, utility)이란 부동산을 사용·수익함에 따른 인간의 필요나 욕구를 만족시켜 줄 수 있는 재화의 능력을 말한다. 효용은 부동산의 용도에 따라 주거지는 쾌적성, 상업지는 수익성, 공업지는 생산성으로 표현된다. 즉, 부동산을 통하여 얻는 효용이 있어야만 부동산의 가치가 발생한다는 것이다.

　　㉡ **유효수요:** 유효수요란 부동산을 구매할 의사(욕구)와 지불능력(구매력)을 갖춘 실질적인 수요를 말한다. 잠재수요가 아닌 유효수요가 있어야 부동산의 가치가 발생한다는 것이다.

　　㉢ **상대적 희소성:** 희소성이란 인간의 욕망에 비하여 욕망의 충족수단이 질적·양적으로 유한·부족한 상태를 의미하는 것으로, 부동산의 수요에 비하여 공급이 상대적으로 부족한 상태를 말한다. 즉, 상대적 희소성(희소가치)이 있어야 부동산의 가치가 발생한다는 것이다.

용어 & 참고

CHAPTER 2 부동산가격공시제도

용어 & 참고

❶ 적정가격(適正價格)
적정가격이란 토지, 주택 및 비주거용 부동산에 대하여 통상적인 시장에서 정상적인 거래가 이루어지는 경우 성립될 가능성이 가장 높다고 인정되는 가격을 말한다.

「부동산 가격공시에 관한 법률」에서는 "부동산의 적정가격(適正價格)❶ 공시에 관한 기본적인 사항과 부동산시장·동향의 조사·관리에 필요한 사항을 규정함으로써 부동산의 적정한 가격형성과 각종 조세·부담금 등의 형평성을 도모하고 국민경제의 발전에 이바지함을 목적으로 한다."라고 규정하고 있다.

핵심 부동산가격공시제도 요약

구분			결정·공시	공시일	효력
토지	표준지 공시지가		국토교통부 장관	공시기준일 1.1.	• 토지시장의 가격정보 제공 • 일반적인 토지거래의 지표 • 공적 지가의 산정 (보상)기준 • 개별토지의 감정평가기준
	개별 공시지가		시장·군수 또는 구청장	결정·공시일 5.31.까지	조세·부담금 부과기준
주택	단독 주택	표준 주택	국토교통부 장관	공시기준일 1.1.	개별주택가격 산정기준
		개별 주택	시장·군수 또는 구청장	결정·공시일 4.30.까지	• 주택시장의 가격정보 제공 • 조세 부과를 위한 기준
	공동주택		국토교통부 장관	• 공시기준일 1.1. • 산정·공시일 4.30.까지	

(1) 표준지공시지가 ★

국토교통부장관은 토지이용상황이나 주변 환경 그 밖의 자연적·사회적 조건이 일반적으로 유사하다고 인정되는 일단의 토지 중에서 선정한 표준지에 대하여 매년 공시기준일 현재의 단위면적당 적정가격(이하 '표준지공시지가')을 조사·평가하고, 중앙부동산가격공시위원회의 심의를 거쳐 공시하여야 한다.

(2) 개별공시지가 ★

시장·군수 또는 구청장은 국세·지방세 등 각종 세금의 부과 그 밖의 다른 법령이 정하는 목적을 위한 지가산정에 사용하도록 하기 위하여 시·군·구 부동산가격공시위원회의 심의를 거쳐 매년 공시지가의 공시기준일 현재 관할 구역 안의 개별토지의 단위면적당 가격(이하 '개별공시지가')을 결정·공시하고, 이를 관계 행정기관 등에 제공하여야 한다.

(3) 표준주택가격 ★

국토교통부장관은 용도지역, 건물구조 등이 일반적으로 유사하다고 인정되는 일단의 단독주택 중에서 선정한 표준주택에 대하여 매년 공시기준일 현재의 적정가격(이하 '표준주택가격')을 조사·산정하고, 중앙부동산가격공시위원회의 심의를 거쳐 이를 공시하여야 한다.

(4) 개별주택가격

시장·군수 또는 구청장은 시·군·구 부동산가격공시위원회의 심의를 거쳐 매년 표준주택가격의 공시기준일 현재 관할 구역 안의 개별주택의 가격(이하 '개별주택가격')을 결정·공시하고, 이를 관계 행정기관 등에 제공하여야 한다.

(5) 공동주택가격 ★

국토교통부장관은 공동주택에 대하여 매년 공시기준일 현재의 적정가격(이하 '공동주택가격')을 조사·산정하여 중앙부동산가격공시위원회의 심의를 거쳐 공시하고, 이를 관계 행정기관 등에 제공하여야 한다.

용어 & 참고

합격의 시작, 해커스 공인중개사
해커스 공인중개사 1차 기초입문서

* 부동산의 매매나 임대차에서 필요한 기본적인 민법이론을 배웁니다.

2과목
민법 및 민사특별법

PART 1   민법총칙
PART 2   물권법
PART 3   계약법
PART 4   민사특별법

▶ 핵심개념

CHAPTER 1
서론

CHAPTER 2
권리변동
- 원시취득 ★
- 승계취득 ★
- 내용의 변경 ★

CHAPTER 3
법률행위
- 법률행위의 요건 ★
- 법률행위의 종류 ★
- 적법성 ★
- 사회적 타당성 ★

CHAPTER 4
의사표시
- 통정허위표시 ★
- 사기 ★
- 의사표시의 효력발생 ★

CHAPTER 5
대리
- 대리제도 ★
- 대리권의 범위 ★
- 대리권의 제한 ★
- 대리권의 소멸 ★
- 대리행위의 하자 ★
- 복대리 ★
- 무권대리 ★

CHAPTER 6
무효와 취소
- 절대적 무효와 상대적 무효 ★
- 확정적 무효와 유동적 무효 ★
- 취소권 ★

CHAPTER 7
조건과 기한
- 정지조건 ★
- 해제조건 ★
- 불법조건 ★

PART 1
민법총칙

CHAPTER 1	서론
CHAPTER 2	권리변동
CHAPTER 3	법률행위
CHAPTER 4	의사표시
CHAPTER 5	대리
CHAPTER 6	무효와 취소
CHAPTER 7	조건과 기한

CHAPTER 1 서론

용어 & 참고

❶
- 민법총칙은 「민법」의 전체를 아우르는 파트라서 뒷부분에 나오는 물권법, 계약법을 먼저 잡아야 정리되는 구조입니다.
- 전개
  - 민총 ⇨ 물권 ⇨ 계약 ⇨ 특별법
  - 계약법 ⇨ 특별법 민총 ⇨ 물권
- 입문과정에서는 순서에 관계없이 전개해도 무방합니다.
- 정규기본이론에서는 민법총칙부터 순서대로 전개해 나갑니다.

01 민법의 개념

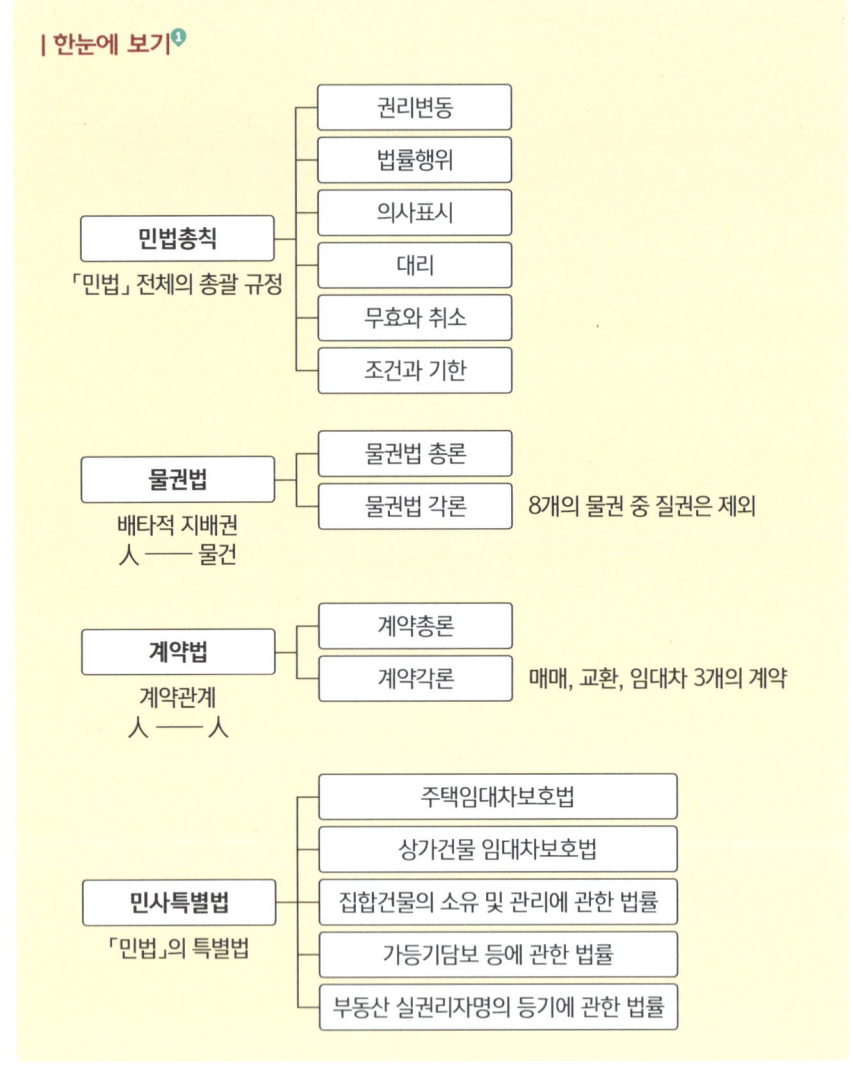

| 한눈에 보기 ❶

- **민법총칙** 「민법」 전체의 총괄 규정
  - 권리변동
  - 법률행위
  - 의사표시
  - 대리
  - 무효와 취소
  - 조건과 기한

- **물권법** 배타적 지배권 人 ── 물건
  - 물권법 총론
  - 물권법 각론 — 8개의 물권 중 질권은 제외

- **계약법** 계약관계 人 ── 人
  - 계약총론
  - 계약각론 — 매매, 교환, 임대차 3개의 계약

- **민사특별법** 「민법」의 특별법
  - 주택임대차보호법
  - 상가건물 임대차보호법
  - 집합건물의 소유 및 관리에 관한 법률
  - 가등기담보 등에 관한 법률
  - 부동산 실권리자명의 등기에 관한 법률

사례 따라잡기

〈임대차의 사례를 중심으로 I〉

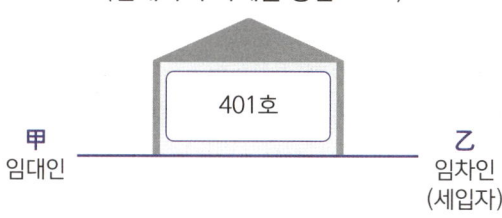

甲 임대인 — 401호 — 乙 임차인 (세입자)

- 주거용 건물의 임대차
- 보증금 2억원(미등기 전세)
- 기간: 2년(2024.2.1.~2026.1.30.)

1. 세입자 乙이 401호에 대해서 대항력을 취득하기 위한 요건은? [㉠「주민등록과 인도」/ⓒ 확정일자]
2. 세입자 乙이 주민등록과 인도를 구비한 2.1. 이후 5.10.에 주인 甲이 빌라를 丙에게 매각하면, 세입자 乙은 ㉠ [쫓겨나는가?/계속 거주하는가?] ⓒ 乙은 보증금 2억원을 기간 종료시에 누구에게 반환받는가? [전 주인 甲/새 주인(양수인) 丙]
3. 乙의 계약갱신요구권은 기간 만료 얼마 전에 행사되어야 하는가? [6월 전/6월~2월 전]
4. 기간 만료 「20일 전」 2026.1.10.에 임차인 乙이 방을 뺀다고 통보한 경우, 임대차는 묵시갱신되는가 만료일에 종료되는가? [묵시갱신된다/만료일에 종료된다]

법조문 따라잡기

1. 「주택임대차보호법」 제3조 제①항: 주택의 임차인이 주택의 「인도와 주민등록」을 마친 때는 그 다음 날부터 제3자에 대하여 효력이 생긴다.
2. 「주택임대차보호법」 제3조 제④항: 임차주택의 양수인은 임대인의 지위를 승계한 것으로 본다.
3. 「주택임대차보호법」 제3조의3: 임대차가 끝난 후 보증금이 반환되지 않은 경우, 임차인은 임차주택의 소재지 관할 법원에 임차권등기명령을 신청할 수 있다.
4. 「주택임대차보호법」 제6조: 임대인이 기간 끝나기 6월~2월 전까지 임차인에게 「갱신거절의 통지」를 아니한 경우, 그 임대차가 끝난 때에는 종전 임대차와 동일조건으로 다시 임대차한 것으로 본다. 이때 임대차의 존속기간은 「2년」으로 본다.
5. 「주택임대차보호법」 제4조: 주택의 임대차기간이 끝난 경우에도 임차인이 「보증금을 반환받을 때」까지는 임대차가 「존속」되는 것으로 본다.

용어 & 참고

용어 따라잡기

1. **대항력**: 임차권을 가진 자가 계약 당사자가 아닌 새 주인(제3자)에게 대항을 할 수 있는 힘. 주택임차인은 「주민등록과 인도」를, 상가임차인은 「사업등록과 인도」를 구비해야 한다.
2. **미등기 전세**: 전세 보증금을 지급하였으나 전세권등기를 경료하지 아니하고 확정일자를 받은 세입자를 지칭
3. **경매**: 「채권자의 신청」에 의하여 채무자의 재산을 법원이 처분하여 현금화한 뒤 채권자에게 배분하는 행위(「민사집행법」 적용)
4. **공매**: 국세, 지방세를 체납하였을 때 압류재산에 대한 체납처분방식(「국세징수법」, 「지방세법」 적용)
5. **묵시적 갱신**: 명시적인 의사표현이 아니라 주변 사정을 통해서 간접적으로 추론되는 의사표시
   - 예 기간 종료시까지 주인이 아무런 홍보가 없는 채로 계약기간이 만료한 경우

시험지문 따라잡기

1. 주택임대차가 묵시적으로 갱신된 경우 [기간 없는 것/2년]으로 본다.
   제28·34회
2. 주택임차인 대항력을 취득하기 위해서는 임대차계약서상의 확정일자를 받아야 한다. [O/X] 제27회
3. 주택임차인의 계약갱신요구권은 임대차가 끝나기 6월 전부터 2월 전까지의 기간에 행사해야 한다. [O/X] 제34회

사례 따라잡기

〈분묘기지권의 사례를 중심으로 II〉

전주 이씨 장손 甲은 1980년, X임야(乙이 소유함)에 허락 없이 甲의 부친이 사망하자, 봉분 형태의 묘를 설치한 상태로 현재까지 분묘기지를 점유하고 제사를 지내오고 있다.

1. 임야 소유자 乙은 甲에게 분묘를 이장하라고 할 수 있나?
   [있다/**없다**]
2. 甲은 X토지에 소재한 분묘기지의 소유권을 취득하는가?
   분묘기지의 소유권이 아니라 사용권을 취득한다.
3. 甲이 분묘기지권을 시효취득하려면 등기를 요하는가?
   [등기를 요한다/**등기를 요하지 않는다**]
4. 甲이 분묘기지권을 시효취득하려면 지료를 언제부터 지급하는가?
   [**토지소유자가 지료를 청구한 때부터**/분묘기지권이 성립한 날로부터]
5. X임야를 乙이 丙에게 다른 약정 없이 양도하였다면, 甲은 분묘기지권을 丙에게 주장하는가 못하는가?
   분묘기지권이라는 물권을 丙에게 주장할 수 있다.

시험지문 따라잡기

1. 분묘기지권을 시효취득하는 경우 등기를 요한다. [O/**X**] 제15회
2. 분묘기지권를 시효취득하는 경우 토지소유자가 지료를 청구한 때로부터 지료를 지급해야 한다. [**O**/X] 제34회

(1) 개념

개인과 개인간의 권리, 의무에 관한 사적 분쟁을 민법전(약 1,100개 조문으로 구성) 그리고 대법원 판례에 의하여 해결하는 일반법으로 사법의 왕이다.

(2) 분쟁의 사례

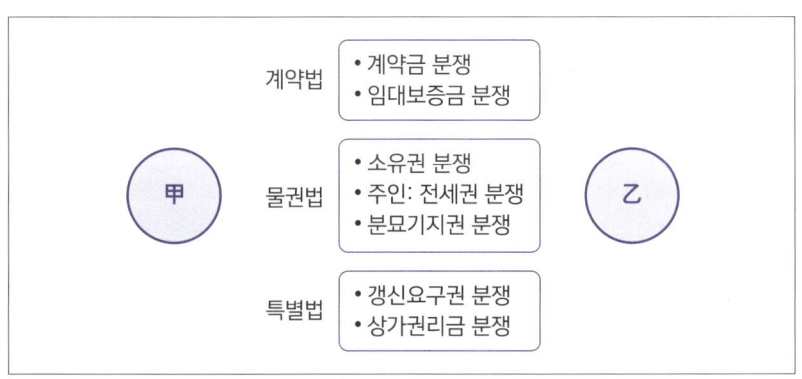

용어 & 참고

이하 PART 1~3에서 법명은 생략한다.

(3) 「민법」 과목의 위상

1차 과목에 위치하는 합격의 절대 중요과목이다. 그리고 2차 과목인 중개사법, 공시법 등에 지대한 영향력과 파급력을 주는 2차 과목에의 연계과목이다. 나아가서 실무에서는 계약서 작성의 중요한 기틀을 제공하는 실무 비중이 높은 과목으로 가장 중요한 시험과목이라고 할 수 있다.

02 입문과정의 학습전개의 주안점

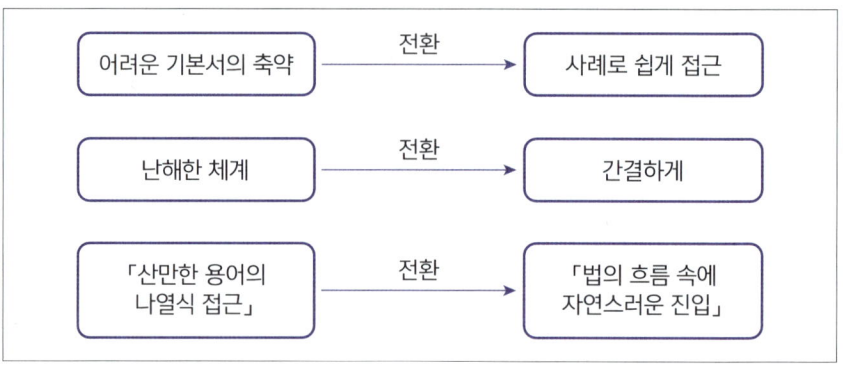

CHAPTER 2 권리변동

01 권리의 변동

1. 권리의 발생

(1) 원시취득★

권리를 최초로 취득하게 되는 것(전 주인의 부담을 승계하지 않는다)이다.
① 빌라를 신축하여 건축주가 건물의 소유권을 처음으로 취득하는 것(건물의 신축)
② 주인이 없는 물건을 선점하여 소유권을 취득하는 것(무주물의 선점)
③ 잃어버린 물건을 습득하는 것(유실물 습득)
④ 남의 땅을 20년간 점유하여 소유권을 취득하는 것(취득시효)❷

(2) 승계취득★

다른 사람을 통하여 권리를 승계받아 취득하는 것이다.
① **이전적 승계:** 매도인이 보유하던 권리가 승계인(매수인)에게 그대로 이전함
   ◉ 빌라의 매매로 매도인 甲이 보유하던 소유권이 매수인 乙에게 이전되는 것
② **설정적 승계:** 구 권리자의 권리는 그대로 존속하면서 신 권리자가 그 권리의 작용에 기초하여 어떠한 권리를 취득하는 것
   ◉ 甲 소유의 빌라를 乙은행에 저당잡힌 때

용어 & 참고

❶ 권리의 득(취득)과 실(상실) 변경을 권리의 변동이라 한다.

❷ 취득시효(물권법에서 상술함)

용어 & 참고

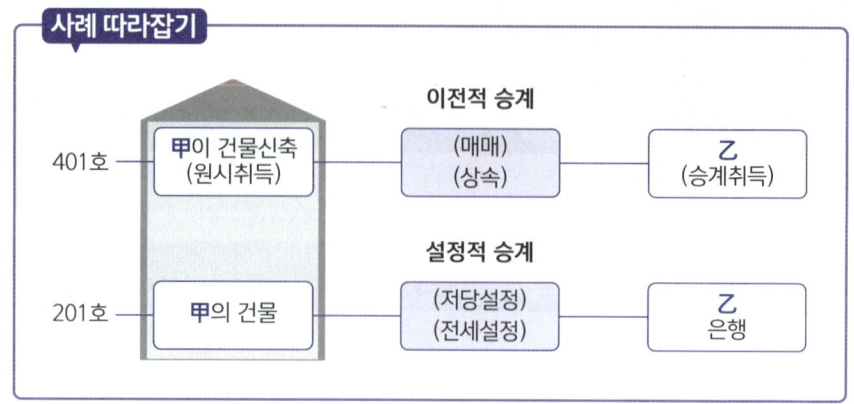

2. 권리의 변경

(1) 주체의 변경

甲이 빌라를 乙에게 매각하여 빌라의 주인이 변경되는 것이다.

(2) 내용의 변경 ★

甲 소유의 공장을 乙이 1억원에 매매한 상태에서 甲의 공장이 관리소홀로 화재가 나서 이행불능이 된 경우, 甲의 본래의 채무(공장의 인도 채무)가 손해배상 채무로 변경되는 것이다.

(3) 작용의 변경

1번 저당권이 채무의 변제로 소멸할 때 2번 저당권의 순위가 1번으로 상승하는 것이다.

3. 권리의 소멸

(1) 절대적 소멸

빌라의 멸실로 건물에 대한 물권이 종국적으로 소멸하는 것이다.

(2) 상대적 소멸

甲 소유 빌라를 매매로 乙이 소유권을 취득할 때 전 소유자 甲의 입장에서는 소유권을 상실하나 신 소유자 乙입장에서는 소유권을 취득하게 되는 것이다.

02 권리변동의 원인

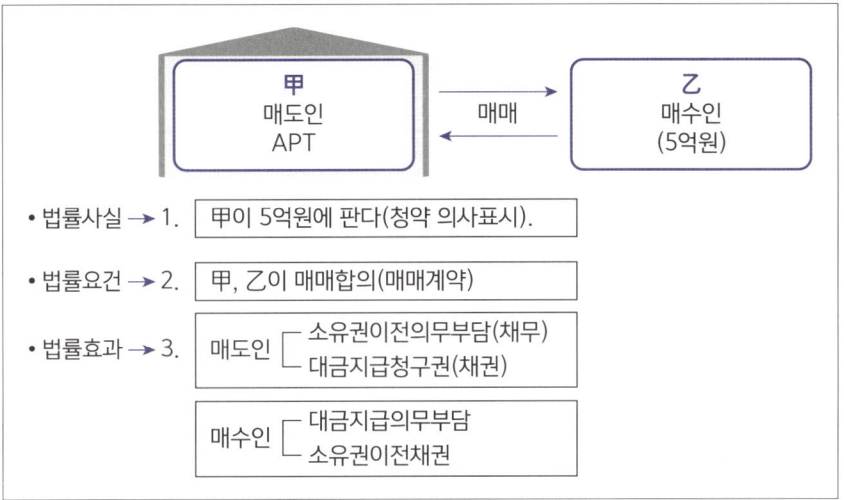

1. 법률요건의 개념

(1) 권리변동이 일어나기 위해서는 일정한 「전제조건」을 갖추어야 하는데 그 전제조건을 법률요건이라고 한다.

(2) 어떤 전제조건을 갖추었을 때 법률요건 ⇨ 그로 인한 법률효과가 발생한다.

2. 법률요건의 종류

(1) 법률행위(계약)

당사자의 의사대로 법률효과가 발생하는 것이다.

  예) 아파트의 매매, 교환, 임대차계약, 아파트에 전세권 설정계약

(2) 법률규정

당사자의 의사와 무관하게 권리변동을 일으키는 것이다.

  예) • 부의 사망으로 인한 상속인의 소유권 취득
  • 아파트의 전세권이 기간 만료될 때까지 아무 통지가 없어서 「법정 갱신」으로 연장된 때

용어 & 참고

❶ 청약을 법률사실, 매매계약을 법률요건이라고 한다.

용어 & 참고

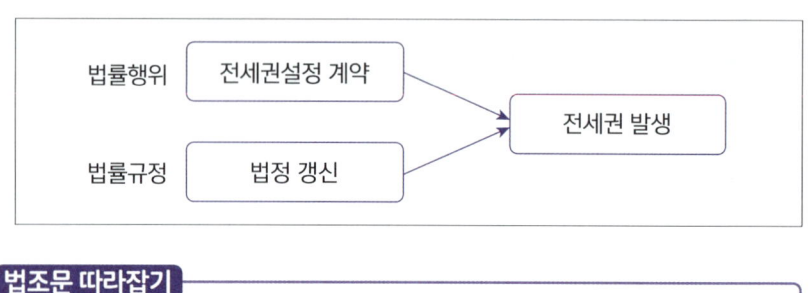

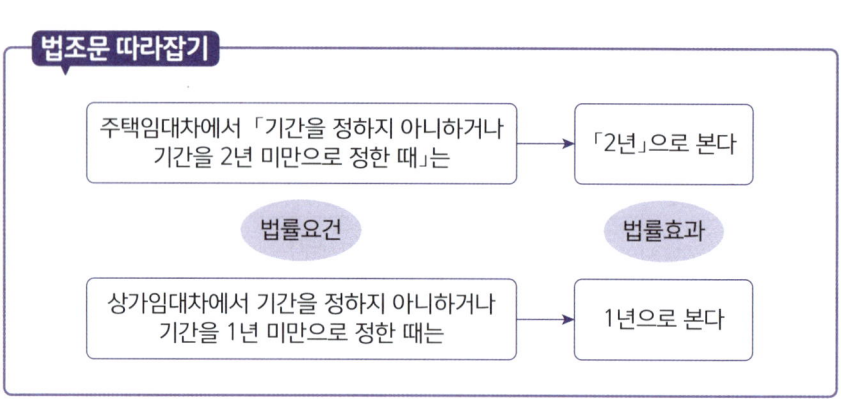

CHAPTER 3 법률행위

01 법률행위의 개념

법률행위란 당사자의 의사표시에 의하여 법률관계가 이루어지는 것을 총칭하여 법률행위라고 한다. 법률행위는 당사자의 의사대로 권리가 발생함이 특징이다.

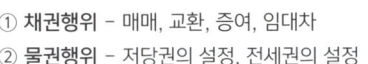
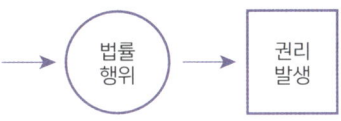

> **용어 & 참고**
>
> ❶ 채권행위, 물권행위, 단독행위를 총칭하여 법률행위라고 하며, 보통은 계약을 법률행위라고 한다.
>
> ❷ 계약법·물권법을 선행적 학습으로 이해해야 법률행위가 정리된다.

02 법률행위의 요건 ★

(1) 법률행위의 요건

일반 성립요건	일반 효력발생요건
당사자	권리능력, 의사능력, 행위능력을 가질 것
목적	확정성, 가능성, 적법성, 사회적 타당성
의사표시	의사와 표시가 일치하고 하자가 없을 것

특별 성립요건	특별 효력발생요건
• 혼인에서 신고 • 요물계약에서 물건의 인도	① 조건부 법률행위에서 조건의 성취 ② 기한부 법률행위에서 기한의 도래 ③ 대리행위에서 대리권의 존재

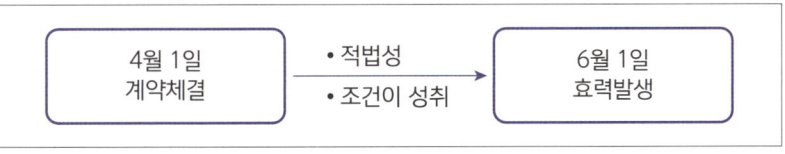

용어 & 참고

❶ 채무면제(채무탕감)
채권자가 채무자에게 받을 돈을 갚지 말라고 하는 것(채권자의 단독행위)을 말한다.

❷ 해제(소급효)
매매계약 성립일인 2022년 1월에 체결되었다가 6월 뒤인 2022년 7월에 매수자의 잔금지연을 원인으로 해제통보한 경우, 해제를 통보한 날이 아니라 계약성립일로 시간을 거슬러서 소급하여 계약의 효력이 소멸하는 것을 말한다.

❸ 해지(장래효)
2019년 임대차계약을 체결하였는데 임차인이 월세를 3기 연체하여 임대인이 계약을 2022년 6월에 해지한 경우, 계약일부터가 아니라 해지를 통보한 날부터 장래를 향하여 계약이 소멸한다.

❹ 매매의 예약
나중에 본계약을 체결하기로 하고 미리 하는 계약(미리 찜해두는 것)을 말한다.

❺ 증여계약
대가 없이 무상으로, 즉 공짜로 주는 것(재산권을 주는 증여자와 받는 사람인 수증자 간의 계약)을 말한다.

❻ 합의해제
두 사람간에 10억원짜리 건물 매매계약을 한 후 가격이 치솟자 매도자가 받은 돈 10억원에 1억원을 추가로 주고 계약이 없었던 것으로 하자는 제의를 하고(합의해제의 청약이라 함), 매수자가 이를 승낙(합의해제의 승낙이라 함)하여 이루어지는 것(두 사람이 하는 새로운 계약)을 말한다.

(2) 구별할 개념

① 토지매매계약이 적법하게 체결되고 유효하다.
   ⇨ 계약이 효력요건을 구비
② 토지매매계약이 체결되었으나 관련 법규를 위반하여 무효다.
   ⇨ 무효 = 효력이 없다.

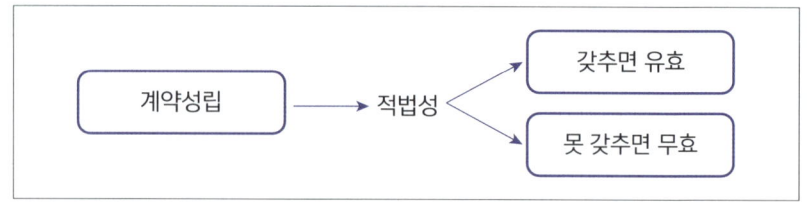

03 법률행위의 종류 ★

1. 계약과 단독행위

단독행위	① **상대방 있는 단독행위**: 취소, 채무면제❶, 해제❷(소급해서 소멸), 해지❸(장래효) ② **상대방 없는 단독행위**: 유언, 재단법인의 설립행위, 소유권의 포기
계약 (쌍방행위)	매매계약, 매매의 예약❹, 교환계약, 증여계약❺, 임대차계약, 합의해제❻ 등

2. 불요식행위와 요식행위

불요식행위 (不要式)	방식에 아무런 제한이 없는 것(「민법」의 원칙) ✚ 주의 매매, 임대차계약시 계약서를 작성하지 않은 계약도 유효하다. 계약서를 작성하는 것은 만일의 경우를 대비한 증거자료를 남겨두기 위함이다.
요식행위 (要式)	법률이 정한 일정한 방식을 갖추어야 하는 것 예 유언의 방식으로 공정증서에 의하거나 자필증서의 방식에 의하도록 일정한 방식을 갖추어야 효력이 발생하는 것

3. 유상행위와 무상행위

유상행위	대가적 출연이 있는 행위 ❶ 매매, 교환, 임대차❶, 도급계약 등
무상행위	대가적 출연이 없는 행위(공짜 계약) ❶ 증여, 사용대차❷, 무이자 소비대차❸ 등

4. 채권행위와 물권행위

채권행위 (의무부담)	① 계약자(채권자)가 계약의 상대방(채무자)에게 계약한 내용(급부)을 이행해 달라고 청구하는 권리 ② 짜장면을 주문한 A가 중국집 B에게 짜장면을 보내 달라고 청구하는 채권이 생기고, 중국집 B에게는 짜장면을 배달해 줄 의무(채무)가 발생
물권행위	① 물건에 대한 「배타적인 지배권」이 발생 ② 짜장면을 인도받으면 짜장면에 대한 배타적·직접적인 지배권이 발생한다. 빌라를 매매하여 소유권이전등기를 마치면 빌라에 대한 지배권이 생긴다.

사례 따라잡기

3월 1일 甲 소유 토지를 매수인 乙과 10억원에 매매계약서를 작성하였다.❹

1. 3월 1일에 계약금 1억원을 당일 지급한다.
2. 4월 1일에 중도금 6억원을 지급하기로 한다.
3. 6월 1일에 잔금 3억원의 지급과 동시에 소유권을 이전하기로 약정한다. 일방이 위약하는 경우 계약금 1억원을 손해배상액으로 한다.

+ 채권행위

〈채권행위〉

3월 1일 매매계약을 체결함
매도인은 소유권이전의무를 부담 ⇨ **채무부담**
매수인은 소유권이전채권을 취득 ⇨ **채권취득**

〈처분행위〉

6월 1일 처분함
토지이전등기경료

용어 & 참고

❶ 임대차
일방이 차임을 지불하기로 약정하고, 상대방은 물건을 사용하도록 약정할 때 성립한다.

❷ 사용대차
물건을 공짜로 사용하기로 하는 무상계약이다.

❸ 소비대차
돈을 빌려 쓰고 돌려주기로 하는 계약(돈을 빌려주는 소비대주와 소비차주간 계약)이다.

❹
매매계약 당시에 토지가 매도인 甲이 아니라 甲의 아버지의 소유였다면 토지의 매매계약은 유효인가 무효인가?

| 용어 & 참고 | # 04 법률행위의 목적(유효요건) |

1. 가능성

(1) 계약의 목적이 실현 불가능한 것을 불능이라고 한다.

(2) 법률행위의 실현 가능성 여부는 사회통념(일반인에 널리 퍼져 있는 건전한 상식)을 기준으로 판단한다.

'불능'의 체계

원시적 불능 – 무효 (계약 당시부터 불능)	공장의 매매계약체결 당시에 공장 두 개가 모두 화재로 멸실한 경우
후발적 불능 – 유효 (계약체결 후 불능)	① 매도인의 귀책사유(고의, 과실)로 공장이 화재로 멸실한 경우(채무불이행책임❶ 문제) ② 쌍방의 귀책사유 없이 태풍으로 공장이 멸실한 경우, 위험부담의 문제(쌍방의 채무는 대등하게 소멸처리된다) ⇨ 계약법에서 상술

❶ **채무불이행책임(계약 불이행)**
채무자가 채무의 내용에 좇은 이행을 하지 아니한 때에는 채권자는 손해배상을 청구할 수 있다. 그러나 채무자의 고의나 과실 없이 이행할 수 없게 된 때에는 그러하지 아니하다.

2. 적법성 ★

(1) 효력규정

법 규정을 위반하면 법률행위는 무효처리된다.
예 토지거래허가제를 위반한 때, 명의신탁 금지를 위반한 경우

(2) 단속규정

법 규정을 위반하면 매매계약은 유효하나 처벌만 받는다.
예 중간생략등기 금지규정 위반

3. 사회적 타당성 ★

> 제103조 【반사회질서의 법률행위】 선량한 풍속 기타 사회질서에 위반한 사항을 내용으로 하는 법률행위는 무효로 한다.

(1) 입법취지

계약자에게 계약의 자유는 보장하되 계약의 '내용'이 사회질서를 위반하면 무효로 하여 계약의 내용을 통제하려는 데 취지가 있다.

(2) 판단시기

반사회적 법률행위인지 여부는 법률행위의 효력발생시점이 아니라 법률행위 성립시❶가 기준이다.

(3) 반사회적 법률행위에 해당하여 무효인 경우

① 노름빚을 대물변제(돈 대신에 물건으로 갚는 것)하기로 하는 약속은 무효이다.

② 소송 당사자가 변호사 아닌 자에게 소송에서 승소하면 소송물의 일부인 임야를 대가로 지급하기로 하는 약정은 반사회적 행위로 무효이다.

③ '형사사건'에 있어서 변호사와 의뢰인간에 체결한 성공보수약정은 형사사건 수사와 재판의 결과를 금전적인 대가와 결부시킴으로써 기본적인 인권의 옹호와 사회정의의 실현을 그 사명으로 하는 변호사 직무의 공공성을 저해하고, 의뢰인과 일반 국민의 사법제도에 대한 신뢰를 현저히 떨어뜨릴 위험이 있으므로 선량한 풍속 기타 사회질서에 위반되는 행위로서 무효이다(대판 2015.7.23, 2015다200111 전합).

④ 일부일처제에 반하는 첩계약은 무효이다. 예컨대 첩계약은 본처의 동의가 있어도 언제나 무효이다(대판 1967.10.6, 67다1134). 부첩관계를 맺음에 있어서 처의 사망 또는 이혼이 있을 경우에 입적한다는 부수적 약정도 첩계약의 일부로서 무효이다(대판 1955.7.14, 4288민상156).

> **용어 & 참고**
>
> ❶ 법률행위의 성립시와 이행시 구별
> - 성립시: 계약서를 쓴 날
> - 이행시: 잔금을 지불하는 날

CHAPTER 4 의사표시

용어 & 참고

내 자신의 의사(생각)와 표현이 일치하는 것을 정상적 의사표시라고 하는데 비해 의사와 표현에 흠결이 있는 것을 「비정상적 의사표시」라고 한다.

01 통정허위표시 ★

사례 따라잡기

가장❶매매의 사례

채권자 A에게 돈을 빌려서 사업을 하다가 부도로 부채 10억원을 부담한 채무자 甲이 채권자 A의 강제집행을 면탈하기 위해서 자기 소유의 집을 처남 乙과 공모하여 매매한 것처럼 꾸며 허위로 가장양도하였다.
그런데 처남 乙이 돈이 급하게 필요하게 되자 자기 명의로 허위로 등기된 이 집을 이런 사정을 「모르는」 제3자 丙에게 매각하여 현금화한 경우 집의 소유권자는 누구인가?

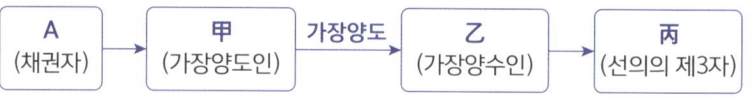

법조문 따라잡기

제108조 【통정한 허위의 의사표시】
① 상대방과 통정한 허위의 의사표시는 무효로 한다.
② 전항의 의사표시의 무효는 선의의 제3자에게 대항하지 못한다.

1. 성립요건

(1) 의사와 표시가 불일치해야 한다.
(2) 서로 통정❷하여 허위로 표시해야 한다.

❶ 가장
거짓으로 꾸미는 것을 말한다.

❷ 통정
서로 짜고 공모하는 것을 말한다.

2. 허위표시의 효과

(1) 당사자관계(甲·乙)는 무효
① 乙 명의 소유권등기가 원인 무효라는 사실은 누가 입증하는가?
  무효임을 주장하는 자가 가장양수인의 소유권이전등기가 무효임을 입증을 하여야 한다.
② 甲은 乙에게 허위표시의 무효를 원인으로 아파트를 부당이득반환청구할 수 [**있다**/없다].

(2) 선의의 제3자와의 관계에서는 유효
① 가장매매의 당사자인 甲은 『乙에게』 무효를 주장할 수 있지만 『선의의 제3자에게는』 무효를 주장할 수 없다(甲·乙간에는 무효이나 乙·丙간에는 유효).❶
② 제3자 丙은 선의로 추정❷되는가, 악의로 추정되는가? 제3자는 가장매매를 모른 것(선의)으로 추정된다.
③ 입증책임의 문제
  ㉠ 허위표시임을 몰랐다(선의)라는 입증을 제3자 丙이 스스로 하는 것이 아니다. 제3자의 선의는 추정되기 때문이다.
  ㉡ 가장양도인 甲이 제3자 丙이 선의가 아니라 악의임을 입증하여야 한다.
④ 허위표시에서 제3자란?
  ㉠ 허위표시의 외형❸을 믿고 실질적으로 새로운 이해관계를 맺은 자를 말한다.
  ㉡ 허위표시의 제3자에 해당하는 경우
    ⓐ 가장양수인(예 처남 명의 집 소유권등기를 乙 소유)으로 믿고 집을 매수한 제3자
    ⓑ 가장전세권을 진짜로 믿고 이를 담보로 「근저당권」을 취득한 은행
    ⓒ 가장양수인의 부동산에 가장양수인의 채권자가 가압류를 한 경우

(3) 채권자 취소권(사해행위의 취소)
甲에게 금전채권 5억원❹을 가진 채권자(A)는 甲·乙간의 가장매매를 사해행위로 취소할 수 있다.

용어 & 참고

❶ 상대적 무효
이를 상대적 무효라고 한다.

❷ 추정
반대 증거가 제시될 때까지는 법이 정한 대로 효력을 인정한다.

❸ 허위표시의 외형
허위등기, 가장채권

❹ 금전채권 5억원
= 피보전채권

용어 & 참고

- 채권자 대위권

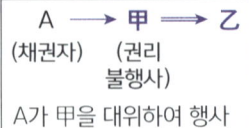

- 채권자 취소권

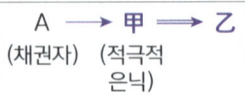

➕ **비교** ❶
1. **채권자 대위권**: 채권자가 자기의 채권을 보전하기 위하여 채무자에게 속하는 권리를 대신하여 행사하는 것을 말한다(제404조).
2. **채권자 취소권**: 채권자가 보존하려는 채권이 금전채권일 때 채무자가 빼돌린 재산을 사해행위 취소소송을 통하여 채무자가 은닉, 양도한 재산을 회복시켜서 강제집행의 실효성을 확보하는 제도이다(즉, 채무자가 빼돌린 재산을 되찾아 오는 소송이라고 이해하면 된다).

02 하자 있는 의사표시

1. 사기 ★

> 제110조 【사기, 강박에 의한 의사표시】
> ① 사기나 강박에 의한 의사표시는 취소할 수 있다.❷
> ② 상대방 있는 의사표시에 관하여 제3자가 사기나 강박을 행한 경우 상대방이 그 사실을 알았거나 알 수 있었을 경우에 한하여 그 의사표시를 취소할 수 있다.❸
> ③ 전2항의 의사표시의 취소는 선의의 제3자에게 대항하지 못한다.

❷ 상대방의 사기

❸ 제3자의 사기

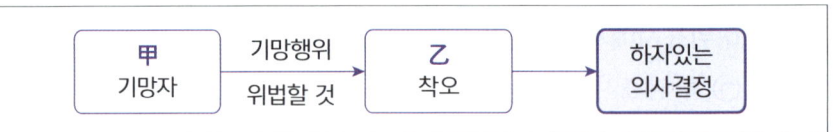

(1) 기망

① 상대방에게 허위사실을 고지하거나 사실을 은폐하여 상대방을 착오에 빠지게 하는 일체의 행위를 말한다.

② **작위**❹**에 의한 기망**: 적극적인 거짓정보를 제공하는 것이다.
   - 예 폭스바겐에서 아우디를 판매할 때 배기가스를 조작하여 판매한 행위

③ **부작위에 의한 기망**: 고지의무 있는 자가 고지를 하지 아니하여 상대방을 착오에 빠지게 하는 것이다.
   - 예 아파트 인근에 공동묘지가 있는 것을 분양회사가 입주자에게 고지하지 않은 것을 말하고 매수자는 부작위에 의한 사기

❹ **작위 · 부작위**
- **작위**: 법적으로 금지된 것을 적극적으로 행위하는 것을 말한다.
- **부작위**: 법적으로 기대되는 할 일을 소극적으로 하지 않는 것을 말한다.

로 계약을 취소하거나 취소를 하지 않고 불법행위를 이유로 손해배상을 청구할 수도 있다.

(2) 기망의 위법성

① 일반적으로 상품의 선전광고에 있어 '다소의 과장광고, 허위'가 수반되는 것은 일반 상거래의 관행과 신의칙에 비추어 시인될 수 있는 한 위법성이 없다(대판 2001.5.29, 99다55601).

② **상가의 수익률을 『다소 과장광고』한 경우:** 분양회사가 상가를 분양하면서 첨단오락타운을 조성하여 일정한 수익률을 보장한다는 다소 과장광고를 하는 것은 위법한 기망행위가 아니므로 사기로 취소할 수 없다.

③ 사기로 취소하려면 거래에서 '중요한 사항에 관한 구체적 사실'을 거래상 신의성실의 의무에 비추어 비난받을 정도의 방법으로 '허위로 고지'할 때 성립하는데 연립주택의 평형을 다소 과장하여 광고한 행위는 사회적으로 용인될 수 있는 상술의 정도를 넘은 위법한 기망행위에 해당하지 않는다.

03 의사표시의 효력발생 ★

제111조【의사표시의 효력발생시기】
① 상대방이 있는 의사표시는 상대방에게 도달한 때에 그 효력이 생긴다.
② 의사표시자가 그 통지를 발송한 후 사망하거나 제한능력자가 되어도 의사표시의 효력에 영향을 미치지 아니한다.

제112조【제한능력자에 대한 의사표시의 효력】 의사표시의 상대방이 의사표시를 받은 때에 제한능력자인 경우에는 의사표시자는 그 의사표시로써 대항할 수 없다. 다만, 그 상대방의 법정대리인이 의사표시가 도달한 사실을 안 후에는 그러하지 아니하다.

제113조【의사표시의 공시송달】 표의자가 과실 없이 상대방을 알지 못하거나 상대방의 소재를 알지 못하는 경우 의사표시는 「민사소송법」 공시송달의 규정에 의하여 송달할 수 있다.

용어 & 참고

❶ 위법성
법 질서에 어긋나는 것을 말한다.

❷
의사표시에 아무 영향이 없다는 뜻이다.

용어 & 참고

핵심 도달주의 구조

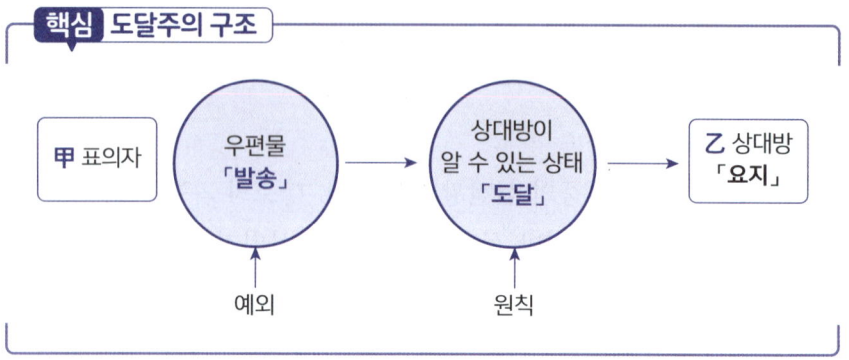

1. 도달주의

(1) 의의
① 의사표시의 내용을 객관적으로 알 수 있는 상태를 말한다.
② 통지내용을 현실적으로 수령하거나 내용을 알았음을 요하지 아니한다.
③ 상대방이 귀를 막고 수령을 거절하여도 의사표시 도달의 효력이 생긴다.

(2) 도달의 입증책임
① 의사표시를 보낸 표의자가 도달의 입증책임을 부담한다.
② **보통우편으로 발송 후 반송되지 않은 때:** 도달로 추정되지 않는다.
③ **등기우편으로 발송 후 반송되지 않은 때:** 도달의 효력이 생긴다.

(3) 표의자가 의사표시를 「발신한 후」「사망하거나 제한능력자로 된」 경우 의사표시의 효력에 영향을 미치지 아니한다(의사표시는 유효하다는 의미).

2. 공시송달

(1) 요건
표의자가 과실 없이 상대방을 알지 못하거나 상대방의 소재를 알지 못하는 경우 의사표시는 「민사소송법」 공시송달의 규정에 의하여 송달할 수 있다.

(2) 효력
법원게시판에 게시한 후 2주가 경과하면 도달된 것으로 본다.

CHAPTER 5 대리

01 대리제도

1. 대리제도 ★

(1) 대리(代理)의 개념

본인을 대신하여 대리인이 의사표시를 하거나 수령하고 그로 인한 법률효과는 대리인이 아니라 본인에게 귀속하는 것

+ 비교

사자(使者): 부탁을 받고 심부름하는 사람. 타인의 완성된 의사표시를 전달하는 자

(2) 수권행위(授權行爲)

① **개념:** 본인이 대리인에게 대리권을 수여하는 행위(대리권한을 수여하는 것)이다.

② **방식:** 아무런 방식을 요하지 않으므로 불요식 행위이나 대리권을 수여한 증거로 위임장을 작성, 교부하는 것이 보통이다.

③ **발생원인:** 임의대리는 본인의 대리인이 될 자에게 대리권을 수여하여 대리권이 발생하나 법정대리는 법률의 규정으로 대리권이 발생한다.

용어 & 참고

2. 대리권(권한)

(1) 대리권의 범위 ★

대리권의 범위가 불분명한 경우 대리인의 처리범위는?

> 제118조 【대리권의 범위】 권한을 정하지 아니한 대리인은 다음 각 호의 행위만을 할 수 있다.
> 1. 보존행위
> 2. 대리의 목적인 물건이나 권리의 성질을 변하지 아니하는 범위에서 그 이용 또는 개량하는 행위

사례 따라잡기

연예인 甲은 매니저인 형에게 "형이 알아서 해줘"라고 하면서 범위를 정하지 아니한 채 은행예금 10억원과 아파트, 토지를 맡겨놓았다.
1. 매니저가 위임받은 아파트에 대하여 처리할 수 있는 범위는 어디까지인가?
2. 매니저가 10억원의 예금에 대하여 처리할 수 있는 범위와 처리할 수 없는 범위는 어디까지인가?

① **보존행위와 이용, 개량행위(성질이 변하지 않는 범위에서)**
  ㉠ **보존행위:** 현상태를 보존하고 유지하는 행위를 말한다.
    예 가옥의 보일러를 보존하려고 수선하는 일은 물건을 보존시키는 일이고, 빌려준 금전채권의 소멸시효를 중단하게 하려고 채무자의 재산에 가압류조치를 하는 것은 채권을 보존하는 일이다.
  ㉡ **이용, 개량행위:** 물건을 이용하거나 건물로 임대수익을 올리는 행위를 말한다.
② **대리권한에 포함되는 경우**
  ㉠ 판례에 따르면 토지매각의 대리권수여는 중도금이나 잔대금을 수령할 권한을 포함한다(대판 1994.2.8, 93다39379).
  ㉡ 매매계약의 체결과 이행에 관하여 포괄적으로 대리권을 수여받은 대리인은 특별한 사정이 없는 한 약정된 대금지급기일을 연기해 줄 권한도 갖는다.

(2) 대리권의 제한 ★

> 제124조【자기계약❶, 쌍방대리❷의 금지】 대리인은 본인의 허락이 없으면 본인을 위하여 자기와 법률행위를 하거나, 동일한 법률행위에 관하여 당사자 쌍방을 대리하지 못한다. 그러나 채무❸의 이행은 할 수 있다.

① **원칙:** 대리인은 본인의 허락 없이는 자기계약, 쌍방대리가 금지된다.
② **예외**
  ㉠ 다툼이 없는 채무의 이행(변제기 도래한 채무를 변제하는 것)
  ㉡ 법무사가 매도인과 매수인 쌍방을 대리하여 등기신청

(3) 대리권의 소멸 ★

> 제127조【대리권의 소멸사유】 대리권은 다음 각 호의 어느 하나에 해당하는 사유가 있으면 소멸된다.
> 1. 본인의 사망
> 2. 대리인의 사망, 성년후견의 개시 또는 파산

① **임의대리, 법정대리 공통의 소멸사유:** 본인(사망뿐), 대리인(사망, 성년후견의 개시, 파산)
② **임의대리만의 특유한 소멸사유:** 원인된 법률관계의 종료, 수권행위의 철회

3. 대리행위

(1) 현명주의

> 제114조【대리행위의 효력】 ① 대리인이 그 권한 내에서 본인을 위한 것임을 표시한 의사표시는 직접 본인에게 대하여 효력이 생긴다.
> 제115조【본인을 위한 것임을 표시하지 아니한 행위】 대리인이 본인을 위한 것임을 표시하지 아니한 때에는 그 의사표시는 자기를 위한 것으로 본다.

① **개념:** 대리인이 대리행위를 함에는 타인(본인)을 위한 것임을 표시하여 대리행위효과의 귀속을 받을 사람을 상대방에게 표시하여야 한다는 주의(위임장의 제시)이다.

용어 & 참고

❶ 자기계약
예컨대, 甲의 대리인이 한편으로는 甲을 대리하면서 다른 한편으로는 자기 자신의 지위에서 계약하는 일을 말한다.

❷ 쌍방대리
한 사람이 동시에 양쪽의 대리인이 되어 계약하는 일을 말한다.

❸ 다툼이 없는 채무를 말한다.

용어 & 참고

② **방법**: 위임장을 교부하는 방식으로 드러난다.

위임장

본인 甲은 본건 X토지[인천시 강화군 장화리 소재]에 대한 매매계약체결 권한을 수임인 乙에게 위임함을 확인합니다.

위임인	주소	서울시 서초구 서초동 401번지
	성명	이위임 [서명란]
	HP	010-7777-XXXX

수임인	주소	경기도 안산시 반월동
	성명	박수임 [서명란]
	주민번호	XXXXXX-XXXXXXX
	HP	010-2232-XXXX

---

❶ **본다**
의제한다고 표현하고, 법조문에는 '~로 본다'고 표현한다.

❷ **추정**
반증(반대되는 증거)이 있을 때까지는 법률에서 규정한 그대로 효과가 발생하지만 반증이 있으면 추정력이 깨진다.

③ **현명하지 않은 행위**: 대리인 자신을 위한 것으로 본다(간주).❶ 이는 추정❷이 아니다.

(2) 대리행위의 하자 ★

> 제116조 【대리행위의 하자】 ① 의사표시의 효력이 의사의 흠결, 사기, 강박 또는 어느 사정을 알았거나 과실로 알지 못한 것으로 인하여 영향을 받을 경우에 그 사실의 유무는 대리인을 표준하여 결정한다.

① 대리행위의 하자가 있는지 여부의 표준은? 대리인이 표준이다.
② 대리행위의 하자로 인한 원상회복책임, 손해배상책임은 누구에게 있나? 본인이다.

(3) 대리행위의 효과 귀속

① 대리인이 행한 법률행위의 효과는 대리인이 아니라 본인에게 귀속한다.
② 대리인의 계약불이행으로 인한 경우 상대방의 계약해제로 인한 원상회복의무와 손해배상책임도 본인에게 귀속한다.
③ 대리인이 상대방으로부터 매매대금을 수령하고 본인에게 전달하지 않은 경우, 상대방의 대금지급의무는 [존속한다/**소멸한다**].

02 복대리(複代理) ★

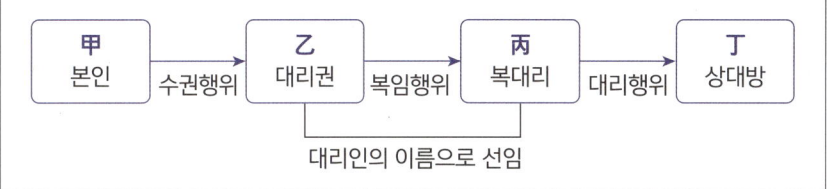

사례 따라잡기

甲회장은 민사사건의 소송을 거액의 돈을 주고 乙변호사에게 위임하였다. 그런데 乙은 중대한 질병으로 수술을 받게 되자 丙변호사를 복대리로 선임하였다.

1. 丙은 누구의 대리인 역할을 하는가?
   복대리인은 본인(甲회장)의 대리인이다.

2. 乙변호사가 丙변호사를 복대리인으로 선임한 경우 乙의 대리권은 소멸하는가?
   대리인이 복대리인을 선임하여도 대리인의 대리권한은 소멸하지 아니한다.

3. 甲회장으로부터 대리권한을 위임받은 乙변호사는 임의로 甲회장의 승낙 없이 복대리로 丙변호사를 선임할 수 있는가, 없는가?
   임의대리인은 본인의 승낙이나 부득이한 사유 없이는 복대리인을 선임할 수 없다(제120조).

1. 복대리의 개념 및 성질

① 복대리는 대리인이 대리인의 이름으로 선임한 자를 말한다.
② 복대리는 본인의 대리인이다.
③ 복대리는 언제나 임의대리인이다.
④ 대리인이 복대리인을 선임한 뒤에도 대리권은 소멸하지 않는다.

❶ 대리인이 선임하였어도 대리인의 대리인이 아니다.

❷ 법률이 아닌 대리인이 선임하니까 임의대리인이다.

용어 & 참고

❶ 복임권
대리인이 복대리를 선임할 수 있는 권한

2. 복임권❶

제120조【임의대리인의 복임권】대리권이 법률행위에 의하여 부여된 경우에는 대리인은 본인의 승낙이 있거나 부득이한 사유있는 때가 아니면 복대리인을 선임하지 못한다.

제121조【임의대리인의 복대리인선임의 책임】① 전조의 규정에 의하여 대리인이 복대리인을 선임한 때에는 본인에게 대하여 그 선임감독에 관한 책임이 있다.

제122조【법정대리인의 복임권과 그 책임】법정대리인은 그 책임으로 복대리인을 선임할 수 있다. 그러나 부득이한 사유로 인한 때에는 전조 제1항에 정한 책임만이 있다.

임의대리	① 원칙: 복임권이 없다. ② 예외: 본인의 승낙, 부득이한 사유	⇨ 선임, 감독상의 책임
법정대리	① 원칙: 언제나 복대리인을 선임할 수 있다. ② 예외: 부득이한 사유로 선임한 때	⇨ 무과실 책임❷ ⇨ 선임, 감독상의 책임

❷ 과실 · 무과실 책임
1. 과실 책임
   - 행위자의 귀책사유(책임을 귀속시켜야 할 잘못)가 있을 때 그로 인하여 발생한 손해에 대해서 책임을 진다.
   - 「민법」은 과실 책임이 원칙이다.
2. **무과실 책임**: 손해를 발생시킨 행위자의 고의나 과실여부에 상관없이 모든 결과에 대하여 책임을 부담한다.

03 무권대리(無權代理) ★

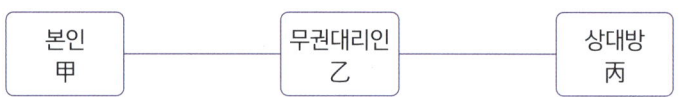

+ **개념** 대리권 없는 자가 위임장을 조작하여 타인의 대리인으로 한 계약을 말한다. 이는 본인의 추인 유무에 따라 달라지므로 불확정 무효이다.
  - **예** 甲 소유의 땅 약 3,000m²를 아들 乙이 위임장을 조작하여 甲의 이름으로 丙에게 10억원에 매각한 경우

1. 본인의 추인권

❸ 추인
= 추후 승인

제130조【무권대리】대리권 없는 자가 타인의 대리인으로 한 계약은 본인이 이를 추인❸하지 아니하면 본인에 대하여 효력이 없다.

제132조【추인, 거절의 상대방】추인 또는 거절의 의사표시는 상대방에 대하여 하지 아니하면 그 상대방에 대항하지 못한다. 그러나 상대방이 그 사실을 안 때에는 그러하지 아니하다.

제133조【추인의 효력】추인은 다른 의사표시가 없는 때에는 계약시에 소급하여 효력이 생긴다. 그러나 제3자의 권리를 해하지 못한다.

(1) 추인의 의의

무권대리행위를 본인이 추후에 승인하여 본인에게 법률효과가 발생하게 하는 것을 말한다.

(2) 추인의 방법

상대방의 승낙 없이 일방적으로 통보한다(형성권). 추인은 의사표시로서 본인이 명시적으로 추인하거나 묵시적❶으로 추인할 수 있다.

- 예 무권대리인 乙이 토지매각대금을 본인에게 건네준 것을 본인이 이를 알고, 긴 한숨을 쉬며 말없이 수령한 것은 본인이 무권대리행위를 묵시적으로 추인한 셈이다.

(3) 추인의 상대방

① 추인은 무권대리인, 무권대리의 상대방에게도 할 수 있다.

② 무권대리행위의 추인 또는 거절의 의사표시는 '상대방에게 하지 아니하면' 그 상대방에게 대항하지 못한다. 그러나 상대방이 이를 안 때는 그러하지 아니하다.

+ **조문분석** 본인이 무권대리행위를 무권대리인에게 추인한 경우(즉, 상대방에게 추인하지 아니한 경우) 본인은 상대방에게 추인이 있었음을 주장하는가? 무권대리인이 상대방에게 추인이 있었음을 전달하여 상대방이 이런 사정을 알게 되면, 본인은 추인있었음을 상대편에게 대항할 수 있다.

(4) 추인의 시기

상대방이 철회하기 전까지 가능하다.

(5) 추인의 효과

추인한 때부터가 아니라 계약 성립 당시로부터 소급하여 무권대리행위는 유효다.

2. 상대방의 철회권, 최고권

제134조 【상대방의 철회권】 대리권 없는 자가 한 계약은 본인의 추인이 있을 때까지 상대방은 본인이나 그 대리인에 대하여 이를 철회할 수 있다. 그러나 계약 당시에 상대방이 대리권 없음을 안 때에는 그러하지 아니하다.

제131조 【상대방의 최고권】 대리권 없는 자가 타인의 대리인으로 계약을 한 경우에 상대방은 상당한 기간을 정하여 본인에게 그 추인 여부의 확답을 최고할 수 있다. 본인이 그 기간 내에 확답을 발하지 아니한 때❷에는 추인을 거절한 것으로 본다.

용어 & 참고

❶ **묵시적**
직접적으로 말로 표현하지 않고 은연 중에 드러내 보이는 것을 말한다.

❷
발신주의

CHAPTER 6 무효와 취소

용어 & 참고

01 서론

무효와 취소의 개념

구분	무효	취소
사례	甲이 자식 A가 아닌 자신을 간병해주는 요양보호사 乙에게 X토지를 증여한다는 각서를 작성하였으나 중증치매로 의사무능력 상태인 경우	미성년자 甲이 아버지의 골프채를 매매하는 계약을 2백만원에 乙과 체결한 경우
효력상 차이	처음부터 효력이 없다.	일단 매매계약은 유효하나 취소하면 처음부터 무효로 본다.
시간상 차이	언제든지 무효를 주장할 수 있다.	계약일로부터 10년 내에 행사하여야 한다.
반환 의무	부당이득반환하여야 한다.	부당이득반환하여야 한다.

02 무효

1. 무효의 개념

(1) 어떤 원인 때문에 법률행위의 내용에 따른 법률효과가 처음부터 생기지 않는 것을 말한다.

(2) 법률행위의 성립요건(계약은 체결함)을 갖추었으나 효력요건(적법성, 타당성)을 갖추지 못하여 처음부터 효력이 없는 것을 말한다.

(3) 쌍방에게 처음부터 채권, 채무가 존재하지 않으므로 계약위반에 따른 채무불이행을 원인으로 손해배상을 청구할 수 없다.

2. 무효의 사례

(1) 의사무능력자의 계약
- 예) 중증치매상태에서 재산권을 증여한다는 계약은 무효이다(효력이 없다).

(2) 제103조(반사회적인 법률행위), 제104조 위반(불공정한 계약)
- 예) 甲의 궁박을 이용하여 乙이 토지를 헐값에 매매계약을 체결하여 폭리를 취한 경우

(3) 통정허위표시
- 예) 甲 소유의 집을 乙과 통정하여 매매를 가장하여 소유권이전등기를 경료한 때

3. 무효의 종류

> **사례 따라잡기**
>
> 1. **절대적 무효와 상대적 무효 ★**
>   ① **절대적 무효**: 모든 사람에게 주장할 수 있는 무효를 말한다(제103조 · 104조).
>
>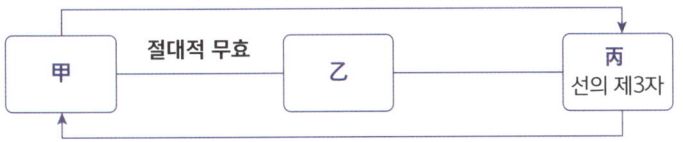
>
>   ② **상대적 무효**: 당사자간에는 무효이나 선의의 제3자에게 무효를 대항하지 못한다.
>
>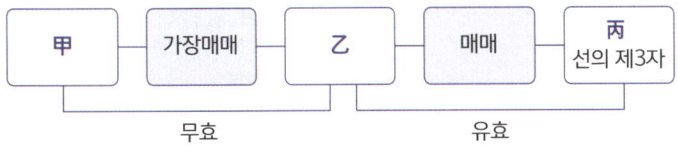
>
> 2. 일부무효와 전부무효
>   ① **원칙**: 법률행위의 일부가 무효인 때에는 특별한 사정이 없는 한 전부를 무효로 한다.
>   ② **예외**: 특별한 사정(분할 가능성이 있고 나머지만이라도 거래하려는 특별한 사정)이 있을 때는 전부무효가 아니라 나머지는 유효로 한다.

용어 & 참고

용어 & 참고

3. **확정적 무효와 유동적 무효** ★
   ① **확정적 무효**: 처음부터 무효로 효력이 확정되어 있는 무효를 말한다.
      예 가장매매하여 허위로 체결한 계약, 불공정한 법률행위 등
   ② **유동적 무효**: 토지거래허가구역 내에서 허가받는 것을 전제조건으로 토지를 매매한 경우 관청의 허가를 얻으면 매매계약은 유효로 되고, 불허가된 때는 무효로 되므로 허가 전의 매매계약은 미완성의 법률행위로서 유동적 무효라고 한다.

03 취소

1. 취소의 개념

유효한 법률행위를 취소하여 처음부터 무효로 뒤집어버리는 것을 말한다.

> **사례 따라잡기**
>
> 1. **절대적 취소**
>   甲이 골프채를 매수인 乙과 매매하고 乙이 골프채를 제3자 丙에게 양도한 것을 甲이 '미성년을 원인'으로 취소하여 되찾아오는 것(甲 소유로 귀속)
>
> 2. **상대적 취소**
>   甲이 乙의 사기로 토지 약 1,500m²를 헐값에 매각하고 乙은 이를 모르는 제3자 丙에게 그 땅을 매각한 경우 甲이 '사기를 원인'으로 乙에게 계약을 취소하나 선의의 제3자에게 도로 찾아오지 못하는 것(丙 소유로 귀속)

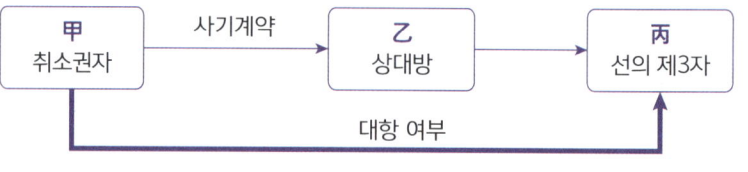

2. 취소권 ★

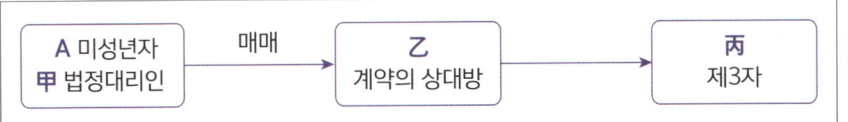

(1) 취소권자는 누구인가?

① 제한능력자
② 법정대리인
③ 사기, 강박, 착오로 의사표시한 자
④ 그의 상속인

(2) 취소권의 상대방은 누구인가?

'그 계약의 상대방'이다. 상대방으로부터 목적물을 양수한 제3자가 아니다.

3. 취소권의 행사

(1) 취소권은 취소권자의 일방적인 의사표시로 하며 이를 형성권이라 한다(취소권, 해제권, 추인권 기타).

(2) 취소한다는 의사표시는 명시적이어도 되고 묵시적으로도 할 수 있다.

  ✚ **주의** 보통은 증거자료를 확보하기 위하여 서면으로 하지만 반드시 서면으로 하여야 하는 것은 아니다.

(3) 취소권의 존속기간은 언제까지인가?

① 취소권은 추인할 수 있는 날로부터 3년, 법률행위시로부터 10년 내❶에 행사하여야 한다.
② 甲이 乙에게 사기를 당하여 甲 소유 토지를 2010년 1월에 매매계약을 체결한 때
  ㉠ 「계약체결일」로부터 10년 이내에 취소하여야 한다.
  ㉡ 『사기당한 사실을 안 날(2015년 1월)』로부터 3년 내에 취소할 수 있다.

❶ **제척기간**

권리의 존속기간을 법률로 정해 놓은 것으로, 법률관계를 조속히 확정지으려는 취지이다.

용어 & 참고

4. 취소의 효과

(1) 처음부터 소급하여 무효

취소한 법률행위는 취소한 때부터가 아니라 '처음부터' 무효로 본다.

예 甲이 2010년에 계약을 체결하고 나서 2013년에 사기를 원인으로 취소를 하면 계약은 취소한 날(2013년)이 아니라 계약일(2010년)로 소급해서 소멸하여 무효로 된다.

(2) 부당이득❶반환의무

매매계약이 취소되면 매도인은 매매대금의 반환의무를 부담하고, 매수인은 매매목적물의 반환의무를 부담한다.

(3) 반환 범위

① **선의인 경우:** '이익이 현존하는 한도'에서 반환의무를 부담한다.
② **악의인 경우:** '받은 이익 전부'에 이자를 붙여 반환하고 손해까지 배상한다.
③ **제한능력자의 반환 특칙**
  ㉠ **악의여도 현존한도로 반환:** 제한능력자는 '선의·악의를 묻지 않고' 취소된 법률행위로 인하여 받은 '이익이 현존하는 한도'에서 반환하면 된다.
  ㉡ **유흥비로 소비한 경우:** 이익은 현존하지 않으므로 반환할 필요가 없다.

❶ **부당이득**
법률상 원인 없는 이득을 말한다.

CHAPTER 7 조건과 기한

01 조건과 기한의 개념

용어 & 참고

```
계약은 체결         부관              불확실(조건)
  2010년    →    나중에      →    
              효력발생          확실(기한)
```

> **사례 따라잡기**
>
> 甲이 처와 이혼하면서 위자료로 논현동 소재의 X건물과 양평 소재 Y토지를 5살짜리 자신의 딸 乙에게 증여한다는 각서를 작성하면서 다음과 같이 특약사항을 삽입하였다.
>
> 1. '乙이 결혼하면 위 건물의 소유권을 이전하기로 한다.' 나중에 乙의 결혼 여부는 위 증여계약의 성립요건인가 효력발생요건인가?
>   乙의 결혼 여부는 증여계약의 효력발생요건이다. 또 결혼을 할지 말지 여부는 불확실한 사실로서 조건부 계약이다.
> 2. '乙이 성년이 되면 위 토지의 소유권을 이전한다.' 乙의 성년이 되느냐 여부는 조건부인가 기한부인가?
>   乙이 성년이 되는 것은 장래의 확실한 사실로서 기한부 계약이다.

1. 조건

계약은 체결하였으나 계약의 효력발생 여부를 장래의 '불확실한 사실'에 좌우하는 부관❶을 말한다.

❶ **부관**
법률행위의 효력을 규제하고자 특약으로 덧붙인 것을 말한다.

2. 기한

계약은 체결하였으나 계약의 효력발생 여부를 장래의 '확실한 사실'에 좌우하는 부관을 말한다.

용어 & 참고

02 조건의 종류

> 제147조 【조건성취의 효과】
> ① 정지조건 있는 법률행위는 조건이 성취한 때로부터 그 효력이 생긴다.
> ② 해제조건 있는 법률행위는 조건이 성취한 때로부터 그 효력을 잃는다.
>
> 제151조 【불법조건, 기성조건】
> ① 조건이 선량한 풍속 기타 사회질서에 위반한 것인 때는 그 법률행위는 무효로 한다.
> ② 조건이 법률행위의 당시 이미 성취한 것인 경우에는 그 조건이 정지조건이면 조건 없는 법률행위로 하고 해제조건이면 그 법률행위는 무효로 한다.

❶ 기성조건

1. 정지조건 ★

조건이 성취되면 법률행위의 효력이 생긴다(계약이 유효로 된다).

> **사례 따라잡기**
>
> 새 아빠 甲이 딸인 乙에게 "네가 혼인하면 건물을 증여한다."라고 약정한 때
> 1. 혼인하면(정지조건이 성취되면) ⇨ 건물 증여의 효력이 생긴다(유효).
> 2. 혼인하기 전(정지조건 성취 전) ⇨ 건물 증여의 효력이 정지된다.
> 3. 조건의 성취사실은 누가 입증하는가? ⇨ 증여의 효력을 주장하는 자

2. 해제조건 ★

조건이 성취되면 법률행위의 효력을 잃는다(계약이 무효로 된다).

> **사례 따라잡기**
>
> 甲 소유 땅을 乙과 매매계약하면서 "건축허가를 받지 못하면 토지매매는 무효로 한다."라고 약정한 때
> 건축허가를 받지 못하면(해제조건이 성취되면)
> ⇨ 허가를 받지 못한 때부터 매매의 효력을 잃는다(무효로 처리된다).

3. 불법조건 ★

계약을 체결하면서 특약한 조건이 선량한 풍속 기타 사회질서에 위반한 것인 때는 조건도 무효이고 법률행위도 무효이다.

예 甲이 乙에게 10억원을 증여한다고 하면서 그 조건으로 "마약 1kg을 밀수해오면 송금해주겠다."라고 하였다.

4. 조건성취의 효력

(1) 정지조건 있는 법률행위는 조건이 성취된 때부터 '효력이 생긴다.'

(2) 해제조건 있는 법률행위는 조건이 성취된 때부터 '효력을 잃는다.'

> **핵심** 소멸시효와 제척기간의 법리 이해
>
> 1. 소멸시효(消滅時效)
>   ① **개념**: 권리자가 자신의 권리를 행사할 수 있음에도 불구하고 일정 기간 동안 권리를 행사하지 아니하는 경우에 그 권리를 소멸하는 제도. 즉, 권리 불행사가 일정 기간 계속되면 권리를 소멸시켜버리는 것을 말한다.
>   ② **유래**: 로마법상 권리 위에 잠자는 자는 보호하지 않는다.
>   ③ **소멸시효의 중단**
>   ㉠ **개념**: 시효의 진행 중에 시효의 기초가 되는 사실상태의 계속이 중단되는 사실이 있을 때 소멸시효기간의 진행을 중단시키는 것을 말한다.
>   ㉡ **시효중단의 효력**: 시효가 중단되면 이미 진행된 시효기간은 전부 효력을 상실하고 중단사유가 종료한 때로부터 다시 시효기간을 계산하게 된다.
>   ㉢ **시효중단의 사유**
>   - **재판상 청구를 한 때**: 민사소송을 제기한 때, 법원에서 지급명령을 받은 때, 최고장을 보내고 6월 내에 소를 제기하거나 강제집행 등의 강력한 조치를 취한 때
>   - **채무자의 재산에 압류, 가압류, 가처분을 한 때**: 채무자의 집이나 차, 월급, 전세보증금에 가압류를 한 경우
>   - **채무자가 채무를 승인한 때**: 시효이익을 받을 채무자가 상대방의 권리의 존재를 인정하는 뜻을 표시한 경우(**예** 채무자가 돈 받으러 찾아온 채권자에게 지불각서를 써준 경우)

용어 & 참고

✚ **사례** 소비대차로 생긴 채권의 소멸시효

소비대차로 친구에게 빌려준 금전채권은 10년이 경과할 때까지 받아내지 아니하고 그대로 방치해두고 있으면 소멸시효로 소멸한다. 즉, 빌려준 돈을 법으로 받아낼 수 없다는 뜻이다. 이때 대여금 채권자가 10년이 경과하기 전에 채무자의 재산에 압류, 가압류, 재판상 청구를 하면 빌려준 금전채권은 소멸시효가 중단되므로 받을 돈의 소멸시효는 중단된다.

2. 제척기간(除斥期間)
   ① 개념: 어떤 권리에 대하여 법률이 예정한 권리의 존속기간을 말한다. 이 기간이 지나면 권리가 소멸된다.
      예 사기를 당해서 토지를 매수한 자의 취소권은 계약일로부터 10년간 존속하고 10년이 경과한 때 제척기간으로 소멸한다. 이 10년의 기간이 진행하는 동안에 제척기간의 중단이 없다.
   ② 소멸시효와 제척기간의 차이

소멸시효	기간 진행 중에 소멸시효의 중단이 인정된다.	당사자가 시효완성을 주장해야 인정된다.
제척기간	기간 진행 중에 제척기간의 중단이 인정되지 않는다.	당사자가 주장하지 않아도 법원이 직권으로 고려한다.

3. 출소기간(出訴期間)
   소송을 제기할 수 있는 기간을 말한다. 점유자가 점유를 침탈당한 때는 침탈당한 날로부터 1년 내에 점유물반환소송을 제기하여야 한다(제204조).

기출 키워드선택 바로가기

land.Hackers.com

핵심개념

CHAPTER 1 총론
- 1물1권주의 원칙 ★
- 물권법정주의(제185조) ★
- 관습법상 인정되는 물권 ★
- 물권적 청구권 ★
- 등기의 공신력
- 등기청구권 ★
- 가등기 ★
- 등기의 추정력

CHAPTER 2 점유권
- 직접점유와 간접점유 ★
- 점유의 추정력 ★
- 자주점유 ★
- 타주점유 ★
- 점유보호청구권 ★

CHAPTER 3 소유권
- 주위토지통행권 ★
- 부동산의 점유취득시효 ★
- 소유물반환청구권 ★
- 공유물 이용관계 ★

CHAPTER 4 지상권
- 분묘기지권 ★
- 관습법상 법정지상권 ★

CHAPTER 5 지역권
- 시효취득 ★
- 지역권의 특성 ★

CHAPTER 6 전세권
- 전세권의 효력 ★

CHAPTER 7 유치권
- 유치권의 성립요건 ★
- 유치권자의 권리와 의무(효력) ★

CHAPTER 8 저당권
- 저당권의 효력 ★

PART 2
물권법

- **CHAPTER 1**   총론
- **CHAPTER 2**   점유권
- **CHAPTER 3**   소유권
- **CHAPTER 4**   지상권
- **CHAPTER 5**   지역권
- **CHAPTER 6**   전세권
- **CHAPTER 7**   유치권
- **CHAPTER 8**   저당권

CHAPTER 1 총론

01 물권(物權)의 개념

1. 배타적 지배권

물권❶은 '물건을 배타적으로 직접 지배'하는 권리이다. 따라서 자기 물권의 존재가 외부로 공시되어야 하는데 부동산은 등기로, 동산은 점유로 공시한다.

2. 절대권❷

물권은 모든 사람에 대하여 주장할 수 있는 권리로 계약당사자뿐만 아니라 모든 사람에게 효력이 있다(대세효). 즉, 제3자에게 대항력이 있다.

3. 양도성(처분권 보장)

물권은 물권자가 일반적으로 처분, 양도할 수 있음이 원칙이다.

4. 강행규정성

물권에 관한 규정은 당사자뿐만 아니라 모든 사람에게 영향을 미치게 되므로 당사자가 임의로 내용을 정할 수 없도록 하여 강행규정으로 됨이 원칙이다.

용어 & 참고

❶ 물권
특정한 물건을 직접 배타적으로 지배하는 권리를 말한다.

❷
대세효 = 제3자에 대항력 있다.

물권	채권
배타적 지배	급부청구권
절대권	상대권
처분권 보장	처분 제한
강행규정	임의규정

02 물권의 객체

1. 특정·독립한 물건(物件)

(1) 물건(物件)의 개념

물건이란 유체물 및 전기 기타 관리할 수 있는 자연력을 말한다(제98조).

(2) 물건의 분류

① 동산(動産)과 부동산(不動産)

부동산	동산	의제 부동산
토지와 토지의 정착물 (제99조)	부동산 이외의 물건 예 핸드폰, 반지, 골프채	자동차, 선박, 항공기
부동산은 등기로 공시함	동산은 점유로 공시함	자동차는 등록으로 공시함

② 원물과 과실
- ㉠ **원물**: 어떤 수익물을 얻을 수 있는 근원이 되는 물건을 말한다.
  - 예 사과를 얻을 수 있는 사과나무
- ㉡ **과실(果實)**: 원물에서 생기는 이익을 말한다.
  - 예 사과나무에서 얻은 사과(천연과실), 건물에서 얻은 집세(법정과실)

2. 1물1권주의 원칙 ★

(1) 개념

하나의 물건에는 '양립할 수 없는' 두 개의 물권이 성립할 수 없다는 원칙이다.

(2) 원칙

하나의 물건에 두 개의 소유권이 양립할 수 없다.

(3) 예외

부동산의 일부에 용익물권(지상권, 지역권, 전세권)은 성립할 수 있다.

용어 & 참고

03 물권의 종류

1. 물권법정주의(제185조) ★

> 제185조 【물권의 종류】 물권은 법률 또는 관습법에 의하는 외에는 임의로 창설하지 못한다.

(1) 물권은 법으로 정한 대로 하여야 한다(마음대로 창설하지 마라 = 계약 자유가 부인). 여기서 말하는 법은 국회가 제정한 형식적 의미의 법률을 말하므로 명령이나 규칙으로는 새로운 물권을 창설하지 못한다.

(2) 물권법은 대부분이 강행규정(법대로 해라)으로 구성되어 있다.

2. 물권의 분류

(1) 민법전(民法典)에 규정된 물권(8개 물권)

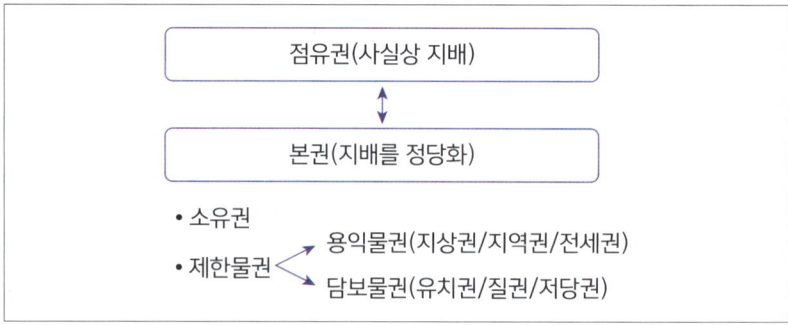

(2) 관습법상 인정되는 물권 ★

① **분묘기지권(墳墓基地權):** 남의 토지에 분묘를 설치하고 20년 이상 분묘를 관리해온 자는 관습법에 의하여 등기 없이 분묘의 수호를 위하여 분묘기지권을 취득한다. 분묘기지권은 모든 사람에게 주장할 수 있는 물권이므로 땅주인이 새로 변경된 때에도 땅의 새 주인이 분묘기지권자에게 분묘를 이장하라고 요구할 수 없다.

② **관습법상 법정지상권(慣習法上 法定地上權)**: 동일인의 소유이던 토지와 그 지상건물이 매매 기타 원인으로 인하여 각각 소유자를 달리하게 되었으나 그 건물을 철거한다는 등의 특약이 없으면 '건물소유자'로 하여금 토지를 계속 사용하게 하려는 것이 당사자의 의사라고 인정되는 것이므로 건물소유자는 관습법에 의하여 '등기 없이'도 당연히 취득하는 지상권을 의미한다.

> 용어 & 참고

04 물권의 효력(效力)

1. 물권의 우선적 효력

(1) 개념
'물권이 채권보다 우선하는 효력'을 말한다.

(2) 소유권과 제한물권의 관계
제한물권이 소유권보다 우선한다.

(3) 제한물권 상호간의 효력
먼저 성립한 물권이 나중에 성립한 물권보다 우선한다.
① 건물에 저당권이 먼저 성립한 뒤에 후순위전세권이 성립한 경우 건물이 경매되면 저당권자가 배당에서 1순위로 우선변제받고 2순위로 전세권자가 배당을 받는다(이때 전세권은 계약기간이 남아있어도 소멸한다).
② 전세권이 먼저 성립한 뒤에 후순위저당권이 성립한 경우 건물이 경매되면 전세권자가 배당요구를 하지 않는 한 전세권은 존속한다.

2. 물권적 청구권 ★

(1) 개념
물권자가 물권을 방해당하거나 방해당할 염려가 있을 때 반환청구, 방해의 제거, 예방을 청구할 수 있는 권리를 말한다.

용어 & 참고

❶ 준용
앞에 있는 조문을 끌어다가 씀을 의미한다.

(2) 「민법」 규정

소유권에 명문 규정	제213조 (소유물반환청구권)	제214조 (방해제거청구권)	제214조 (예방청구권)
지상권에 기한 물권적 청구권	준용❶	준용	준용
전세권에 기한 물권적 청구권	준용	준용	준용
지역권에 기한 물권적 청구권	준용하지 않음	준용	준용
저당권에 기한 물권적 청구권	준용하지 않음	준용	준용

사례 따라잡기

甲 소유의 X토지에 乙이 무단침범하여 무허가 건물을 신축한 후 기사식당으로 15년간 영업해오면서 토지소유권을 방해하고 있다.

1. 토지소유자 甲은 건축주 乙에게 건물의 철거와 퇴거청구를 할 수 있는가?
   甲은 토지소유권에 기해 건물주 乙에게 건물의 철거를 청구할 수 있다.
   甲은 토지소유권에 기해 건물주 乙에게 건물에서 퇴거청구를 할 수 없다.

2. 토지소유자 甲이 토지를 A에게 매각하였을 때에는 누가 건물의 철거를 청구할 수 있는가?
   토지소유권이 양도되면 물권적 청구권도 같이 이전한다. 따라서 토지의 전 소유자인 양도인이 아니라 토지의 현재 소유자인 양수인(A)이 건물의 철거를 청구해야 한다.

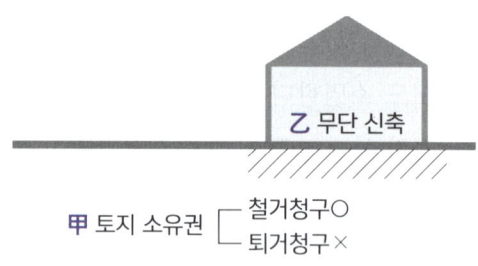

법조문 따라잡기

제213조 【소유물반환청구권】 소유자는 그 소유에 속한 물건을 점유한 자에 대하여 반환을 청구할 수 있다. 그러나 점유자가 그 물건을 점유할 권리가 있는 때에는 반환을 거부할 수 있다.

제214조 【소유물방해제거, 방해예방청구권】 소유자는 소유권을 방해하는 자에 대하여 방해의 제거를 청구할 수 있고, 소유권을 방해할 염려있는 행위를 하는 자에 대하여 그 예방이나 손해배상의 담보를 청구할 수 있다.

제204조 【점유의 회수】
① 점유자가 점유의 침탈을 당한 때에는 그 물건의 반환 및 손해의 배상을 청구할 수 있다.
② 전항의 청구권은 침탈자의 특별승계인에 대하여는 행사하지 못한다. 그러나 승계인이 악의인 때에는 그러하지 아니하다.
③ 제1항의 청구권은 침탈을 당한 날로부터 1년 내에 행사하여야 한다.

05 물권의 변동

제186조 【부동산물권변동의 효력】 부동산에 관한 법률행위로 인한 물권의 득실변경은 등기하여야 그 효력이 생긴다.

제187조 【등기를 요하지 아니하는 부동산물권취득】 상속, 공용징수❶, 형성판결, 경매 기타 법률의 규정에 의한 부동산에 관한 물권의 취득은 등기를 요하지 아니한다. 그러나 등기를 하지 아니하면 이를 처분하지 못한다.

❶ **공용징수**
= 수용

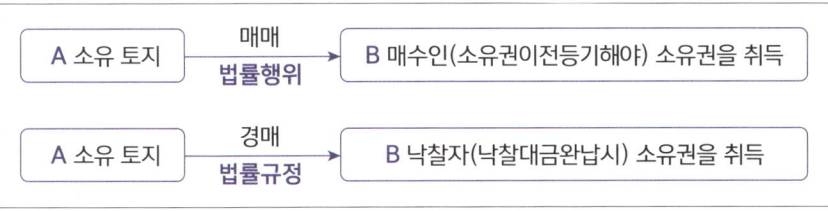

용어 & 참고

용어 따라잡기

1. **형성판결**: 민사소송에 있어서 기존의 법률관계를 변경하거나 소멸시키는 것을 가리켜 형성판결이라 한다. 예컨대 공유물분할판결이 거기에 해당한다. 이는 판결 즉시 권리변동이 발생한다.

2. **이행판결**: 원고의 주장대로 피고에게 일정한 급부의 이행을 명령하는 판결이다.
   - 예 부동산의 매도자 甲이 매수자 乙에게 잔금을 받았으나 등기를 넘겨주지 않을 때 소유권등기를 이전하라고 명하는 판결(소유권등기 이행을 명하는 판결)이다. 이는 판결 즉시 매수자에게 소유권이 발생하지 않고 따로 등기를 해야 소유권을 취득한다.

3. **강제경매**❶: 법원에서 채무자의 부동산을 압류하여 매각한 후 그 대금으로 채권자의 금전채권을 만족시키는 데 필요한 절차를 말한다. 채권자가 약속된 날까지 채권을 변제받지 못하면 법원에 소송을 제기하여 판결을 얻은 후 집행문 부여 등의 절차를 거쳐 법원에 경매신청을 하면, 법원은 채권자의 경매신청에 따라 경매개시결정을 내리고 동시에 부동산을 압류한 다음에 경매절차에 따라 부동산을 강제 매각하는 것을 말한다.
   - 예 채권자가 채무자를 상대로 승소판결을 받았는데도 채무자가 빚을 갚지 않을 때 채권자가 채무자의 부동산을 압류하고 매각하여 그 매각대금으로 빚을 받아내는 절차이다.

4. **임의경매**❷: 채무자의 채무불이행시 채권자가 담보로 제공받은 부동산에 설정한 저당권, 근저당권, 전세권, 담보가등기 등의 담보권을 실행하여 자신의 채권을 회수하는 법적절차를 말한다. 강제경매와 달리 별도의 재판을 거치지 않고 곧바로 법원에 경매신청을 할 수 있다.

❶ **강제경매**
일반채권자가 하는 경매를 말한다.

❷ **임의경매**
담보권자가 하는 경매를 말한다.

1. 공시(公示)의 원칙

(1) 개념

물권의 변동을 외부에서 알 수 있도록 '표시하라'는 원칙을 말한다.

사례 따라잡기

甲 소유 토지를 매수인 乙이 2000년 매매계약을 체결하고 대금을 모두 지불하였으나 아직 소유권이전등기를 경료하기 전의 상태에 있다.

甲 소유 토지 — 매매 → 乙 매수인(등기하기 전)

1. 부동산의 소유자는 누구인가?
   매매계약체결만으로는 소유권의 변동이 초래되지 않으며, 매수자에게 소유권등기를 경료한 때 취득하므로 등기를 이전하기 전에는 등기명의자인 매도인 甲이 소유자이다.
2. 매수인은 소유권을 매매합의를 한 때 취득하는가, 소유권등기를 한 때 취득하는가?
   소유권이전등기를 한 때 부동산을 취득한다(형식주의 원리).
3. 매수인이 잔금을 완납했으나 매도인이 등기를 넘겨주지 않는 경우 매수인의 구제방법은?
   등기를 넘겨달라는 이행소송을 제기하여 승소판결을 얻어 등기를 경료함으로써 소유권을 취득한다(일반적으로 이행소송과 처분금지 가처분 소송을 동시에 제기한다).

2. 등기의 공신력(公信力) ★

(1) 등기의 공신력이란?

등기가 실체관계에 부합하지 않더라도 등기가 진실한 것이라고 신뢰하고 거래를 한 선의의 제3자를 보호하기 위하여 등기에 기재된 대로 효력을 인정하는 것이다.

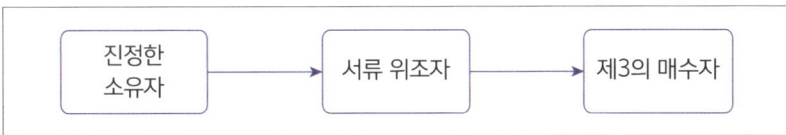

(2) 현행 「민법」의 입장

「민법」은 부동산의 등기의 공신력을 인정하지 않고 부인한다. 반대로 동산에는 점유의 공신력을 긍정함으로써 후술하는 동산의 선의취득을 인정하여 대조적이다.

(3) 제3자의 등기도 무효

부동산에서 등기의 공신력을 인정하지 않는 결과 무권리자의 등기는 무효이므로 이를 기점으로 하는 그 이후의 모든 등기는 무효로 된다. 따라서 무효인 무권리자의 등기를 진실한 것으로 제3자가 믿고 물권취득의 등기를 마쳤어도 진실한 권리자는 그 무효의 등기를 말소청구할 수 있다.

3. 등기청구권 ★

(1) 개념
부동산 매수인이 매도인에게 등기절차에 협력을 요구하는 사법상 권리이다. 주의할 것은 등기신청권은 매매당사자가 등기소에 청구하는 공법상 권리이다.

(2) 등기청구권의 소멸시효
① 매매로 인한 매수인의 등기청구권은 계약일로부터 10년의 소멸시효에 걸린다.
② 매수인이 토지를 농사지으면서 점유, 사용하면(권리행사 할 때) 소멸시효가 진행하지 않는다.

4. 등기제도 고찰

(1) 등기는 물권의 효력존속요건이 아니다.
등기는 물권의 '효력발생요건에 불과하고 효력존속요건은 아니므로' 등기가 원인 없이 불법 말소되었다 하더라도 그 물권은 소멸하지 않는다(대판 1982.9.14, 81다카923).

(2) 실체에 부합❶하는 등기
① 甲이 자녀 乙에게 실제는 증여인데 매매를 원인으로 하여 소유권이전등기를 경료한 경우 그 등기도 실체관계와 부합하므로 유효하다('증여'로 소유권이전등기를 경료하여도 乙 소유이고, '매매'를 원인으로 소유권이전등기를 하여도 乙 소유이므로 乙 명의 소유권이전등기는 등기의 발생원인을 다르게 기재한 것일 뿐 실체관계와 일치하여 유효하다).
② 甲에서 乙, 乙에서 丙으로 각 매매가 성립된 경우 관계당사자 전원의 합의 없이 이미 중간생략등기가 경료되어 버린 경우, 계약당사자들 사이에 양도계약이 적법하게 성립된 이상 그 등기는 실체에 부합하는 등기이므로 무효라고 할 수 없다(대판 1979.7.10, 79다847). 甲, 乙, 丙으로 순차적으로 이전등기를 하여도 丙이 소유자이고, 甲에서 직접 丙으로 이전등기를 하여도 丙이 소유자이므로 이는 실체에 부합하는 등기로서 유효하다.

> **용어 & 참고**
>
> ❶ 실체에 부합
> 실질관계에 일치

(3) 가등기 ★

① **의의:** 소유권 기타의 물권이나 임차권의 설정, 변경, 소멸의 청구권을 보전하기 위한 목적으로 하는 청구권보전의 가등기와 금전소비대차로 발생한 채권담보를 목적으로 하는 담보가등기(가등기담보법에서 상술함)의 두 종류가 있다.

② **가등기에 기한 본등기 전의 효력:** 가등기 상태로는 본등기를 경료하기 전까지는 아무런 실체법상의 효력이 없으므로 가등기설정자의 부동산을 처분하는 행위를 저지할 수 없고, 가등기된 부동산을 매수한 제3자에게도 가등기상태로는 대항을 할 수 없다.

③ 가등기권리자인 乙이 가등기에 기하여 본등기를 경료하면 본등기의 순위가 가등기한 때로 소급하므로 乙의 본등기의 순위가 丙의 본등기의 순위보다 앞서는 결과가 되어 제3자 丙의 건물소유권이전등기❸는 乙의 건물소유권이전등기와 양립할 수 없는 상태이므로 등기관이 '직권말소'한다(대결 1962.12.24, 4294민재항675 전합). 가등기된 부동산을 매입하면 커다란 위험이 뒤따른다는 의미다.

> **사례 따라잡기**
>
> 甲에게 빌려준 10억원의 돈을 받지 못한 乙은 甲 명의 모텔건물(시가 50억원)에 대물변제를 약속하고 乙 명의로 2010년에 가등기를 마친 상태이다. 그 후 2017년 모텔이 헐값에 매물로 나와서 丙이 20억원에 매매로 인수하였다. 가등기를 해둔 乙이 나중에 소유권이전등기(본등기)를 경료하면 모텔매수자는 어떻게 되나?
>
> 1. 가등기가 경료된 모텔건물을 매매로 인수해도 위험하지 않은가?
>   미리 가등기해둔 사람이 나중에 본등기(모텔 소유권이전등기)를 하면 가등기된 상태로 건물을 인수한 자는 모텔을 빼앗기므로 매우 위험하다.
>
> 2. 2017년 가등기를 해둔 乙이 본등기(소유권이전등기)를 마치면 물권변동의 효력은 언제 생기나?
>   가등기에 기한 본등기를 경료한 경우 물권변동의 시기는 가등기한 때로 소급하는 것이 아니라 본등기한 때부터 乙이 모텔의 소유자다. 다만, 본등기의 순위가 가등기시로 소급한다. 그 결과 모텔에 대한 소유권자가 乙과 丙 두 사람이 되는데 乙의 순위(2010년 시점)가 丙의 순위(2017년)보다 우선한다.

용어 & 참고

❶ **청구권보전의 가등기**
채권을 보전하고자 미리 해두는 등기를 말한다.

❷ 소유권이전등기

❸ 중간취득등기

용어 & 참고

3. 가등기에 기하여 본등기를 마치면 가등기와 본등기 중간에 모텔을 매수한 자의 소유권이전등기(중간취득등기)는 어떻게 되는가?
등기관이 직권으로 말소처리한다.

(4) 등기의 추정력 ★

① **개념:** 어떤 등기가 존재하면 그와 일치하는 실체적 권리관계가 존재하는 것으로 추정하는 능력을 말한다. 등기의 추정적 효력에 의하여 형식적으로 등기가 존재하기만 하면, 설령 무효의 등기라 하여도 그에 부합하는 등기부상의 권리가 실체법상으로도 존재하는 것으로 추정된다. 따라서 실체적 권리관계와 다른 사실을 주장하는 자가 이를 증거에 의하여 입증함으로써 위 등기의 추정력을 깨뜨려야 한다.

사례 따라잡기

증여자 A에서 ──등기원인(증여)──▶ 수증자 B에게로 소유권이전등기

1. 등기원인(증여)이 적법한 것으로 추정된다.
2. 현 소유자는 B로 추정받는다(증여를 다투는 A가 증여의 무효를 소송에서 입증하기 전까지 B가 적법한 소유권자로 추정된다).

② **등기원인과 절차의 적법추정:** 매매를 원인으로 매수인에게 소유권이전등기가 경료되면 등기 원인인 매매가 적법하다고 추정된다. 따라서 등기원인의 무효를 주장하는 자가 그 원인사실의 부존재를 입증하여야 한다(대판 1977.6.7, 76다3010).

CHAPTER 2 점유권

01 점유의 개념

1. 점유의 요소

점유라는 사실상 지배상태로 점유자에게 인정하는 물권, 이는 물건에 대한 본권유무와 관계없이 '사실상 지배'자에게 인정된다.

(1) 점유의 취득을 위해서 필요한 요소
　① 공간적 지배 가능성
　② 지배의 계속
　③ 타인의 간섭 배제 가능성

(2) 점유권❶과 본권❷
　① **甲 소유의 빌라를 乙이 2년간 전세로 살고 있는 경우**
　　㉠ 2년의 기간 종료 전에는 乙은 전세권이라는 본권을 보유한다.
　　㉡ 2년의 기간이 종료한 이후에도 거주하는 경우 乙의 본권은 소멸하고 점유권을 가진다.
　② **甲 소유의 강아지를 乙이 훔쳐서 점유하는 경우**
　　㉠ 乙은 본권이 없으나 점유권을 보유한다.
　　㉡ 乙은 점유 중인 강아지를 제3자가 무단히 가져가면 점유권에 기하여 반환을 청구할 수 있다(제204조 점유보호청구권).

용어 & 참고

❶ 점유권
점유라는 사실을 법률요건으로 하여 점유자에게 인정되는 물권의 일종이다.

❷ 본권(本權)
점유하는 것을 법률상 정당하게 하는 권리를 말한다.

용어 & 참고

❶ 간접점유

임대차관계를 매개로 하여 임차인이 하는 점유는 직접점유라고 하고 임대인이 임차인을 통하여 하는 점유를 간접점유라고 한다.

2. 점유의 관념화

(1) 직접점유와 간접점유 ❶ ★

> 제194조【간접점유】지상권, 전세권, 질권, 사용대차, 임대차, 임치 기타의 점유매개관계로 타인으로 하여금 물건을 점유하게 한 자는 간접으로 점유권이 있다.

① 甲 소유의 토지를 임대차를 매매관계로 하여 임차인 乙이 점유하는 경우, 임차인은 직접점유자이고 임대인은 간접점유한다.

② 전대차관계의 경우

　㉠ 전차인의 점유는 타주점유이고, 직접점유다.
　㉡ 임차인, 임대인은 간접점유를 하게 된다.
　㉢ 점유매개관계는 중첩적으로 존재할 수 있다.

(2) 점유주와 보조자

> 제195조【점유보조자】가사상, 영업상 기타 이와 유사한 관계에 의하여 타인의 지시를 받아 물건에 대한 사실상의 지배를 하는 때에는 그 타인만을 점유자로 한다.

① 점유주와 점유보조자❷ 사이에는 점유보조관계가 있어야 한다.

② 타인(점유주)의 지시를 받아 물건에 대한 사실상의 지배를 하는 자(점유보조자), 예컨대 가정부, 상점의 점원 등 타인의 지시를 받아 점유하는 자를 점유보조자라고 하고, 그 지시를 하는 자를 점유주라고 한다.

❷ 점유보조자

가사상·영업상 기타 유사한 관계에 의하여 점유주의 지시를 받아 물건에 대한 사실상의 지배를 하는 자를 뜻한다.
　예 점장의 지시를 받고 있는 직원의 점유

02 점유의 추정력 ★

사례 따라잡기

甲은 그 소유 X토지 1천평을 1970년부터 소유하고 있던 중 바로 이웃집에 살고 있는 같은 마을 주민 乙이 건물의 신축을 위해 토지의 경계를 측량한 결과 甲 소유의 X토지의 일부를 현재까지 평온하게 50년간 점유해왔으니 취득시효가 완성되었다고 주장하고 있다. ❶

1. 乙이 취득시효를 주장하면 점유자 스스로 자주점유를 입증하여야 하나?
   + 입증책임 문제
   점유자는 소유의사로 점유한 것으로 추정된다(제197조 제1항). 점유자가 스스로 자주점유를 입증할 책임이 없다.
2. 상대방이 점유자의 점유가 자주점유가 아니라 타주점유임을 입증해야 한다. 소유자 甲이 乙의 점유가 자주점유가 아님을 입증하여야 하고 이를 입증하지 못하면 乙의 토지점유는 자주점유로 추정된다. 따라서 乙은 X토지를 점유취득시효할 수 있다.

법조문 따라잡기

제197조 【점유의 태양】 ① 점유자는 소유의 의사로 선의, 평온 및 공연하게 점유한 것으로 추정한다.
제200조 【권리의 적법의 추정】 점유자가 점유물에 대하여 행사하는 권리는 적법하게 보유한 것으로 추정한다.

(1) 자주(自主)점유의 추정

점유자는 제197조에 의하여 자주점유로 추정되므로 점유자 스스로 자주점유를 입증할 책임이 없고, 오히려 타주점유임을 주장하는 '상대방'이 점유자의 점유가 타주점유임을 입증하여야 한다.

(2) 권리적법의 추정

① 제200조는 동산에 대해서만 적법추정력이 인정된다.
② 부동산에는 권리적법의 추정력이 인정되지 않는다.

용어 & 참고

❶ 제245조(점유취득시효) - 20년간 소유의사로 평온, 공연하게 부동산을 점유한 자는 등기함으로써 소유권을 취득한다.

| 용어 & 참고 | **03 자주점유와 타주점유** |

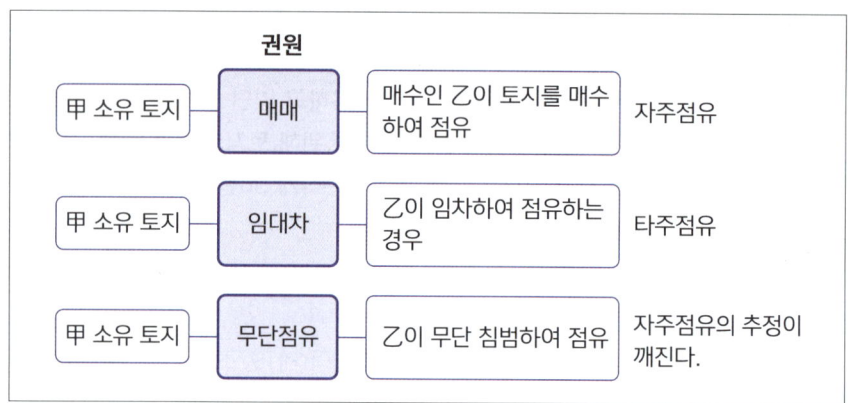

1. 자주점유(自主占有) ❶ ★

❶ 자주점유(自主占有)
소유의 의사를 가지고 하는 점유를 말한다.

(1) 개념
소유하려는 의사를 가지고 하는 점유를 말한다(주인이 되려는 점유).

(2) 판단기준
점유자의 내심의 의사로 판단하는 것이 아니라 점유취득의 원인에 따라 객관적으로 판단한다(대판 2000.9.29, 99다50705).

(3) 구별의 실익
취득시효는 자주점유이어야 한다.

(4) 자주점유 여부
① 인접토지의 일부가 매매의 목적물에 포함되는 것으로 오인하고 그 일부를 현실적으로 인도받아 매수인이 점유하는 경우

인접경계를 넘은 경우

㉠ 매매대상 토지의 면적과 등기부의 면적과의 차이가 측량과 같은 정확한 방법에 의하지 아니하고는 쉽사리 구분할 수 없는 정도에 불과하고 매수인이 담장을 경계로 보아 착오로 인접토지의 일부를 매매대상 대지에 속하는 것으로 믿고 점유를 개시한 경우는 권원의 성질상 자주점유로 본다(대판 1992.5.26, 92다2844).

ⓛ 매매대상토지의 실제면적이 등기부상의 '면적을 상당히 초과한 경우'에는 계약 당시 그러한 사정을 알고 있었다고 봄이 상당하여 그 초과부분은 단순한 점용권의 매매로서 권원의 성질상 타주점유로 본다.

② **아무 권원 없이 악의로 무단 점유한 경우❶:** 점유자가 점유 개시 당시에 소유권 취득의 원인이 될 수 있는 법률요건이 없다는 사실을 잘 알면서 타인 소유의 부동산을 무단 점유한 것임이 입증된 경우, 자주점유라는 추정은 깨어진다(대판 1997.8.21, 95다28625 전합).

2. 타주점유 ❷ ★

(1) 개념

소유 의사 없이 하는 점유를 말한다. 타인에게 소유권이 존재함을 전제로 하는 점유를 말한다.

(2) 타주점유 여부

① **임차인, 전세권자의 점유, 지상권자의 토지점유:** 임대료를 내고 임야를 임차하여 농사를 짓고 있는 경우 점유취득의 원인은 임대차이고 임차인은 토지를 소유하려는 의사 없이 나중에 소유자에게 돌려주겠다는 것이니 타주점유이다.

② 매매가 무효이고(예 주무관청의 허가 없는 학교법인의 기본재산 매매) 무효라는 사정을 알았다는 특별한 사정이 있는 경우 매수인의 점유는 타주점유이다.

③ 귀속재산(예 미군정에 몰수된 일제강점기 때 일본인 소유의 농지, 주택, 기업 등의 재산)의 점유자는 국가에 대하여 그 보관의무를 지므로 특별한 사정이 없는 한 타주점유이다(대판 1971.3.23, 70다2790).

④ **명의수탁자의 점유:** 명의신탁에 의하여 부동산의 소유자로 등기된 자(수탁자)는 그의 점유가 인정된다고 하더라도 그 점유권원의 성질상 자주점유라고 할 수 없다(대판 1987.11.10, 85다카1644).

용어 & 참고

❶ **악의점유 · 선의점유**
점유자가 자기에게 정당한 권원(權原)[본권(本權)]이 없다는 사실을 알면서도 점유하고 있는 상태를 악의 점유라고 한다(예 절도범인). 반면에 정당한 권원이 없다는 사실을 모르고 점유하는 상태를 선의의 점유라고 한다(예 착각하여 타인의 구두를 바꿔 신은 것).

❷ **타주점유**
소유의 의사가 없는 점유, 즉 타인이 소유권을 가지고 있다는 것을 전제로 하는 점유이다.

용어 & 참고

04 점유보호청구권 ★

사례 따라잡기

A 소유 람보르기니가 고장이 나서 자동차 정비업자 甲에게 수리를 의뢰하였고, 甲은 자동차 수리를 완료하여 보관 중이었는데 乙이 이 차를 보고 눈이 뒤집혀서 위 자동차의 차키를 훔쳐서 람보르기니를 끌고 가버렸다. 그 후 돈이 필요한 乙이 이 차를 丙에게 헐값에 대포차로 매각, 인도하여 丙이 현재 차를 점유하고 있다.

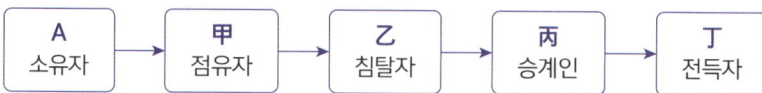

A 소유자 → 甲 점유자 → 乙 침탈자 → 丙 승계인 → 丁 전득자

1. 甲은 소유자가 아닌 점유자여도 점유를 침탈한 乙에게 차량의 점유물반환청구할 수 있나?
   甲은 점유권에 기하여 차량의 인도(반환)를 청구할 수 있다.

2. 乙이 차량을 도난 차량임을 모르는 丙에게 헐값에 매각하여 인도한 경우, 차량소유자가 아닌 점유자 甲은 침탈자로부터 점유물을 승계받은 선의의 丙에게 점유물반환청구할 수 있는가?
   제204조 제2항에 의거하여 점유자는 침탈자의 선의의 특별승계인에게 반환청구할 수 없다.

법조문 따라잡기

제204조【점유의 회수】
　① 점유자가 점유의 침탈을 당한 때는 물건의 반환 및 손해의 배상을 청구할 수 있다.
　② 전항의 청구권은 침탈자의 특별승계인❶에 대하여는 행사하지 못한다. 그러나 침탈자의 특별승계인이 악의인 때에는 그러하지 아니하다.❷
　③ 제1항의 청구권은 침탈을 당한 날로부터 1년 내에 행사하여야 한다.

제205조【점유의 보유】
　① 점유자가 점유의 방해를 받은 때에는 그 방해의 제거 및 손해의 배상을 청구할 수 있다.
　② 전항의 청구권은 방해가 종료한 날로부터 1년 내에 행사하여야 한다.

제207조【간접점유자의 보호】 ① 전3조의 청구권은 간접점유자도 행사할 수 있다.

❶ 선의인 특별승계인

❷ 점유물반환청구를 할 수 있다.

기출 키워드선택 바로가기

CHAPTER 3 소유권

01 소유권의 개념

> 제211조 【소유권의 내용】 소유자는 법률의 범위 내에서 그 소유물을 사용, 수익, 처분할 권리가 있다.

(1) 소유권의 개념

물건을 사용, 수익, 처분할 수 있는 권리를 말한다.

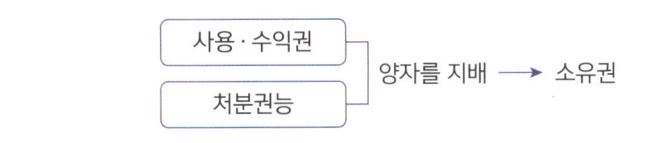

- 예 소유자가 사용, 수익권을 영구히 포기하기로 하는 약정은?
  [유효/**무효**]

(2) 소유권의 객체

현존하는 물건이어야 하므로 권리(분양권, 입주권)는 소유권의 객체가 될 수 없다.

(3) 소유권은 영원하고, 기간의 제한이 없으며 소멸시효에도 걸리지 않는다.

02 상린관계(相隣關係)

1. 개념

'인접하고 있는 부동산' 소유자 상호간의 충돌을 조화롭게 조절하기 위한 목적으로 하는 권리관계를 상린관계라고 한다.

2. 등기 여부

상린관계는 '법률의 규정'에 의해 인정되므로 등기를 요하지 않는다.

3. 준용

소유권에 규정된 상린관계의 규정은 지상권자, 전세권자에게도 준용한다.

4. 「민법」 규정(다수 존재함)

> **제237조 【경계표, 담의 설치권】**
> ① 인접하여 토지를 소유한 자는 공동비용으로 통상의 경계표나 담을 설치할 수 있다.
> ② 전항의 비용은 쌍방이 절반하여 부담한다. 그러나 측량비용은 토지의 면적에 비례하여 부담한다.
> ③ 전2항의 규정은 다른 관습이 있으면 그 관습에 의한다.
>
> **제242조 【경계선부근의 건축】**
> ① 건물을 축조함에는 특별한 관습이 없으면 경계로부터 반 미터 이상의 거리를 두어야 한다.
> ② 인접지소유자는 전항의 규정에 위반한 자에 대하여 건물의 변경이나 철거를 청구할 수 있다. 그러나 건축에 착수한 후 1년을 경과하거나 건물이 완성된 후에는 손해배상만을 청구할 수 있다.

❶ 경계로부터 건물의 가장 돌출된 부분까지의 거리

❷ 건물철거를 청구할 수 없고 손해배상만 청구 가능

5. 주위토지통행권 ★

> **제219조 【주위토지통행권】**
> ① 어느 토지와 공로 사이에 그 토지의 용도에 필요한 통로가 없는 경우에 그 토지소유자는 주위의 토지를 통행 또는 통로로 하지 아니하면 공로에 출입할 수 없거나 과다한 비용을 요하는 때에는 그 주위의 토지를 통행할 수 있고 필요한 경우에는 통로를 개설할 수 있다. 그러나 이로 인한 손해가 가장 적은 장소와 방법을 선택하여야 한다.
> ② 전항의 통행권자는 통행지소유자의 손해를 보상하여야 한다.

(1) 요건

① **통로가 없는 경우:** 어느 토지와 공로 사이에 토지의 용도에 필요한 통로가 없어야 한다.

② **토지 이용에 부적합:** 주위토지통행권은 이미 통로가 있더라도 당해 '토지의 이용에 부적합'하여 실제로 통로로서의 충분한 기능을 하지 못하는 경우에 인정되는 것이다(대판 1998.3.10, 97다47118).

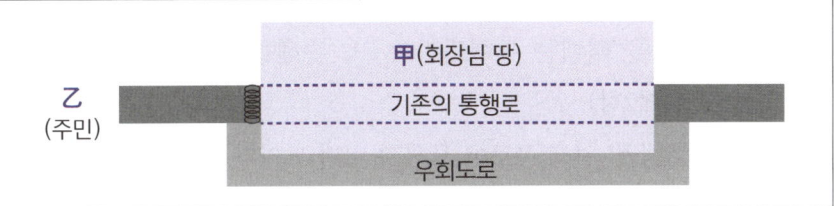

> **보충** 통행권을 인정하지 않는 경우

1. 우회도로가 있는 경우
   주거지역에서 공로에 이르는 길로 폭 2m의 '우회도로가 있다면' 주위 토지를 통행하여 공로에 이르는 것이 보다 '더 편리하다는 이유만으로' 주위토지통행권을 주장할 수 없다. 이미 그 소유 토지의 용도에 필요한 통로가 있는 경우에는 그 통로를 사용하는 것보다 '더 편리하다는 이유'만으로 다른 장소로 통행할 권리를 인정할 수 없다(대판 1995.6.13, 95다1088).

2. 장차의 이용상황에 미리 대비한 통행권 주장×
   주위토지통행권은 '현재의 토지의 용법'에 따른 이용의 범위에서 인정되는 것이지 더 나아가 '장차의 이용 상황까지를 미리 대비'하여 통행로를 정할 것은 아니다(대판 1992.12.22, 92다30528). 그러므로 장래의 아파트 신축으로 도로이용량이 많아지게 될 것이라는 이유로 통행권을 주장할 수 없다.

3. 토지의 불법점유자
   통행권자는 토지의 소유권자, 적법한 사용권을 가진 자이어야 하므로 토지의 불법점유자는 통행권을 주장할 수 없다.

(2) 통행권의 내용

① **통로의 개설:** 주위토지통행권자는 필요한 경우에는 통행지상에 통로를 개설할 수 있으므로 모래를 깔거나, 돌계단을 조성하거나, 장해가 되는 나무를 제거하는 등의 방법으로 통로를 개설할 수 있으며 통행지 소유자의 이익을 해하지 않는다면 통로를 포장하는 것도 허용된다(대판 2003.8.19, 2002다53469).

용어 & 참고

② **통로 개설비용은 통행권자가 부담:** 주위토지통행권이 인정되더라도 통로의 개설비용이나 유지비용은 통행권자가 부담하여야 한다. 따라서 통행지소유자는 소극적인 인용의무만 있고 적극적인 작위의무가 없다(대판 2006.10.26, 2005다30993).

③ **유상통행권:** 통행 또는 통로개설로 인해 통행지소유자에게 손해를 주었을 때에는 통행권자는 그 '손해를 보상하여야' 한다(제219조 제2항).

④ **무상통행권:** 원래 공로에 통하고 있던 토지가 토지의 분할 또는 일부 양도로 공로에의 출입이 막힌 경우에는, 그 토지소유자는 '다른 분할자 또는 양도당사자'의 토지를 통행할 수 있고 '제3자의 토지'를 통행하지 못한다. 이때에는 보상의 의무가 없다.

03 소유권의 취득원인

1. 부동산의 점유취득시효 ★

> 제245조 【점유로 인한 부동산소유권의 취득기간】 ① 20년간 소유의 의사로 평온, 공연하게 부동산을 점유하는 자는 등기함으로써 그 소유권을 취득한다.

(1) 서론

① 점유를 일정기간 계속하는 경우에 그것이 진실한 권리에 기한 것인지를 묻지 않고, 법률이 점유자에게 소유권을 선물로 인정해 주는 제도를 말한다.

② **존재이유:** 일정한 기간 계속된 사실관계를 권리관계로 인정하여 법질서를 안정시키는 데 존재이유가 있다.

③ **시효 취득되는 권리:** 점유를 요소로 하는 권리, 즉 소유권과 지상권, 분묘기지권, 계속되고 표현된 지역권이다.

④ 취득시효의 종류

취득시효의 종류		요건
부동산	점유취득시효	20년간 소유의사로 평온, 공연한 점유 + 등기
	등기부 취득시효	10년간 소유의사로 평온, 공연, '선의, 무과실'로 점유
동산	장기 취득시효	10년간 소유의사로 평온, 공연한 점유
	단기 취득시효	5년간 소유의사로 평온, 공연, '선의, 무과실'로 점유

(2) 취득시효의 요건

판례

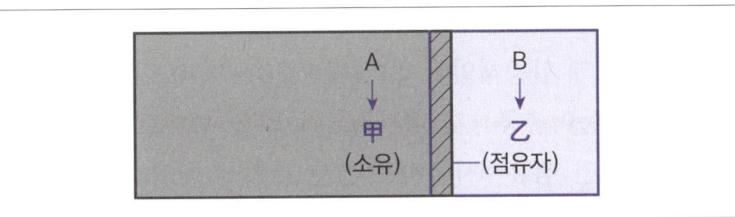

+ 대법원 판례
1. B의 점유기간 18년과 그로부터 점유를 승계한 乙의 점유를 합하여 점유 승계인 乙은 취득시효를 주장할 수 있다.
2. 점유취득시효 완성으로 인한 소유권이전등기청구 소송에서 점유자가 적극적으로 자주점유임을 주장·입증할 책임이 있는 것은 아니고, 점유자의 점유가 타주점유임을 증명하는 토지소유자 쪽이 입증책임을 진다.
3. 실무에서 토지를 침범한 점유자의 자주점유가 부정되는 사례는 대부분 침범한 면적과 관련이 있다. 점유자가 매수한 토지의 면적에 비하여 침범한 면적이 너무 큰 경우, 남의 땅을 침범한 것을 알 수 있었다고 판단되고 그 경우는 타주점유라는 것이 판결 동향이다.

용어 & 참고

❶ 권원
권리 취득의 원천을 말한다.

❷ 공연한 점유
불특정이고 다수인이 알 수 있는 상태로 표시한 점유를 말한다.

① **소유의 의사로 점유(자주점유)**
  ㉠ 자주점유에 대한 판단은 점유자의 내심의 의사로 결정하는 것이 아니라 '권원❶의 성질'에 의하여 객관적으로 결정한다.
    ⓐ 토지를 임대하여 25년째 사용하고 있는 점유자는 권원의 성질상 타주점유이므로 취득시효를 할 수 없다.
    ⓑ 토지를 매수하여 점유하게 되었으나 인접토지의 아주 작은 일부가 타인소유의 토지임이 나중에 밝혀진 경우 자주점유로 추정된다.
  ㉡ **입증책임**: 점유자 스스로 자주점유를 입증할 책임이 없다. 제197조 제1항에 의하여 점유자는 자주점유로 추정받기 때문이다. 오히려 점유자의 점유가 소유의 의사가 없는 점유임을 주장하여 점유자의 취득시효의 성립을 부정하는 사람(상대방)에게 입증책임이 있다(대판 2014.4.10, 2013다74080).
  ㉢ 한국농어촌공사가 대지소유자 甲을 상대로 저수지 부지로 50년간 점유·사용하고 있는 토지에 대한 점유취득시효가 완성되었음을 이유로 소유권이전등기절차의 이행을 구한 사안에서, 농어촌공사의 점유가 무단점유인 것이 증명되지 않는 한 자주점유한 것으로 추정된다(대판 2014.4.10, 2013다74080).

② **평온, 공연한 점유❷**: 점유자는 특별한 사정이 없는 한 평온, 공연하게 점유하는 것으로 추정된다(제197조 제1항). 따라서 점유자가 평온, 공연한 점유임을 입증할 필요는 없고 시효취득을 부정하는 자가 평온, 공연한 점유가 아님을 입증하여야 한다(대판 1992.4.24, 92다6983).

③ **20년간의 점유**: 점유자의 점유개시 기산점은 등기명의자의 변동 여부에 따라 다르다.

소유자의 변동이 있을 때	임의로 기산점을 선택할 수 없고 '점유개시시'부터 기산일로 한다.
소유자의 변동이 없을 때	점유자가 임의로 기산점을 선택할 수 있다(역산설).

④ **점유의 승계가 있는 경우:** 점유자는 점유승계의 효과로서 자신의 점유만을 주장하거나 전 점유자의 점유를 합산하여 주장할 수 있다(제199조 제1항).

(3) 취득시효의 효과

① **등기청구권의 발생:** 취득시효기간의 완성만으로는 소유권 취득의 효력이 바로 생기는 것이 아니며, 이를 원인으로 하여 소유권 취득을 위한 등기청구권이 발생한다.

점유자의 등기청구권의 성질	• 채권적 청구권으로 10년의 소멸시효에 걸린다. • 시효완성자가 점유하면 소멸시효에 걸리지 않는다.
시효완성 후 점유자가 '점유를 상실'한 경우	시효완성자가 점유를 상실한 경우라도 시효이익의 포기로 볼 수 있는 경우가 아닌 한 등기청구권은 바로 소멸하지 않고 10년 후에 소멸시효가 완성한다.

② **소유자가 토지반환청구할 수 없다.** 토지의 소유자는 시효완성한 점유자에게 등기를 이전해줄 의무가 있으므로 소유자는 시효완성자에게 소유권에 기하여 소유물반환을 청구할 수 없다.

③ **제187조의 예외(등기 필요)**
   ㉠ 취득시효는 법률행위가 아니라 법률규정에 의한 발생이지만 「민법」은 제187조의 예외로서 등기를 하여야 비로소 소유권을 취득한다(제245조).
   ㉡ '미등기 부동산'의 경우라고 하여 점유자가 취득시효기간의 완성만으로 등기 없이도 점유자가 소유권을 취득한다고 볼 수 없다(대판 2006.9.28, 2006다22074).

④ **원시취득:** 취득시효로 인한 소유권의 취득은 원시취득이므로 새로이 보존등기를 하여야 하지만 등기실무에서는 소유자로부터 시효완성자 앞으로 소유권이전등기를 한다.

용어 & 참고

04 소유권에 기한 물권적 청구권

제213조 【소유물반환청구】 소유자는 그 소유에 속한 물건을 점유한 자에 대하여 반환을 청구할 수 있다. 그러나 점유자가 그 물건을 점유할 권리가 있는 때에는 반환을 거부할 수 있다.

제214조 【소유물방해제거, 방해예방청구권】 소유자는 소유권을 방해하는 자에 대하여 방해의 제거를 청구할 수 있고, 소유권을 방해할 염려있는 행위를 하는 자에 대하여 그 예방이나 손해배상의 담보를 청구할 수 있다.

제204조 【점유회수】
① 점유자가 점유의 침탈을 당한 때는 물건의 반환 및 손해의 배상을 청구할 수 있다.
② 전항의 청구권은 침탈자의 특별승계인에 대하여는 행사하지 못한다. 그러나 침탈자의 특별승계인이 악의인 때에는 그러하지 아니하다.❷
③ 제1항의 청구권은 침탈을 당한 날로부터 1년 내에 행사하여야 한다.

용어 & 참고

❶ 선의인 특별승계인

❷ 점유물반환청구를 할 수 있다.

구분	점유물반환청구권	소유물반환청구권 ★
발생원인	점유의 침탈	침해의 원인 불문
상대방	점유자는 침탈자의 선의의 특별승계인에게 행사할 수 없다.	소유자는 침탈자의 선의의 특별승계인에게도 반환청구할 수 있다.
행사기간	1년 내	제한 없음

사례 따라잡기

甲 소유 자동차를 乙이 침탈하여 이를 모르는 선의인 제3자 丙에게 매각한 경우

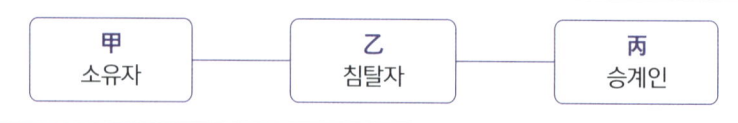

1. 甲은 선의인 丙에게 소유물반환청구할 수 있는가(제213조 참조)?
2. 甲은 선의인 丙에게 점유물반환청구할 수 있는가(제204조 참조)?

05 공동소유

공동소유는 하나의 물건을 2인 이상의 다수인이 공동으로 소유하는 것을 말한다. 「민법」은 공동소유의 형태를 공동소유자 상호간의 인적 결합의 정도에 따라 공유, 합유, 총유의 세 가지로 규정한다.

1. 공유

> 제263조【공유물의 사용, 수익】 공유자는 지분을 처분할 수 있고 공유물 전부를 지분의 비율로 사용, 수익할 수 있다.
> 제264조【공유물의 처분, 변경】 공유자는 다른 공유자의 동의 없이 공유물을 처분하거나 변경하지 못한다.
> 제265조【공유물의 관리, 보존】 공유물의 관리에 관한 사항은 공유자의 지분의 과반수로써 결정한다. 그러나 보존행위는 각자가 할 수 있다.
> 제266조【공유물의 부담】
> ① 공유자는 그 지분의 비율로 공유물의 관리비용 기타 의무를 부담한다.
> ② 공유자가 1년 이상 전항의 의무를 지체한 때에는 다른 공유자는 상당한 가액으로 지분을 매수할 수 있다.

(1) 지분

① 소유권의 비율을 말한다.
② 각 공유자는 지분비율로 공유물 전부를 사용할 수 있다.
③ 지분을 처분할 때 다른 공유자의 동의 없이 단독으로 처분할 수 있다.

(2) 공유물 이용관계 ★

①
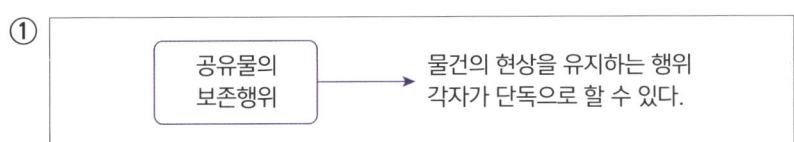

㉠ 공유부동산에 관하여 '제3자에게 원인무효'의 소유권이전등기가 경료된 경우 각 공유자 중 1인은 공유물의 보존행위로서 그 '등기 전부의 말소'청구할 수 있다(대판 1993.5.11, 92다52870).
㉡ A · B가 각 $\frac{1}{2}$씩 지분으로 토지를 공유 중 A가 배타적으로 독점사용하는 경우 B가 보존행위로 토지인도청구할 수 있나?

용어 & 참고

②

㉠ **과반수 지분의 권리자가 관리방법 결정**: '과반수 지분을 가진 공유자'는 다른 공유자와 미리 공유물의 관리방법에 관한 협의가 없었다 하여도 공유물의 관리에 관한 사항을 단독으로 결정할 수 있다(대판 2001.11.27, 2000다33645).

㉡ **과반수 지분의 공유자로부터 사용·수익을 허락받은 제3자의 점유(임차인의 점유)는 적법 점유**: 과반수 지분의 공유자로부터 사용·수익을 허락받은 제3자의 점유(임차인의 점유)는 다수지분권자의 공유물관리권에 터 잡은 적법한 점유이므로, '다른 소수지분권자'는 임차인에게 건물의 철거나 퇴거 등 점유배제를 구할 수 없고, 부당이득반환을 구할 수도 없다(대판 2001.11.27, 2000다33645).

③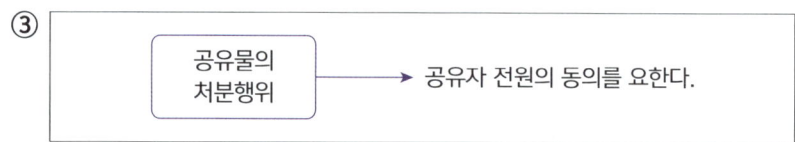

(3) 공유물의 분할

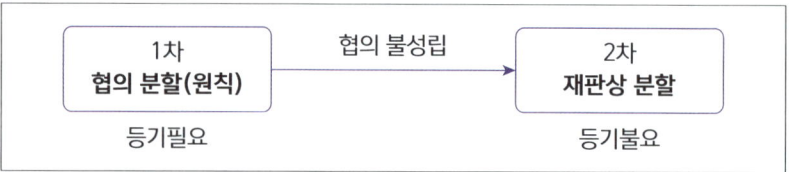

제268조 【공유물의 분할청구】
① 각 공유자는 공유물의 분할을 청구할 수 있다. 그러나 5년 내의 기간으로 분할하지 아니할 것을 약정할 수 있다.
② 전항의 계약을 갱신한 때에는 그 기간은 갱신한 날로부터 5년을 넘지 못한다.
③ 전2항의 규정은 제215조, 제239조의 공유물에는 적용하지 아니한다.

제269조 【분할의 방법】
① 분할의 방법에 관하여 협의가 성립되지 아니한 때에는 공유자는 법원에 그 분할을 청구할 수 있다.

> ② 현물로 분할할 수 없거나 분할로 인하여 현저히 그 가액이 감손될 염려가 있는 때에는 법원은 물건의 경매를 명할 수 있다.
>
> **제270조 【분할로 인한 담보책임】** 공유자는 다른 공유자가 분할로 인하여 취득한 물건에 대하여 그 지분의 비율로 매도인과 동일한 담보책임이 있다.

① 공유물의 분할은 우선 협의에 의하고, 협의가 이루어지지 않을 경우에는 법원에 그 분할을 청구할 수 있다(제269조 제1항). 협의분할이든 재판상 분할이든 반드시 공유자 전원이 분할절차에 참석하여야 한다. 만일 공유자의 1인이라도 제외하거나 누락되면 공유물분할은 효력이 없다.

② **협의에 의한 분할:** 공유물의 분할은 당사자간에 협의가 이루어지는 경우에는 그 방법을 임의로 선택할 수 있다. 이때 현물분할을 원칙으로 하되 그 현물을 처분하여 대금을 나누는 대금분할도 가능하다. 여기서 협의 분할로 인한 물권취득은 등기를 요한다.

③ **재판에 의한 분할:** 분할의 방법에 관하여 '협의가 성립하지 않는 때'에만 공유자는 법원에 그 분할을 청구할 수 있다(제269조 제1항). 공유물분할의 소는 법원의 구체적 자유재량에 의한 분할이라는 법률관계의 형성을 내용으로 하는 형성판결, 즉 '형성의 소'이다(대판 1969.12.29, 68다2425). 따라서 그 판결의 확정으로 즉시 '등기 없이' 물권변동의 효과가 발생한다.

2. 합유

(1) 의의

조합이 동업목적으로 물건을 소유하는 때는 합유로 한다(제271조 제1항).

(2) 합유의 성립

매수인들이 상호출자하여 공동사업을 경영할 것을 목적으로 조합이 조합재산으로서 부동산의 소유권을 취득한 경우 합유가 성립한다.

예 마을 주민들의 공동 출자로 설립한 인삼가공 협동조합

용어 & 참고

(3) 합유의 법률관계

① 합유물을 처분 또는 변경하려면 합유자 '전원의 동의'가 있어야 한다(제272조 본문).
② 합유물의 보존행위는 합유자 '각자가' 할 수 있다(제272조 단서).
③ 합유지분의 포기시 포기된 합유지분은 '나머지 잔존합유자들에게 균등하게 귀속'되지만 그와 같은 물권변동은 법률행위에 기한 것으로서 '등기하여야' 효력이 생긴다(대판 1997.9.9, 96다16896).
④ 합유자는 전원의 동의 없이 합유물에 대한 지분을 처분하지 못한다(제273조 제1항). 합유의 지분은 조합의 목적과 단체성에 의하여 제약을 받기 때문에 '조합원의 자격과 분리하여 지분권만을 처분할 수 없다'.

3. 총유

(1) 의의

법인 아닌 사단(비법인 사단)의 사원이 집합체로서 물건을 소유하는 것을 말한다.

> **판례**
>
> 종중재산, 교회재산, 마을부락민들의 공동재산은 총유재산이다. 5형제가 종산을 구입하여 부모의 묘소로 쓰기로 하고, 자력이 있는 4형제가 돈을 모아 맏형 명의로 매수하여 소유권이전등기를 경료하고 묘소를 설치한 토지는 5형제의 총유이다(대판 1992.10.27, 91다11209).

(2) 등기방법

① 총유재산의 등기신청은 비법인사단의 명의로 대표자가 단체명의로 한다.
② 총유는 단체의 소유로서 사원에게 지분이 없으므로 지분을 등기할 수 없고 분할청구도 할 수 없다는 점에서 공유와 구별된다.

(3) 총유의 법률관계

① **총유물의 보존행위:** 공유물의 보존에 관한 제265조의 규정(단독으로 보존행위를 할 수 있다)이 적용될 수는 없고 특별한 사정이 없는 한 '사원총회의 결의'를 거쳐야 한다. 그러므로 비법인 사단의 총유물의 보존행위는 사원이 단독으로 할 수 없다.

② **총유물의 관리 및 처분:** '사원총회의 결의'에 의한다(제276조 제1항). 종중 재산의 처분이 '종중총회결의를 거치지 아니하고' 종중대표자에 의해 이루어진 경우 이는 무효이다(대판 2000. 10.27, 2000다22881).

③ **일부 교인들이 탈퇴한 경우 교회재산권의 귀속:** 교회의 재산권은 분열 당시의 교인들의 총유물이 아니라 잔존 교인들의 총유에 속한다(대판 2006.4.20, 2004다37775 전합). 일부 교인들이 교회를 탈퇴하여 그 교회교인으로서의 지위를 상실하게 되면 탈퇴가 개인적인 것이든 집단적인 것이든 종전 교회재산권의 사용 수익권능을 상실하게 되고, 종전의 교회는 잔존 교인들만으로 동일성을 유지하며 존속하고, 종전 교회의 재산권은 그 교회에 소속된 '잔존 교인들의 총유'로 귀속됨이 원칙이다.

CHAPTER 4 지상권

| 용어 & 참고 | **01 개념 및 성립** |

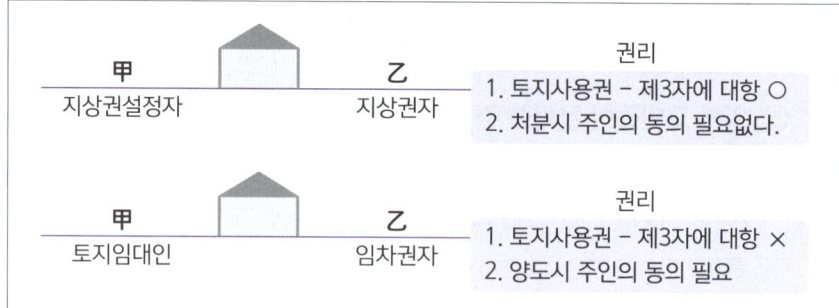

(1) 개념
지상권❶은 건물, 공작물, 수목을 소유하기 위하여 타인의 토지를 점유하여 사용하는 물권이다.

(2) 성립
지상권 설정계약과 지상권등기가 필요하다.

(3) 당사자
지상권설정자(토지주인)와 지상권자이다.

02 존속기간

제280조 【존속기간을 약정한 지상권】
① 계약으로 지상권의 존속기간을 정하는 경우에는 그 기간은 다음 연한보다 단축하지 못한다.
1. 석조, 석회조, 연와조 또는 이와 유사한 견고한 건물이나 수목의 소유를 목적으로 하는 때에는 30년
2. 전호 이외의 건물❷의 소유를 목적으로 하는 때에는 15년
3. 건물 이외의 공작물의 소유를 목적으로 하는 때에는 5년
② 전항의 기간보다 단축한 기간을 정한 때에는 전항의 기간까지 연장한다.

---

❶ 용어정리
- **지상권**: 건물, 공작물, 수목을 소유하려고 타인의 토지를 사용하는 물권이다.
- **관습법상 법정지상권**: 동일인 소유였던 토지와 건물 중 어느 하나가 매매 기타 원인으로 소유자가 달라질 경우 그 건물을 철거한다는 특약이 없는 이상, 건물소유자가 대지 위에 등기 없이 지상권을 취득한다.
- **법정지상권**: 당사자의 계약에 의하지 않고 법률의 규정에 의하여 당연히 성립하는 지상권이다. 토지와 그 지상의 건물이 동일 소유자에게 속하는 경우 저당권의 실행으로 경매됨으로써 토지와 건물이 소유자가 다르게 된 경우 성립한다(제366조의 법정지상권).

일반건물을 말한다.

제281조 【존속기간을 약정하지 아니한 지상권】
① 계약으로 지상권의 존속기간을 정하지 아니한 때에는 그 기간은 전조의 최단존속기간으로 한다.
② 지상권설정 당시에 공작물의 종류와 구조를 정하지 아니한 때에는 지상권은 전조 제2호의 건물의 소유를 목적으로 한 것으로 본다.

+ 주의
1. 최단기 – 제한이 있다.
2. 최장기 – 제한이 없으므로 영구적인 사용을 목적으로 하는 지상권도 유효하다.

존속기간 15년을 말한다.

03 지상권의 효력

(1) 토지의 사용권(물권)
지상권자는 토지의 원소유자와 토지의 바뀐 주인(토지양수인 = 제3자)에게 30년간 지상권을 주장할 수 있다. 이를 제3자에 대항력이 있다고 한다. 이 점에서 계약당사자인 임대인에게만 주장할 수 있는 임차권과 다르다.

(2) 상린관계 준용
소유자와 지상권자간에도 상린관계 규정이 준용된다.

(3) 지상물매수청구권

제283조 【지상권자의 갱신청구권, 매수청구권】
① 지상권이 소멸한 경우에 건물 기타 공작물이나 수목이 현존한 때에는 지상권자는 계약의 갱신을 청구할 수 있다.
② 지상권설정자가 계약의 갱신을 원하지 아니하는 때에는 지상권자는 상당한 가액으로 전항의 공작물이나 수목의 매수를 청구할 수 있다.

제285조 【설정자의 매수청구권】
① 지상권이 소멸한 때에는 지상권자는 건물 기타 공작물이나 수목을 수거하여 토지를 원상에 회복하여야 한다.
② 전항의 경우에 지상권설정자가 상당한 가액을 제공하여 그 공작물이나 수목의 매수를 청구한 때에는 지상권자는 정당한 이유 없이 이를 거절하지 못한다.

지상물매수청구권을 제283조에는 지상권자에게, 제285조에는 지상권설정자에게 각각 권리를 인정하고 있다.

용어 & 참고

> **사례 따라잡기**
>
> 지상권자가 토지를 빌려서 건물을 신축하여 횟집을 운영하다가 기간이 만료하였다. 이때 지상권자는 갱신을 청구하고 지상권설정자가 거부하면 건물매수를 청구할 수 있다. 그 결과 횟집건물에 대한 강제매매가 토지소유자와 지상권자간에 성립한다. 이때 지상권설정자가 건물대금을 지불하지 아니하면 지상권자는 건물 값을 줄 때까지 건물인도를 거부하고 계속 영업할 수 있다.

(4) 처분권

> 제282조【지상권의 양도, 임대】지상권자는 타인에게 그 권리를 양도하거나 그 권리의 존속기간 내에서 그 토지를 임대할 수 있다.❶

❶ 지상권을 저당권의 목적으로 할 수 있다.

① 지상권자는 물권자로서 존속기간 중 지상권을 처분할 수 있다.
② 지상권자는 지상권설정자의 처분을 반대하는 의사에도 관계없이 지상권을 처분할 수 있다.

04 특수지상권

1. 분묘기지권 ★

(1) 의의

다른 사람의 땅 위에 무덤을 세운 사람에게 관습법으로 인정되는 지상권과 유사한 용익물권을 말한다. 분묘기지권은 당사자의 설정합의에 의하는 것이 아니라 관습법상 인정되는 물권으로서 등기를 요건으로 하지 않는다(제187조).

(2) 성립유형

① **양도형 분묘기지권:** 임야를 매각하면서 매도인에게 분묘 이전한다는 특약 없이 매수자가 임야만 매입한 경우 분묘의 소유자에게 관습법에 의하여 분묘기지권이 발생한다.
② **시효취득형 분묘기지권:** 다른 사람의 땅 위에 분묘를 설치하고 20년 이상 평온·공연하게 점유를 한 자는 분묘기지권을 등기 없이 시효취득한다.❶

❶ 「장사 등에 관한 법률」의 제정으로 2001년 이후에 남의 임야에 분묘를 설치하여 20년 이상 점유해 온 경우 분묘기지권을 시효취득할 수 없다.

(3) 등기 여부
관습법상 물권이므로 등기를 요하지 않는다.

(4) 내용
① **분묘의 이장청구 여부:** 토지의 소유자는 분묘의 소유자에게 분묘를 이장해 달라고 청구할 수 없고, 그 토지를 승계받은 새 주인도 분묘소유자에게 분묘의 이장을 청구할 수 없다.

② **존속기간:** 분묘의 수호를 계속하는 한 분묘기지권은 존속한다.

③ **범위:** 분묘 주변의 공지까지 미친다. 판례는 합장할 권능까지는 인정하지 않는다.

④ **원상회복:** 분묘가 일시적으로 유실되어도 유골이 존재하여 원상회복을 할 수 있는 한 분묘기지권은 존속한다.

⑤ **토지사용권이 본체:** 분묘기지의 사용권을 취득하는 것이지, 소유권을 취득하는 것이 아니다.

2. 관습법상 법정지상권 ★

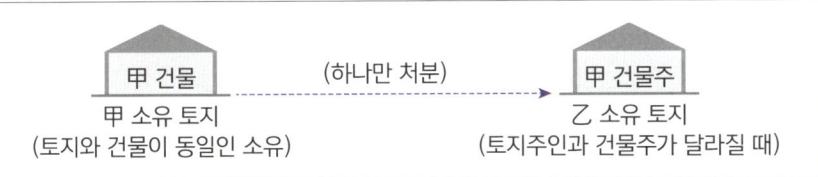

(1) 개념
토지와 건물 중 어느 하나만 처분하여 토지와 건물의 소유권자가 달라지게 된 경우에 건물을 철거한다는 특약이 없는 한 건물소유자에게 건물소유를 위하여 관습상 지상권이 성립한다.

(2) 성립요건
① 토지와 건물이 처분 당시 동일인 소유이어야 한다.
② 매매 기타사유로 어느 하나가 처분되어 소유자가 달라져야 한다.
③ 당사자간에 건물철거의 특약이 없어야 한다.
   ㉠ 건물을 철거한다는 특약이 있는 경우 관습상 지상권은 성립하지 않는다.

ⓛ 관습법상의 법정지상권은 강행규정이 아니라 임의규정이므로 당사자가 포기할 수 있다. 따라서 건물철거에 관한 특약의 존재에 관한 입증책임은 그러한 사정의 존재를 주장하는 자에게 있다(대판 1988.9.27, 87다카279).

(3) 효력

① 관습법상의 법정지상권을 취득한 건물소유자는 관습법에 의하여 당연히 성립하는 것이므로 제187조에 의하여 등기를 할 필요가 없다(대판 1972.7.25, 72다893).
② 토지의 전득자❶에게 법정지상권취득을 주장하기 위하여 등기가 필요 없다.
③ 법정지상권의 범위는 건물의 유지, 사용을 위하여 일반적으로 필요한 범위 내의 대지부분에 한정된다(대판 1997.1.21, 96다40080).

용어 & 참고

❶ 토지의 전득자 = 새 주인

CHAPTER 5 지역권

01 개념

(1) 지역권[1]
요역지의 편익(내 땅)을 위하여 승역지(남의 땅)를 점유 없이 이용하는 권리이다.

(2) 요역지
편익을 요청하는 땅은 1필지 전부를 위하여 인정된다.

(3) 승역지
편익을 제공하는 땅 – 1필지 전부 또는 일부에 대하여 인정된다.

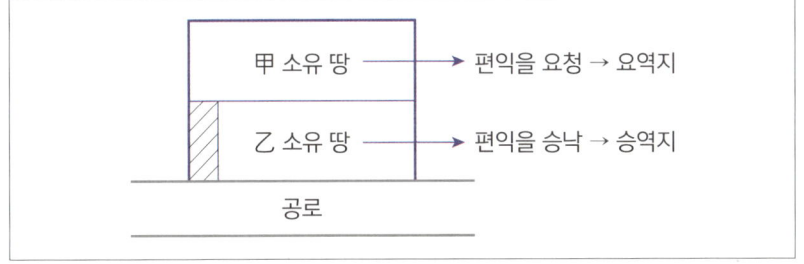

02 지역권의 취득

(1) 법률행위
지역권설정계약과 지역권의 등기가 필요하다.

(2) 시효취득 ★
① 계속되고 표현된 지역권은 시효취득할 수 있다.[2]
② 지역권을 시효취득하는 경우 지역권등기를 요하며, 승역지소유자에게 보상을 해야 한다.

용어 & 참고

[1] 지역권을 '설정'하는 것은 승역지 소유자가 하는 것이고, 지역권 '취득'은 요역지의 소유자가 하는 것이다.

[2] 계속되고 표현된 지역권이란 통로를 개설한 상태로 20년간 계속 통행한 사실이 있을 때를 말한다.

용어 & 참고

03 지역권의 특성 ★

(1) 부종성

> 제292조【부종성】① 지역권은 요역지소유권에 종된 권리이다. 다른 약정이 없는 한 요역지의 소유권이 이전되면 지역권도 당연히 이전되고 또 요역지의 소유권 이외의 권리의 목적이 된다.
> ② 지역권은 요역지와 분리하여 양도하거나 다른 권리❶의 목적이 될 수 없다.

① 지역권은 요역지소유권에 종된 권리이다. 다른 약정이 없는 한 요역지의 소유권이 이전되면 지역권도 당연히 이전되고 또 요역지의 소유권 이외의 권리의 목적이 된다.

② 지역권은 요역지와 분리하여 양도하거나 다른 권리(저당권)의 목적이 될 수 없다.

❶ 저당권을 말한다.

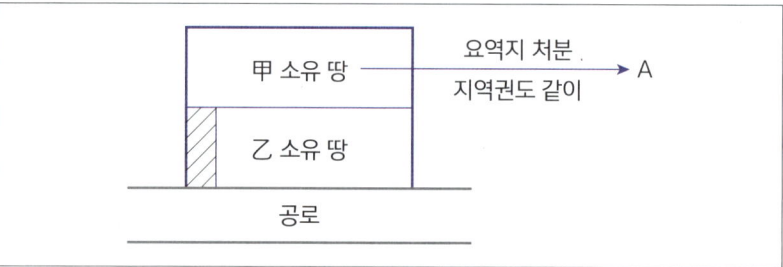

(2) 토지의 점유권이 없다.

① 지역권자는 토지를 통로로 이용하는 권리이므로 토지의 배타적 점유권이 없다.

② 동일 토지 위에 두 개의 지역권이 양립할 수 있다.

③ 지역권이 설정된 승역지 땅을 제3자가 무단침범하여 주차장으로 점유하는 경우 지역권자는 토지의 점유권이 없으므로 제213조(소유물반환청구 규정이 준용되지 않음)에 따라 승역지의 불법점유자에게 승역지토지의 반환을 청구할 수 없다.

CHAPTER 6 전세권

01 서론

제303조 【전세권의 내용】 ① 전세권자는 전세금을 지급하고 타인의 부동산을 점유하여 그 부동산의 용도에 좇아 사용·수익하며, 그 부동산 전부에 대하여 후순위권리자 기타 채권자보다 전세금의 우선변제를 받을 권리가 있다.

1. 건물의 세를 얻는 방법

월세 (임대차)	채권	제3자에 대항력 없음	약정대로
전세	① 미등기전세(채권적 전세)❶	「주택임대차보호법」 적용	(최단기 2년)
	② 전세권등기(물권적 전세)	「민법」상의 전세권	(최단기 1년)

❶ 보증금 3억원에 전입·확정일자를 받은 것은 미등기전세이다.

2. 전세권의 성립

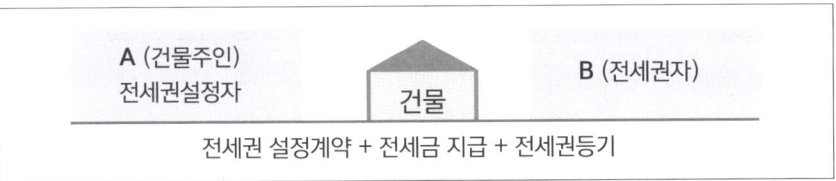
전세권 설정계약 + 전세금 지급 + 전세권등기

(1) 전세권 설정계약과 전세권등기
① **당사자:** 전세권설정자❷, 전세권자❸
② 전세권 설정행위는 처분행위이므로 집 주인에게는 처분권한이 필요하다.

(2) 전세금
필수적 등기사항이다. 전세금은 반드시 현실적으로 수수되어야 하는 것은 아니고 기존채권으로 전세금에 갈음할 수 있다(대판 1995. 2.10, 94다18508).

❷ 전세권설정자 = 집 주인

❸ 전세권자 = 세입자

용어 & 참고	

(3) 객체
① 부동산(토지와 건물)이다.
② 부동산의 일부에도 전세권은 성립할 수 있다.
③ 농경지는 전세권의 목적으로 할 수 없다.

(4) 존속기간

❶ 최장기
10년

❷ 최단기
1년

> **제312조【전세권의 존속기간】**
> ① 전세권의 존속기간은 10년을 넘지 못한다. 당사자의 약정기간이 10년을 넘는 때에는 이를 10년으로 단축한다.❶
> ② 건물에 대한 전세권의 존속기간을 1년 미만으로 정한 때에는 이를 1년으로 한다.❷
> ③ 전세권의 설정은 이를 갱신할 수 있다. 그 기간은 갱신한 날로부터 10년을 넘지 못한다.
> ④ 건물의 전세권설정자가 전세권의 존속기간 만료 전 6월부터 1월까지 사이에 전세권자에 대하여 갱신거절의 통지 또는 조건을 변경하지 아니하면 갱신하지 아니한다는 뜻의 통지를 하지 아니한 경우에는 그 기간이 만료된 때에 전전세권과 동일한 조건으로 다시 전세권을 설정한 것으로 본다. 이 경우 전세권의 존속기간은 그 정함이 없는 것으로 본다.❸

❸ 법정갱신
- 전세권이 법정갱신되면 2년이 아니라 기간 정함이 없는 것으로 본다.
- 주택임대차가 법정갱신되면 2년으로 본다.

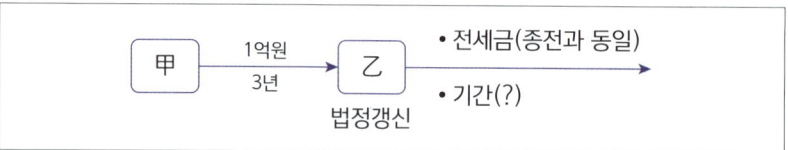

02 전세권의 효력 ★

1. 전세권자의 권리

(1) 부동산을 사용할 수 있는 물권
① 전세권이 있는 목적물을 매도하여 신 소유자가 매수한 경우 전세권자는 신 소유자에게 전세권을 주장할 수 있다.
② 전세목적물이 양도되면 소유권과 일체로 전세금반환채무도 이전하므로 전세권설정자는 전세금반환의무를 면하고 신 소유자가 전세금반환의무를 부담한다.

③ 전세권은 물권이므로 제3자가 방해하면 전세권에 기한 물권적 청구권을 행사할 수 있다.

(2) 전세금 증감청구권

> 제312조의2【전세금 증감청구권】전세금이 목적 부동산에 관한 조세, 공과금, 기타 부담의 증감이나 경제사정의 변동으로 인하여 상당하지 않게 된 때에는 당사자는 장래에 대하여 그 증감을 청구할 수 있다. 그러나 증액의 경우에는 대통령령이 정하는 기준에 따른 비율을 초과하지 못한다.

① 전세금액이 계약 당시와 비교하여 상당하지 아니하게 된 때에는 당사자는 전세금의 증감을 청구할 수 있다.
② 증액청구의 한도 20분의 1(5% 이내), 계약 후 1년 경과하여야 한다.

(3) 상린관계 준용

전세권에도 소유권에 규정된 상린관계 규정이 준용된다.

(4) 부속물매수청구권

> 제316조【원상회복의무, 매수청구권】
> ① 전세권이 그 존속기간의 만료로 인하여 소멸한 때에는 전세권자는 그 목적물을 원상에 회복하여야 하며 그 목적물에 부속시킨 물건은 수거할 수 있다. 그러나 전세권설정자가 그 부속물건의 매수를 청구한 때에는 전세권자는 정당한 이유 없이 거절하지 못한다.
> ② 전항의 경우에 그 부속물건이 전세권설정자의 동의를 얻어 부속시킨 것인 때에는 전세권자는 전세권설정자에 대하여 그 부속물건의 매수를 청구할 수 있다. 그 부속물건이 전세권설정자로부터 매수한 것인 때에도 같다.

전세권자가 설정자의 동의를 얻어 부속시킨 물건이나 설정자로부터 매수한 부속물은 기간 종료시 부속물의 매수를 청구할 수 있다.

2. 용익물권인 동시에 담보물권

존속기간 동안 부동산을 사용, 수익할 수 있는 용익물권이면서 목적물을 경매처분하여 전세금의 우선변제를 받을 수 있는 담보물권의 성격을 함께 가진다.

---

❶ 전세권자에게는 '부속물'매수청구권, 지상권자에게는 '지상물'매수청구권이 인정되고 있다.

❷ 전세권은 이중의 성격을 겸한다.

용어 & 참고

3. 전세권자의 의무

(1) 목적물을 유지·관리할 의무

> 제309조【전세권자의 유지, 수선의무】전세권자는 스스로 목적물을 유지·관리할 의무를 부담하고, 통상의 관리에 속한 수선을 해야 한다.

① 보일러가 고장난 때

전세권	전세권자가 유지·관리의무를 부담한다(제309조).
임대차	임대인이 유지·수선의무를 부담한다(제623조).

② 전세권자가 보일러의 수리에 지출할 비용을 주인에게 상환청구하는가?

전세권자	전세권자는 보일러의 수리비(필요비)상환을 청구하지 못한다.
임대차	임차인은 보일러의 수리비(필요비)상환을 청구할 수 있다.

> 제310조【전세권자의 유익비상환청구권】
> ① 전세권자가 목적물을 개량하기 위하여 지출한 금액 기타 유익비에 관하여는 가액의 증가가 현존한 경우에 한하여 소유자의 선택에 좇아 지출액이나 증가액의 상환을 청구할 수 있다.
> ② 전항의 경우에 법원은 소유자의 청구에 의하여 상당한 상환기간을 허여할 수 있다.

(2) '용도'대로 사용할 의무

전세권의 목적물을 '용도'에 위반하여 사용하면 주인은 전세권의 소멸을 청구할 수 있다(제311조).

기출 키워드선택 바로가기

CHAPTER 7 유치권

01 서론

1. 담보물권의 특성

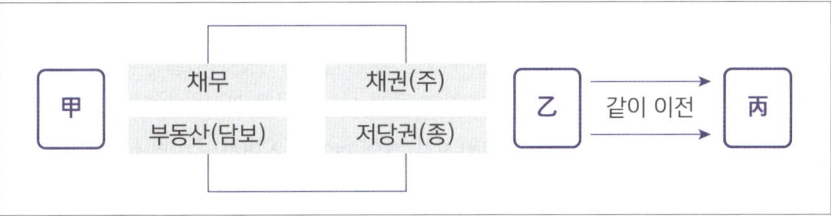

(1) 부종성(附從性)

담보물권은 피담보채권이 성립해야 성립하고,❶ 채권이 소멸하는 때에는 담보물권도 소멸한다.❷ 따라서 1억원의 부채를 변제하면 저당권은 채권이 존재하지 않으므로 말소등기 없이 소멸한다.

(2) 수반성(隨伴性)

피담보채권이 이전하게 되면 담보물권도 이에 따라 같이 이전하는 것을 말한다. 乙이 저당권을 제3자에게 처분하여 양도하려면 1억원의 채권을 丙에게 같이 양도해야 한다. 따라서 채권과 담보물권이 따로 존재할 수 없다(독일은 한국과 달리 채권과 저당권이 수반하지 않고 독립적이다).

(3) 불가분성(不可分性)

담보물권자는 피담보채권의 전부의 변제를 받을 때까지 목적물 전부에 대하여 그 효력이 미친다.

(4) 물상대위성(物上代位性)

담보물권의 목적물이 멸실, 훼손, 공용징수된 경우 그 목적물의 가치적 변형물❸ 위에 저당권의 효력이 작용하는 것을 말한다. 예컨대 저당잡은 건물이 불타서 소멸하면 화재보험금청구권 위에 저당권의 효력이 미치는 것을 말한다.

용어 & 참고

❶ 성립상의 부종성

❷ 소멸상의 부종성

❸ 목적물의 가치적 변형물
  예) 보험금

용어 & 참고

2. 유치권의 의의

> **사례 따라잡기**
>
> 甲 소유 X상가건물(시가 9억원 상당)에 농협 앞으로 3억원의 근저당권이 설정된 상태에서 임차인 乙이 보증금 1억원에 월세 300만원인 짜글이 식당을 운영하고 있다. 그 후 여름에 집에 누수 문제로 공사를 맡은 방수업자 丙이 공사를 마치고도 공사미수금 1억원을 채권으로 X건물에 유치권을 행사하는 상황이다.
>
> 1. 농협은 3억원을 회수 못하면 상가를 경매할 수 있다. 유치권자 丙도 건물에 대하여 경매를 붙일 수 있는가?
>   유치권자도 경매권이 있다. 그러나 우선변제권이 없다는 맹점이 존재한다. 그 결과 유치권자는 상가를 경매했을 때 농협보다 우선변제를 받아갈 수 없게 된다. 따라서 유치권자는 스스로 경매 신청하기를 꺼리는 경향이 있다.
> 2. 농협이 상가를 경매붙이면 유치권자 丙은 경매로 소멸하는가 존속하는가?
>   낙찰자에게 인수된다. 유치권은 경매로 소멸하지 않는다.
> 3. 유치권자는 경락인이 소유권에 터잡아서 건물의 인도를 요구해올 때 이것을 거부할 수 있는가?
>   유치권은 물권이므로 채무자가 아닌 제3자에게도 인도 거부할 수 있다.

(1) 개념

① 물건에 관하여 채권이 발생하고 채권을 변제할 때까지 그 물건을 점유하여 인도 거부하는 물권이다. 주로 현실에서는 공사업자가 건물의 공사미수금채권을 원인으로 건물의 점유를 장악하여 채권의 변제를 압박하여 채권을 회수하는 형태이다.

② 유치권은 법정담보물권이므로 설정계약과 등기가 필요 없고, 목적물의 점유가 유치권의 성립요건이고 존속요건이다.

> **제320조【유치권의 내용】**
> ① 타인의 물건 또는 유가증권을 점유한 자는 그 물건이나 유가증권에 관하여 생긴 채권이 변제기에 있는 경우에는 변제를 받을 때까지 그 물건 또는 유가증권을 유치할 권리가 있다.
> ② 전항의 규정은 그 점유가 불법행위로 인한 경우에 적용하지 아니한다.

02 유치권의 성립요건 ★

1. 목적물(타인의 물건)에 관하여 채권이 발생할 것

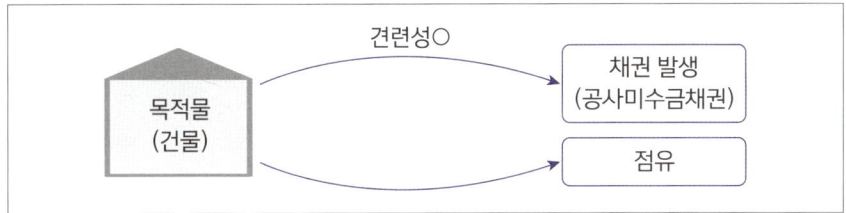

물건과 채권 발생간의 견련성(연관성)

(1) 건물에 관하여 발생한 공사미수금채권

건물 공사수급인(건축업자)이 공사로 인한 미수금채권을 받기 위하여 공사해 준 건물을 점유하는 경우 공사해 준 건물에서 공사미수금채권(5억원)이 발생하였으므로 공사해 준 건물과 채권 발생간에 견련성이 인정되므로 변제기에 공사금채무를 갚지 않을 때 건물에 유치권이 성립한다.

(2) 건물에 임차인이 비용상환청구권

상가건물의 임차인이 건물을 개량하여 유익비 3천만원을 지출한 경우, 임차인의 유익비상환채권과 상가건물간에는 견련성이 있다.

(3) 동물이 농작물에 가한 불법행위로 인한 손해배상청구권

조랑말이 마굿간에서 풀려나와서 콩밭에 피해를 준 경우, 그로 인한 손해배상채권(200만원)에 기하여 콩밭 주인이 조랑말을 점유하고 있는데 조랑말이 많이 아파서 동물병원에 치료를 하느라 40만원의 병원비가 지출되었다. 이때 240만원을 피담보채권(200만원 + 40만원)으로 하는 조랑말에 대한 유치권이 성립한다.

(4) 보증금반환청구권으로 건물을 유치할 수 없음

건물임차인이 보증금 2억원을 지급한 경우 보증금반환청구권은 건물에 관해 발생한 채권이 아니므로 건물에 유치권을 주장할 수 없다.

용어 & 참고

(5) 간판대금채권으로 건물을 유치할 수 없음

상가임차인이 부동산 중개업을 창업하기 위하여 간판업자를 불러 간판을 설치하였으나 간판대금채권 2천만원을 갚지 못하고 있다. 이 상가를 권리금 3천만원을 주고 새로 인수한 양수인이 개업식 날 손님을 초대하였으나 간판업자가 간판설치공사대금을 못 받았으니 건물에 유치권으로 임차인의 출입을 봉쇄하고 있다면 건물의 임차인이 간판업자에게 해줄 말은 무엇인가?

2. 채권자가 목적물의 점유를 장악할 것

(1) 유치물을 제3자가 직접점유하는 물건을 채권자가 간접점유를 한 때는 유치권이 성립한다.

(2) 점유가 불법행위로 인한 때에는 유치권이 성립하지 않는다.

3. 채권의 변제기가 도래할 것

(1) 채권의 변제기가 도래하여야 유치권이 성립한다.

(2) 채권의 변제기를 6개월간 유예한 때에는 변제기 도래 전이므로 유치권이 불성립한다.

03 유치권자의 권리와 의무(효력) ★

1. 경매권

> **제322조【경매권】** ① 유치권자는 채권의 변제를 받기 위하여 유치물을 경매할 수 있다.

(1) 유치권자는 피담보채권의 변제를 받기 위하여 유치물을 경매할 수 있다.❶

(2) 유치권자가 경매권은 있으나 우선변제권이 없으므로 스스로 경매하는 것을 꺼리는 것은 이 점 때문이다.

❶ 유치권자는 경매권은 있으나 우선변제권은 없다.

2. 유치적 효력[1]

(1) 유치권자의 점유하에 있는 유치물의 소유자가 변동해도 유치권은 소멸하지 않는다. 유치권은 물권이기 때문에 채무자에 대해서 뿐만 아니라 제3자 소유(건물의 경락인), 즉 모든 사람에게 대항할 수 있다. 이 점에서 계약당사자에게만 주장할 수 있는 동시이행항변권과 다르다.

(2) 유치물이 저당권자에 의해 경매되어도 유치권은 소멸하지 않고 존속하므로 유치물의 경락인에게도 유치권으로 인도 거절할 수 있다. 이를 인수주의라고 한다.

> **사례 따라잡기**
>
> 甲이 소유하던 리베라 호텔 건물을 공사대금채권자 乙이 점유하면서 유치권을 행사하던 중 은행의 경매로 경락인 丙에게 낙찰되어 소유권이 변동된 경우
>
>
>
> - 50억원 공사비채권
> - 건물유치권
>
> 1. 은행의 경매가 실행된 경우 乙의 유치권은 [소멸한다/**존속한다**].
> 2. 건물의 경락인 丙이 유치권자에 대하여 건물의 인도를 요구할 경우, 유치권자는 인도 거부를 할 수 있는가 없는가?
>   [**있다**/없다]
> 3. 건물의 유치권자는 미수금채권(50억원)을 누구에게 갚으라고 변제를 청구하는가?
>   경락인(丙)은 공사비채권의 채무자가 아니므로 경락인에게 채권의 변제를 청구할 수 [있다/**없다**].

용어 & 참고

[1] 목적물의 인도거절권

용어 & 참고

3. 유치권자의 의무

> 제324조 【유치권자의 선관의무】
> ① 유치권자는 선량한 관리자의 주의로 유치물을 점유하여야 한다.
> ② 유치권자는 채무자의 승낙 없이 유치물의 사용, 대여 또는 담보제공을 하지 못한다. 그러나 유치물의 보존에 필요한 사용은 그러하지 아니하다.
> ③ 유치권자가 전2항의 규정에 위반한 때에는 채무자는 유치권의 소멸을 청구할 수 있다.

＋ 주의 선관주의란 어떤 사람이 직업 및 사회적 지위에 따라 일반적으로 요구되는 정도의 주의를 기울여야 하는 의무를 말한다.

＋ 비교 자기 재산과 동일 주의

CHAPTER 8 저당권

01 서론

제356조 【저당권의 내용】 저당권자는 채무자 또는 제3자❶가 점유를 이전하지 아니하고 채무의 담보로 제공한 부동산에 대하여 다른 채권자보다 자기채권의 우선변제를 받을 권리가 있다.

❶ 물상보증인
다른 사람의 채무를 담보해 주기 위해서 자기 재산에 저당을 설정해준 사람

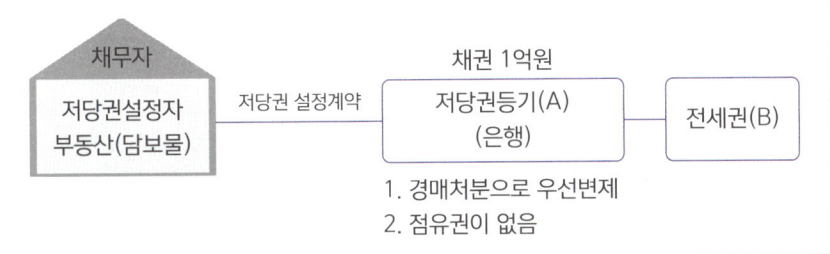

1. 저당권의 성질

(1) 아파트를 담보로 5억원을 대출받고 은행에 저당을 잡히면 5억원을 변제하면 저당권은 소멸하고, 5억원을 변제하지 못할 때 은행은 아파트의 경매처분권을 장악하고 있어서 경매를 실행시켜 채권을 회수할 수 있다(저당권자의 경매를 임의경매라고 한다).

(2) 목적물의 점유를 요소로 하지 않는다. 따라서 저당권설정자에게 목적물의 사용, 수익, 처분권이 여전히 남아 있다.

2. 통유성 인정

저당권은 담보물권으로서의 통유성, 즉 부종성, 수반성, 불가분성, 물상대위성이 인정된다.

용어 & 참고

① 주된 계약

② 보통은 돈을 빌려준 채권자이므로 채권자 아닌 자는 저당권자가 될 수 없다.

③ 은행(저당권자)이 경매로 우선변제받는 돈(피담보채권 = 피담보채무)

02 저당권의 성립요건

1. 저당권 설정계약

(1) 소비대차계약①의 종된 계약이다.

(2) 저당권 설정행위는 처분행위이므로 처분권한이 필요하다. 따라서 남의 집에 처분권한 없는 자가 설정한 저당권은 무효이다.

2. 당사자

(1) 저당권설정자와 저당권자②이다.

(2) 저당권설정자는 보통은 돈을 빌린 채무자이거나 제3자(물상보증인)도 가능하다. 따라서 채무자 아닌 제3자도 저당권설정자가 될 수 있다.

3. 객체(담보물)

(1) 부동산, 자동차, 공유지분, 전세권, 등기된 입목 등은 객체가 될 수 있다.

(2) 지역권, 한 필의 토지의 일부에는 저당권을 설정할 수 없다.

4. 피담보채권③

(1) 甲이 집을 담보로 은행에서 1억원을 빌린 경우 1억원을 저당권의 피담보채권이라고 한다. 이때 이자를 갚지 못하면 원금의 이자도 피담보채권에 합산된다.

(2) 은행 입장에서는 1억원이 피담보채권, 채무자 입장에서는 1억원이 피담보채무가 된다. 즉, 채무자는 1억원 + α(이자 등)를 변제하여야 저당권을 말소청구할 수 있다.

03 저당권의 효력 ★

1. 저당권의 효력범위

> 제358조【저당권의 효력의 범위】저당권의 효력은 저당부동산에 부합된 물건과 종물에 미친다. 그러나 법률에 특별한 규정 또는 설정행위에 다른 약정이 있으면 그러하지 아니하다.

(1) 저당 목적물의 부합물과 종물에 미친다(제358조).

① 주유소에 설정한 저당권의 효력은 유류탱크(부합물)와 주유기에 미친다.
② 아파트 전유부분에 설정한 저당권의 효력은 대지권에도 미친다.
③ 과수원 토지에 설정한 저당권의 효력은 저당권 설정 전에 심은 사과나무와 설정 후 심은 사과나무에도 미친다(설정 전·후의 부합물에 효력이 미친다).

(2) 물상대위

> 제342조【물상대위】저당권은 저당물의 멸실, 훼손, 공용징수로 인하여 저당권설정자가 받을 금전 기타 물건에 대하여도 이를 행사할 수 있다. 이 경우에는 그 지급 또는 인도 전에 압류하여야 한다.

예 저당잡힌 건물이 화재로 소멸한 경우 화재보험금청구권에 저당권의 효력이 미친다.

(3) 별개의 물건에는 저당권의 효력이 미치지 아니한다.

① **저당토지 위의 건물:** 건물은 언제나 토지와 별개의 독립한 물건이므로 토지저당권의 효력은 토지 위의 건물에 미치지 않는다.
② **모텔의 증축 부분:** 모텔 건물에 설정한 저당권의 효력은 모텔의 증축한 부분(기존의 모텔 건물과는 독립성을 가진 객실 5개)에는 미치지 아니한다.

---

❶ 저당물의 멸실·훼손으로 인한 가치적 변형물에 저당권의 효력이 미치는 것이다.

(4) 과실에 대한 효력

① **원칙:** 저당목적물에서 얻은 임대료 같은 과실은 저당권설정자의 몫이므로 저당목적물의 과실에는 저당권의 효력이 미치지 않는다.

② **예외:** 압류 후 수취한 과실(건물의 차임)에는 저당권의 효력이 미친다.

> 제359조【과실에 대한 효력】저당권의 효력은 저당부동산에 대한 압류가 있은 후에는 저당권설정자가 그 부동산으로부터 수취한 과실 또는 수취할 수 있는 과실에 미친다. 그러나 저당권자가 그 부동산에 대한 소유권, 지상권, 전세권을 취득한 제3자에 대하여는 압류한 사실을 통지한 후가 아니면 이로써 대항하지 못한다.

2. 피담보채권의 범위

> 제360조【피담보채권의 범위】저당권은 원본, 이자, 위약금, 채무불이행으로 인한 손해배상 및 저당권의 실행비용을 담보한다. 그러나 지연배상에 대하여는 원본의 이행기일을 도과한 후의 1년분에 한하여 저당권을 행사할 수 있다.

(1) 피담보채권

담보를 통해서 확보되는 채권을 의미한다. 채무자가 돈을 갚지 않으면 채권자는 담보물을 경매하여 법원에서 배당을 받는데 이때 배당받을 수 있는 채권의 범위를 피담보채권이라고 한다.

(2) 범위

피담보채권에는 원본, 이자, 채무불이행으로 인한 손해배상, 실행비용을 포함한다.❷

---

❶ 피담보채권
피담보채권은 은행입장에서는 경매로 받을 돈, 채무자 입장에서는 갚을 돈을 말한다.

❷
저당목적물의 하자로 인한 손해배상채권은 포함하지 않는다.

3. 우선변제권

(1) 목적물이 경매되는 경우 저당권자는 후순위권리자보다 우선변제 받는다.

(2) 1번 저당권, 전세권, 2번 저당권 순으로 있는 건물이 경매되면 저당권은 모두 소멸하고 순위대로 배당받는다.

4. 저당권과 용익권의 관계

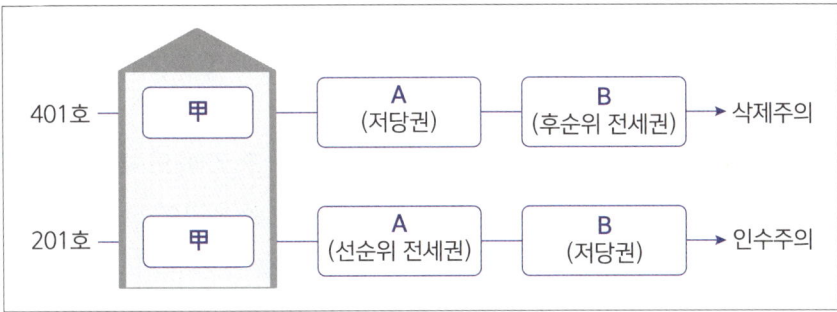

(1) 삭제주의

아파트에 저당권이 성립한 후에 전세권이 성립한 경우 아파트에 은행이 경매를 실행하면 전세권은 소멸한다. 전세권은 인수되지 않고 삭제된다.

(2) 인수주의

아파트에 전세권이 성립한 후 저당권이 성립한 경우 아파트에 은행이 경매를 실행하면 전세권자가 배당요구를 하지 않는 한 전세권은 존속한다(낙찰자가 인수).

(3) 말소기준권리는 최선순위 저당권

1번 저당권, 전세권, 2번 저당권 순서로 있을 때에 2번 저당권자가 경매신청하면 전세권자는 어떻게 될까? 말소기준권리는 1번 저당권이므로 전세권은 소멸하고 2순위로 배당한다.

용어 & 참고

5. 제366조의 법정지상권

> 제366조【법정지상권】(저당권설정 당시에 토지와 건물이 동일인 소유였다가) 저당물의 경매로 인하여 토지와 그 지상건물이 다른 소유자에 속한 경우에는 토지소유자는 건물소유자에 대하여 지상권을 설정한 것으로 본다.

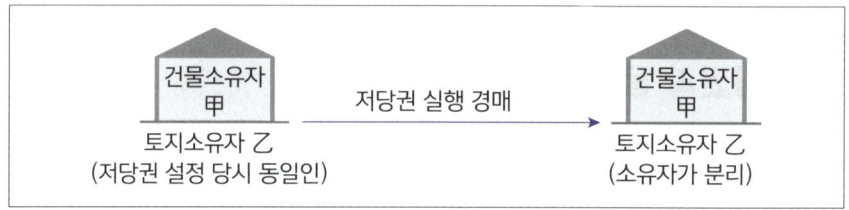

(1) 인정근거

「민법」은 토지와 건물을 각각 별개의 부동산으로 따로 취급하므로 어느 하나만 경매로 처분되면 토지와 건물의 소유권이 달라지는 경우에 건물철거라는 사회적·경제적인 손실을 방지하기 위하여 법률이 강제로 건물소유자에게 남의 토지에 대한 지상권을 인정하여 주는 제도이다. 법정지상권 규정은 '강행규정'으로서 동조의 적용을 배제하는 당사자간의 특약은 무효다.

(2) 성립요건

① 저당권설정 당시에 건물이 존재하고 동일인의 소유일 것

② **저당권 실행 경매로 소유자가 달라질 것:** 저당물의 경매로 토지와 건물의 소유자가 달라져야 한다. 여기서 경매란 담보권 실행경매만을 의미한다. 동일인에게 속하였던 토지와 그 건물이 저당권실행경매가 아닌 강제경매, 매매 등의 방법으로 소유자를 달리하게 된 경우에는 관습법상의 법정지상권은 성립할 수 있어도 제366조에 의한 법정지상권은 성립하지 않는다(대판 1991.4.9, 89다카1305).

land.Hackers.com

핵심개념

CHAPTER 1
계약총론
- 계약의 종류 ★

CHAPTER 2
계약의 성립
- 청약과 승낙의 합치 ★

CHAPTER 3
계약의 효력
- 채무자위험부담주의 ★
- 채권자위험부담주의 ★
- 법률관계의 쟁점 ★

CHAPTER 4
계약의 해제
- 해제의 효과 ★

CHAPTER 5
계약각론
- 계약금 해제 ★
- 담보책임 ★
- 비용상환청구권(제626조) ★
- 부속물매수청구권 ★
- 지상물매수청구권 ★

CHAPTER 1 계약총론

> 용어 & 참고

01 계약의 개념

계약이란 청약과 승낙의 합치로 성립하는 법률행위를 말한다. 여기에서는 채권발생을 목적으로 하는 채권계약을 말한다.

1. 계약의 출발

(1) 계약자유의 원칙

내 맘대로! 내용결정·체결·방식·상대방 선택의 자유

(2) 계약준수의 원칙

계약은 지켜야 한다(라틴어: pacta sunt servanda).

2. 신의성실의 원칙 ❶

> ❶ 신의성실의 원칙을 줄여서 신의칙(信義則)이라고 한다.

(1) 신의성실의 원칙(信義誠實의 原則)

모든 사람이 사회공동생활의 일원으로서 상대방의 신뢰에 반하지 않도록 성의 있게 행동할 것을 요구하는 법원칙이다.

(2) 금반언(禁反言)의 원칙 ❷

> ❷ 모순행위 금지 원칙이다.

한 번 주장(主張)하면 그 뒤에 그 사람이 그것과 반대(反對)되는 주장(主張)을 못하는 것을 말한다. 처음에는 '권리 주장을 하지 않겠다.'고 했다가 나중에 '권리 주장을 하는 것'은 서로 모순되므로 나중에 권리를 주장하는 것은 금반언에 반하여 허용될 수 없다.

(3) 사정변경의 원칙 ❸

> ❸ 계약 내용의 변경을 인정할 수 있다는 원칙이다.

계약 당시에 저렴하던 임대료 시세가 중대한 사정의 변동으로 폭등한 경우 계약할 때와 지금의 사정이 달라졌으니 약정한 차임을 변경하여 올려달라고 청구할 권리(예 임대차에서 차임증감청구권 ❹, 전세권에서 전세금증감청구권)이다.

❹ 차임증감청구권은 사정변경의 원칙의 반영이다.

PART 3
계약법

CHAPTER 1 계약총론
CHAPTER 2 계약의 성립
CHAPTER 3 계약의 효력
CHAPTER 4 계약의 해제
CHAPTER 5 계약각론

02 계약의 종류 ★

제563조【매매의 의의】매매는 당사자 일방이 재산권을 상대방에게 이전할 것을 약정하고 상대방이 그 대금을 지급할 것을 약정함으로써 그 효력이 생긴다.

제596조【교환의 의의】교환은 당사자 쌍방이 금전 이외의 재산권을 상호이전할 것을 약정함으로써 그 효력이 생긴다.

제618조【임대차의 의의】임대차는 당사자 일방이 상대방에게 목적물을 사용, 수익하게 할 것을 약정하고 상대방이 이에 대하여 차임을 지급할 것을 약정함으로써 그 효력이 생긴다.

제609조【사용대차의 의의】사용대차는 당사자 일방이 상대방에게 무상으로 사용, 수익하게 하기 위하여 목적물을 인도할 것을 약정하고 상대방은 이를 사용, 수익한 후 그 물건을 반환할 것을 약정함으로써 그 효력이 생긴다.

1. 쌍무계약과 편무계약

(1) 쌍무계약(Bilateral Contract)
① 당사자 양쪽이 서로 의존적인 채무를 부담하는 계약이다.
- 예) 매매계약시 매도인의 소유권이전의무와 매수인의 대금지급의무
- 예) 도급계약시 도급인의 공사대금의무와 수급인의 건물완성의무

② 매매계약, 교환계약, 임대차계약 등은 쌍무계약이다.

(2) 편무계약
① 당사자의 한쪽만이 채무를 부담하는 계약을 말한다. 증여계약처럼 증여자는 소유권이전의무를 부담하나 수증자인 상대방은 의무가 없는 경우를 말한다.

② 증여,❶ 무이자 소비대차, 사용대차계약은 편무계약이다.

❶ 증여
재산권을 무상으로 넘겨준다는 계약이다(증여자와 수증자).

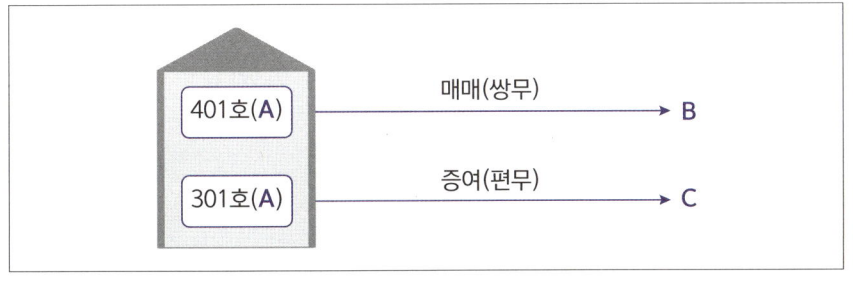

용어 & 참고

2. 유상계약과 무상계약

(1) 유상계약
① 계약의 당사자가 서로 대가적 출연을 약속하는 계약을 말한다.
② 매매, 교환, 임대차는 쌍무, 유상계약이다.

(2) 무상계약
① 반대급부의 제공이 없는 계약을 말한다(공짜로 얻는 계약).
② 증여, 사용대차, 무이자 소비대차는 편무, 무상계약이다.

3. 낙성계약과 요물계약 ❶

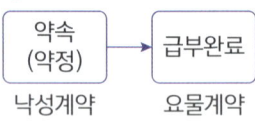

(1) 낙성계약
당사자의 합의만으로 이루어지는 계약을 말하며, 매매, 교환, 임대차 계약은 낙성계약이다.

(2) 요물계약
① 당사자간의 합의만으로 성립하는 낙성계약과 달리 합의 외에 현실적인 급부의 이행이 있어야 성립하는 계약이다.
② 계약금계약은 계약금을 지급하기로 하는 약정으로 성립하지 않고 계약금 전부를 지급한 때 성립하는 요물계약이다.
③ 현상광고❷는 광고자가 광고한 내용에 따라 응모자가 '지정된 행위를 완료'할 때 성립하므로 요물계약이다.

❷ **현상광고**
광고자의 광고에 대하여 응모자가 '지정행위를 완료'한 때 성립하는 편무·요물계약이다.

4. 불요식행위와 요식행위

(1) 불요식(不要式)행위
계약의 체결에 아무런 방식을 요하지 않는 것(예 매매, 교환, 임대차)을 말한다.

(2) 요식행위
법률이 일정한 방식을 요하도록 하는 것을 말한다.

CHAPTER 2 계약의 성립

01 청약과 승낙의 합치 ★

```
甲          합치          乙
청약  ──▶        ◀──  승낙
```

제527조【계약의 청약의 구속력】계약의 청약은 이를 철회하지 못한다.

제528조【승낙기간을 정한 계약의 청약】① 승낙의 기간을 정한 계약의 청약은 청약자가 그 기간 내에 승낙의 통지를 받지 못한 때에는 그 효력을 잃는다.
② 승낙의 통지가 전항의 기간 후에 도달한 경우에 보통 그 기간 내에 도달할 수 있는 발송인 때에는 청약자는 지체 없이 상대방에게 그 연착의 통지를 하여야 한다. 그러나 그 도달 전에 지연의 통지를 발송한 때에는 그러하지 아니하다.
③ 청약자가 전항의 통지를 하지 아니한 때는 승낙의 통지는 연착되지 아니한 것으로 본다.

제529조【승낙기간을 정하지 아니한 계약의 청약】승낙의 기간을 정하지 아니한 계약의 청약은 청약자가 상당한 기간 내에 승낙의 통지를 받지 못한 때에는 그 효력을 잃는다.

제530조【연착된 승낙의 효력】전2조의 경우에 연착된 승낙은 청약자가 이를 새 청약으로 볼 수 있다.

제531조【격지자간의 계약성립시기】격지자간의 계약은 승낙의 통지를 발송한 때에 성립한다.

용어 & 참고

❶ 도달 후에는 철회하지 못한다.

(1) 계약의 성립요소로서 합치

① 계약이 성립하려면 계약의 '내용'에 대해서 객관적으로 일치하고 '계약의 상대방'에 대해서 일치하여야 한다.

② 당사자간에 내용이 일치하지 않은 때에는 계약이 체결된 것이 아니다(불합의라고 한다).

용어 & 참고

(2) 청약과 청약의 유인의 구별

① 청약은 이에 대응하는 상대방의 승낙과 결합하여 일정한 내용의 계약을 성립시킬 것을 목적으로 하는 구체적·확정적인 의사표시이다.

② 청약의 유인은 이와 달리 합의를 구성하는 의사표시가 되지 못한다.

> **사례 따라잡기**
>
> 유인자(A)가 구체적인 가격의 제시 없이 싸게 해준다고 호객행위를 하고 상대방(B)이 이에 호응하여 10만원에 산다고 한 경우 A의 행위는 「청약의 유인」에 불과하여 아직 계약은 성립된 것이 아니고, 유인자(A)가 다시 판다고 승낙해 주어야 계약이 비로소 성립된다.

❶ 청약은 불특정 다수에게도 효력이 있으나, 승낙은 불특정 다수에게 효력이 없다.

(3) 청약의 상대방과 승낙의 상대방 ❶

① **청약의 상대방:** 특정인이나 불특정 다수인에게도 효력이 있다.

② **승낙의 상대방:** 특정의 청약자에게 해야 효력이 있고 불특정 다수에 대한 승낙은 효력이 없다.

(4) 격지자간 계약 성립

승낙의 통지를 '발송'한 때 성립한다(도달주의의 예외).

> **사례 따라잡기**
>
> 甲이 토지를 乙에게 5억원에 매각한다고 청약을 하면서 10월 30일까지를 승낙기간으로 정한 경우 매수자 乙이 5억원에 매수한다는 승낙서를 10월 25일에 발송하여 10월 28일에 도착한 때 계약은 승낙통지를 발송한 10월 25일에 성립한다.

02 교차청약에 의한 성립

제533조【교차청약】 당사자간에 동일한 내용의 청약이 상호 교차된 경우에는 양 청약이 상대방에게 도달한 때❶에 계약이 성립한다.

> **사례 따라잡기**
> 甲이 고려청자를 乙에게 5천만원에 사라고 청약을 먼저 하고 우연히 乙도 5천만원에 자신에게 팔라고 청약을 하여 양쪽의 청약이 도달된 때 계약은 성립한다.

❶
나중의 청약이 도달한 때

03 의사실현에 의한 성립

제532조【의사실현에 의한 계약성립】 청약자의 의사표시나 관습에 의하여 승낙의 통지가 필요하지 아니한 경우에는 계약은 승낙의 의사표시로 인정되는 사실이 있은 때에 성립한다.

> **사례 따라잡기**
> 자판기에 캔커피를 사려고 돈을 투입구에 넣은 때(사겠다는 승낙의 의사를 행동으로 실현한 때) 캔커피에 대한 매매가 성립한 것이다.

용어 & 참고

❶ 계약체결상의 과실 책임
계약체결상의 과실 책임을 '계·체·과'로 줄여 암기한다.

04 계약체결상의 과실 책임[1]

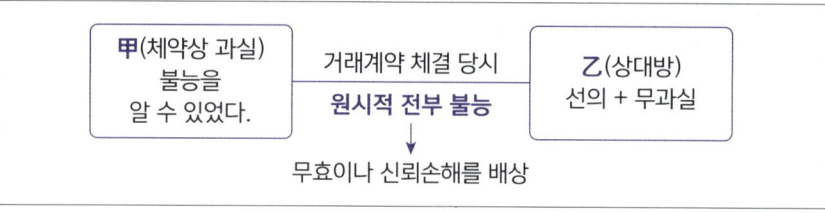

(1) 개념

계약 당시부터 목적이 불능이어서 무효인 경우 계약을 체결함에 있어 과실이 있는 당사자는 이를 신뢰한 상대방이 받은 손해를 배상해 주는 것을 말한다.

> 제535조 【계약체결상의 과실】 ① 목적이 불능한 계약을 체결할 때에 그 불능을 알았거나 알 수 있었을 자[2]는 상대방이 그 계약의 유효를 믿었음으로 인하여 받은 손해[3]를 배상하여야 한다. 그러나 그 배상액은 계약이 유효함으로 인하여 생길 이익액을 넘지 못한다.
> ② 전항의 규정은 상대방이 그 불능을 알았거나 알 수 있었을 경우에는 적용하지 아니한다.

❷ 계약체결에 과실 있는 자

❸ 신뢰손해

(2) 성립 요건

① **원시적 불능일 것**: 매매목적인 공장이 계약성립시부터 화재로 소멸하거나 계약 체결 전에 이미 수용되어 객관적 불능으로 무효이어야 한다.

② **일방은 계약체결 당시에 불능임을 '알았거나 알 수 있었을 것'**: 일방은 목적의 불능을 알았거나 알 수 있는 상태이어야 한다. 이 점에서 일방은 비난을 받는 것이고 책임을 부담한다.

③ 상대방은 '선의이고 무과실'일 것

(3) 효과

계약은 원시적 불능으로 무효이다. 따라서 계약이 무효이므로 아무런 책임이 없는 것이 원칙이다. 다만, 그 불능을 알았거나 알 수 있었을 자에게 귀책사유를 물어서 신뢰손해의 배상을 인정한다.

CHAPTER 3 계약의 효력

01 동시이행항변권

1. 서설

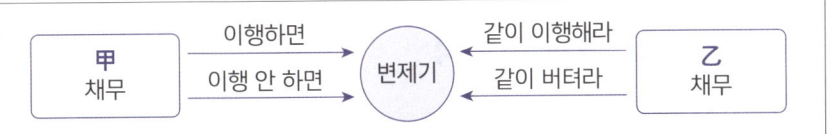

사례 따라잡기

1. 임대차가 종료하면 임대인의 보증금반환의무와 임차인의 방을 비워줄 의무(목적물 인도의무)가 동시이행관계에 있다.
2. 만일 임대인이 보증금을 빼주지 않으면서 임차인에게 방을 빼달라고 요구하는 경우
   임차인은 방을 빼주지 아니하고 가만히 버티면서 상대편이 보증금을 빼줄 때까지 버틸 수 있다(상대방이 보증금을 빼줄 때까지 자신의 의무이행을 연기시킬 수 있는 연기적 항변권).
3. 보증금을 빼주지 않은 주인이 방을 비워달라고 명도소송을 제기하는 경우
   임차인이 동시이행항변권을 주장하면서 버티고 있으면 법원은 서로 이행하지 않고 있는 상황이므로 서로 주라는 판결(상환급부판결 – 원고 일부승소)을 명한다.

(1) 개념

> **제536조【동시이행의 항변권】** ① 쌍무계약의 당사자 일방은 상대방이 그 채무이행을 제공할 때까지 자기의 채무이행을 거절할 수 있다. 그러나 상대방의 채무가 변제기에 있지 아니하는 때에는 그러하지 아니하다.
> ② 당사자 일방이 상대방에게 먼저 이행하여야 할 경우에 상대방의 이행이 곤란할 현저한 사유가 있는 때에는 전항 본문과 같다.

쌍무계약에서 상대편이 채무를 이행할 때까지 자기 채무의 이행을 거절할 수 있는 권리

용어 & 참고

예 임대차가 종료한 때 임대인이 보증금을 반환할 때까지 임차인이 방을 빼지 않고 버티는 권리

(2) 취지

쌍무계약의 일방이 대가적 관계에 있는 자기 채무는 이행하지 않으면서 상대방에 대하여만 채무의 이행을 강요하는 것은 불공평하므로 공평의 원리에 근거하여 인정된 것으로서 유치권과 그 취지를 같이 한다. 동시이행의 항변권은 매매의 경우뿐만이 아니라 모든 쌍무계약에 있어서 발생하는 것이다.

2. 동시이행항변권의 효력

(1) 연기적 항변권❶

동시이행의 항변권을 가진 채무자는 상대방이 채무를 제공할 때까지 자기의 채무이행을 거절할 수 있다(제536조).

(2) 이행지체책임의 면제

동시이행의 항변권을 가지는 자는 이행기에 상대편이 이행제공을 하지 않은 상황이므로 자신의 채무를 이행하지 않더라도 이행지체로 인한 책임을 지지 않는다.

(3) 소송상 효력(상환급부판결)

소송에서 원고의 청구에 대하여 피고가 동시이행의 항변권을 원용한 경우에는 법원은 원고 패소판결이 아니라 상환이행판결(원고 일부승소판결)을 내려야 한다.

❶ 상대방이 채무를 제공할 때까지 버티는 것을 말한다.

02 위험부담

1. 채무자위험부담주의 ★

> 제537조【채무자위험부담주의】쌍무계약의 당사자 일방의 채무가 당사자 쌍방의 책임 없는 사유로 이행할 수 없는 때에는 채무자는 상대방의 이행을 청구하지 못한다.

```
매도인                                    매수인
(건물인도의무) ─── 쌍방의 책임 없는 사유로 이행불능 ─── (대금지급의무)
```

(1) 위험부담이란 쌍무계약에서 채무자의 채무가 채무자의 책임 없는 사유(예 지진, 태풍같은 천재지변이나, 제3자의 과실)로 이행불능으로 된 때에, 상대방의 채무도 똑같이 소멸한다는 주의를 말한다.

(2) 태풍으로 건물이 멸실된 경우 매도인(건물인도 채무자)의 건물인도의무는 소멸한다. 마찬가지로 쌍무계약상 매수인(물건에 대한 채권자)의 대금지급의무도 대등하게 소멸한다. 그로 인하여 매도인(채무자)은 매수인에게 매매대금을 요구할 수 없다. 결국 대가의 손실은 채무자가 부담하므로 이것을 채무자위험부담주의라고 한다.❹

(3) 매수인은 매도인에게 건물을 인도받지 못하여 입은 손해로 채무불이행책임을 물을 수 있는가? 매도인의 과실 없이 이행을 못하게 된 것이므로 매수인은 매도인에게 채무불이행책임을 물을 수 없다.

(4) 매수인이 이미 지급한 계약금은 매도인이 부당이득으로 반환하여야 한다.

2. 채권자위험부담주의 ★

> 제538조【채권자귀책사유로 인한 이행불능】① 쌍무계약의 당사자 일방의 채무가 채권자의 책임있는 사유로 이행할 수 없게 된 때에는 채무자는 상대방의 이행을 청구할 수 있다. 채권자의 수령지체 중 당사자 쌍방의 책임없는 사유로 이행할 수 없게 된 때에도 같다.

용어 & 참고

❶ '쌍방 귀책사유 없는' 후발적 불능일 때 매도인은 돈을 청구하지 못한다.

❷ 쌍무계약의 견련성에 기인한다.

❸ 건물 값을 못 받는 손해

❹ **대가의 위험**
매도인이 '건물대금'을 못 받는 위험을 부담한다.

용어 & 참고

(1) 쌍무계약에서 '채권자의 과실(매수인의 과실)'로 채무자가 채무를 이행할 수 없을 때 매도인은 매수인에게 매매대금을 청구할 수 있다.

(2) 예컨대, 펜션을 10억원에 매매계약 체결 후 매수인이 펜션을 미리 사용해본다고 하여 주말에 펜션을 이용하다가 담뱃불을 끄지 않아 화재가 나서 펜션이 불타버린 경우이다.

(3) 매수인의 과실로 펜션이 멸실한 것이므로 매도인은 매수인에게 펜션 매매대금을 청구할 수 있다(매수인은 펜션 대금은 지불하나 그 대가인 '펜션을 얻지 못하는 손해'를 부담하므로 채권자가 위험을 부담한다).

03 제3자를 위한 계약

제539조 【제3자를 위한 계약】
① 계약에 의하여 당사자 일방이 제3자에게 이행할 것을 약정한 때에는 그 제3자는 채무자에게 직접 그 이행을 청구할 수 있다.
② 전항의 경우에 제3자의 권리는 그 제3자가 채무자에 대하여 계약의 이익을 받을 의사를 표시한 때에 생긴다.❶

❶ 수익표시는 수익자에게 권리발생요건이다.

1. 제3자를 위한 계약이란?

(1) 계약은 당사자끼리 체결하고 그로 인한 수익은 당사자가 아닌 제3자로 하여금 직접 권리를 취득하게 하는 것을 목적으로 하는 계약을 말한다.

(2) 여기서 계약을 요청한 사람을 요약자, 요약자의 요구를 승낙하여 준 사람을 낙약자, 수익을 받을 사람인 제3자를 수익자라고 한다.

사례 따라잡기

1. 며느리가 시어머니에게 명절 선물을 드리기 위해 백화점에서 홍삼세트 구매계약을 하면서 수익자는 시골에 계신 시어머니로 하는 경우에 며느리가 '요약자', 백화점은 홍삼을 배달해야 하는 채무자로서 '낙약자', 홍삼에 대한 급부청구권자인 시어머니를 '수익자'라고 한다.
2. 매도인 甲과 매수인 乙이 부동산의 매매계약을 체결하면서 그 매매대금은 매도인의 채권자인 丙에게 지급하기로 하는 약정을 하였을 경우 매도인은 요약자, 매수인은 낙약자, 채권자는 수익자로서 '제3자를 위한 계약'에 해당한다.

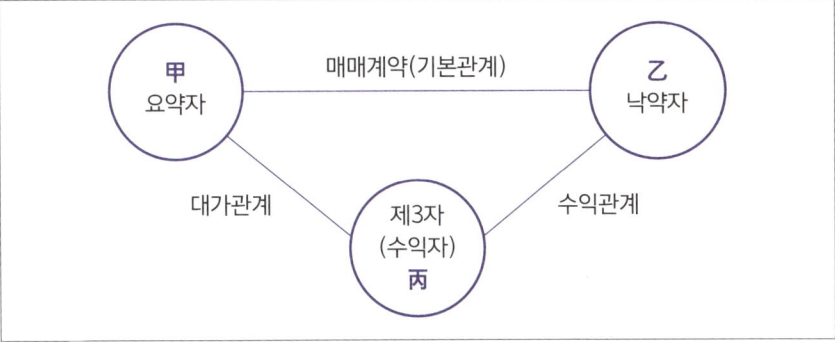

2. 법률관계의 쟁점 ★

(1) 수익표시는 수익자가 낙약자에게 하고, 제3자를 위한 계약의 성립요건이 아니라 수익자에게 권리의 발생요건이다.

(2) 낙약자는 '기본관계에 기한 항변사유'로 제3자에게 대항할 수 있다(제542조). 즉, 낙약자는 기본관계가 무효로 된 경우 수익자의 급부요구를 묵살하고 거절할 수 있다. 그 결과 낙약자는 '계약에 기한 항변'으로 수익자에게 '대항할 수 있다'.

요약자와 낙약자 사이의 관계 (기본관계)가 흠이 있을 때	• 수익자에게 영향을 미친다. • 수익자의 권리도 소멸하여 꽝이 된다.
요약자와 제3자 사이의 관계 (대가관계)가 흠이 있을 때	• 기본관계에 영향을 미치지 않는다. • 수익자의 권리가 소멸하지 않는다.

용어 & 참고

(3) 낙약자는 '요약자와 수익자 사이의 법률관계'가 소멸한 경우 이는 요약자와 낙약자간의 내부 문제일 뿐 기본관계에는 영향이 없고 기본관계는 여전히 유효하므로 낙약자 입장에서는 수익자의 급부요구를 거부할 수 없다.

① 낙약자는 '요약자와 수익자 사이의 법률관계'에 기한 항변(甲의 丙에 대한 항변)으로 수익자에게 대항할 수 없다(대판 2003.12. 11, 2003다49771).

② 요약자도 '대가관계의 부존재나 효력 상실'을 이유로 자신이 기본관계에 기하여 낙약자에게 부담하는 채무의 이행을 거부할 수 없다(대판 2003.12.11, 2003다49771).

(4) 수익표시 후 당사자는 계약의 변경권이 없다.

① 제3자가 수익의 의사표시를 함으로써 제3자에게 권리가 확정적으로 귀속된 경우에는 요약자와 낙약자는 원칙적으로 제3자의 권리를 변경·소멸시키지 못한다.

② 수익표시한 후에는 요약자와 낙약자가 계약을 '합의해제'하여도 제3자에게 효력이 없다(대판 2002.1.25, 2001다30285).

CHAPTER 4 계약의 해제

01 개념

1. 해제(소급효)

유효한 계약을 일방이 채무불이행한 경우 해제권자가 일방적으로 해제 통보하여 처음부터 계약을 '소급하여' 소멸시키는 것이다.

2. 해지(장래효)

유효하게 체결한 계약(예 임대차, 할부거래 등)을 '장래를 향하여' 소멸시키는 것이다.

3. 합의해제

(1) 일방의 합의해제의 청약과 상대방의 승낙으로 성립하는 새로운 계약이다.

(2) 예컨대, 매도인 甲과 매수인 乙간에 토지매매계약이 10억원에 체결되어 이미 6억원의 중도금까지 지불한 상황에서 정부의 부동산정책의 변화가 언론에 보도되면서 매수인이 합의해제 요구를 하자 매도인이 수락하여 7천만원을 뺀 나머지 5억 3천만원만 돌려주기로 쌍방이 서로 합의해제하기로 하여 합의서를 작성하였다.

(3) 이 경우 쌍방은 서로 합의한 대로 처리하며, 「민법」상 해제의 규정은 적용되지 않는다. 그 결과 매도인은 5억 3천만원만 반환해주고 별도의 이자 가산의무를 부담하지 않는다. 또 별도의 특약이 없는 한 일방의 채무불이행으로 인한 손해배상청구를 할 수 없다.

용어 & 참고

02 법정해제의 원인(채무불이행)

1. 이행지체

채무자의 귀책사유로 채무를 이행하지 아니한 때를 말한다.

> 제544조 【이행지체와 해제】 당사자 일방이 그 채무를 이행하지 아니한 때에는 상대방은 상당한 기간을 정하여 이행을 최고하고 그 기간 내에 이행하지 아니한 때에는 계약을 해제할 수 있다. 그러나 채무자가 미리 이행하지 아니할 의사를 표시한 경우❶에는 최고를 요하지 아니한다.

❶ 미리 이행거절한 경우

(1) 이행지체란 채무자가 채무의 이행을 약속한 기일 내에 하지 못하여 이행을 지연한 때를 말한다.

(2) 예컨대 건물매수인이 은행의 잔금대출비율 축소로 매매대금지급이 지연될 때, 건물매도인이 매매대상 건물에 대한 제3자 측의 가압류로 인하여 건물등기를 기일 내에 이행하지 못하는 상황인 경우를 말한다.

(3) 이행지체를 이유로 해제하기 위하여는 이행의 최고를 하여야 한다. 최고는 상당한 기간을 정하여서 하는 것이 원칙이다. 다만 판례는 최고기간이 상당하지 않은 최고도 유효성을 인정한다.

> **사례 따라잡기**
>
> 매수인이 잔금대출이 나오지 않아 이행기에 잔금지급을 지연하는 경우 최고의 방법
> - 보름 내에 잔금지급을 이행하지 않으면 귀측과의 본건 매매계약을 해제할 예정입니다.
> - 내일까지 잔금지급을 이행하지 않으면 계약을 해제할 것임을 알려드립니다.

2. 이행불능

채무자의 귀책사유로 채무를 이행할 수 없는 때를 말한다.

> 제546조【이행불능과 해제】채무자의 책임 있는 사유로 이행불능이 발생한 때에는 채권자는 계약을 해제할 수 있다.

(1) 매매의 목적인 공장이 매도인의 관리소홀로 화재로 전소된 경우와 같이 채무자의 책임 있는 사유로 이행불능이 생긴 경우 채권자는 '본래의 채무 이행에 갈음하는 손해배상', 즉 전보배상(塡補賠償)을 청구할 수 있다.

(2) 일방의 귀책사유로 채무의 전부가 이행불능이 되더라도 본래의 채무 자체가 소멸하는 것은 아니고 본래의 채무가 손해배상채무로 내용이 변질되어 존속한다.

(3) 그 결과로 매도인의 본래채무의 이행불능으로 인한 손해배상의무와 매수인의 반대급부의무간에는 동시이행관계가 존속한다.

(4) 매수인이 위 계약을 해제하기 위하여는 이행의 최고를 요하지 아니한다.

❶ 채권자는 최고 없이 계약을 해제할 수 있다.

3. 불완전 이행

사례 따라잡기

1. 도급계약에 따라 건축업자가 건축공사를 하였으나 창호공사와 인테리어 공사를 완전하게 이행을 하지 않아 누수가 생기거나 창문이 제대로 닫히지 않는 경우
2. 아침밥상을 차려놓았으나 반찬 하나만 차려놓고 먹으라고 하는 경우

4. 이행거절

일방이 채무이행을 '미리 명백하게 거절표시'한 때를 말한다.

사례 따라잡기

매수인이 잔금일보다 두 달 전에 미리 잔금이행을 할 수 없다고 미리 통보해 온 경우, 매도인은 이행의 최고 없이 계약을 해제할 수 있다.

용어 & 참고

5. 부수적 채무불이행

(1) 계약을 해제하려면 당해 채무가 계약의 목적을 달성하는 데 필요불가결하고 이를 이행하지 아니하면 계약의 목적이 달성되지 아니하여 채권자가 그 계약을 체결하지 아니하였을 것이라고 여겨질 정도의 '주된 채무'이어야 한다.

(2) '부수적 채무'를 위반하는 데에 불과한 경우에는 법정해제할 수 없다(대판 2001.11.13, 2001다20394). 토지거래허가구역에서 일방의 '협력의무'는 부수적 채무로서 협력의무위반을 이유로 상대방이 매매계약에 대해 법정해제권을 행사할 수 없다.

(3) 부수적 채무불이행(예 짜장면을 주문했는데 단무지를 빠뜨려서 배달한 경우)은 특약이 없는 한 법정해제사유가 아니므로 계약을 해제할 수 없다.

03 해제권의 행사

제543조 【해지, 해제권】
① 계약 또는 법률의 규정에 의하여 당사자의 일방이나 쌍방이 해지 또는 해제의 권리가 있는 때에는 그 해지 또는 해제는 상대방에 대한 의사표시로 한다.
② 해제의 의사표시는 철회하지 못한다.

제547조 【해지, 해제권의 불가분성】
① 당사자의 일방 또는 쌍방이 수인인 경우에는 계약의 해지나 해제는 그 전원으로부터 또는 전원에 대하여 하여야 한다.
② 전항의 경우에 해지나 해제의 권리가 당사자 1인에 대하여 소멸한 때에는 다른 당사자에 대하여도 소멸한다.

(1) 해제권자가 일방적인 통지로서 한다(형성권).

(2) 당사자가 여러 명인 때에는 전원이 전원에게 한다.
  예 건물 주인이 A, B, C 3인이면 전원이 전원에게 해야 한다.

(3) 해제 의사표시는 철회하지 못한다.

04 해제의 효과 ★

제548조【해제의 효과】① 당사자 일방이 계약을 해제한 때에는 각 당사자는 그 상대방에 대하여 원상회복의무가 있다. 그러나 제3자의 권리를 해하지 못한다.

제551조【해제, 해지와 손해배상청구】계약의 해제, 해지는 손해배상의 청구에 영향을 미치지 않는다.

사례 따라잡기

3월 1일 甲 소유 상가를 乙에게 10억원에 매매하기로 하고 먼저 소유권이전등기를 경료하여 주었으나 乙이 잔금을 지체하였다. 한편 乙이 상가를 丙에게 6월 1일 매매하여 소유권이전등기를 마쳤다. 뒤늦게 甲은 매수인 乙의 잔금지체를 이유로 9월 1일 해제를 통보하였다.

1. 甲이 乙에게 계약을 해제하기 위하여 최고를 필요로 하는가?
   이행지체이므로 최고를 하여야 한다.
2. 甲의 乙에 대한 계약해제의 소급효가 제3자 丙에게 미치는가?
   해제의 소급효는 丙에게 미치지 않는다. 그러므로 상가는 丙 소유이다.
3. 甲은 해제와 별도로 그로 인한 손해배상을 청구할 수 있는가?
   甲은 乙의 채무불이행을 원인으로 손해배상을 청구할 수 있다.

1. 계약은 소급하여 소멸한다.

계약을 해제하면 처음부터 소급하여 계약은 소멸한다.

2. 쌍방 당사자는 서로 원상회복의무를 부담한다.

(1) 매도인은 대금반환의무를, 매수인은 목적물인도 및 등기말소의무를 부담하고 상호간에는 동시이행관계에 있다.

(2) 선의, 악의, 이익의 현존 여부를 불문하고 받은 이익 전부를 반환하여야 한다.

용어 & 참고

3. 해제 또는 해지는 손해배상청구에 영향을 미치지 아니한다(제551조).

계약을 해제한 경우 해제와 별도로 상대방에게 채무불이행으로 인한 손해배상을 청구할 수 있다.

4. 해제의 소급효는 제3자의 권리를 해하지 못한다(제548조 단서).

(1) 해제의 소급효는 당사자에게만 미치고, 제3자에게는 미치지 아니한다. 제548조 단서는 '해제는 제3자의 권리를 해하지 못한다.'라고 규정하고 있다. 부동산을 甲-乙-丙으로 순차 이전등기한 후 甲이 乙의 채무불이행으로 계약을 해제한 경우 甲은 해제의 소급효를 제3자인 丙에게 주장할 수 없다. 다시 말하면 甲, 乙간의 매매계약의 해제는 제3자 丙에게 영향이 없다. 따라서 甲, 乙간의 매매계약의 해제에도 불구하고 상가는 丙의 소유이므로 甲은 丙의 소유권이전등기의 말소를 청구할 수 없다.

(2) 해제의 경우 보호되는 제3자의 범위
① **제3자:** 해제된 계약으로부터 생긴 법률적 효과를 기초로 하여 새로운 이해관계를 가졌을 뿐 아니라 등기·인도 등으로 '완전한 권리를 취득한 자'를 말한다(대판 2003.1.24, 2000다22850).
② **해제의 경우 보호받는 제3자(해제의 소급효가 미치지 않는 제3자)**
  ㉠ 계약의 해제로 소유권을 상실하게 된 부동산매수인(소유권등기를 마친 자)으로부터 건물을 임대하여 대항력을 갖춘 임차인은 계약의 해제에 아무 영향이 없다.
  ㉡ 해제된 계약에 의하여 채무자의 책임재산이 된 부동산을 가압류집행한 가압류 채권자는 해제에 의하여 영향이 없다. 甲 소유의 아파트를 매수인 乙이 매매로 소유권이전등기한 상태에서 乙의 금전채권자 丙이 매매계약의 급부의 목적물인 아파트를 가압류한 경우 甲, 乙간의 계약이 해제되어도 丙의 가압류는 해제에 영향이 없다(대판 2000.1.14, 99다40937).

CHAPTER 5 계약각론

01 매매

1. 매매의 성질[1]

> 제563조【매매의 의의】매매는 당사자 일방이 재산권을 상대방에게 이전할 것을 약정하고 상대방은 그 대금을 지급할 것을 약정함으로써 그 효력이 생긴다.[2]
>
> 제567조【유상계약에의 준용】매매에 관한「민법」규정은 매매 이외의 유상계약[3]에 준용한다. 그 계약의 성질이 이를 허용하지 아니하는 때에는 그러하지 아니하다.

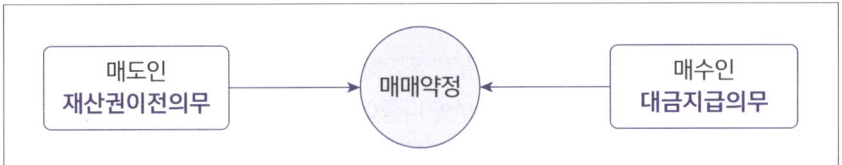

(1) 성질
① 매매는 매도인이 재산권 이전의무를 부담하고, 매수인이 대금지급의무를 부담하는 채권행위(의무부담행위)이다.
② 매매는 낙성, 쌍무, 유상, 불요식계약이다.

(2) 매매의 반대급부
매매의 반대급부는 금전에 한한다. 반대급부가 재산권이전이면 교환이다.

(3) 매매의 객체
매매의 객체는 재산권이다. 물건과 권리[4]도 가능하다. 타인 소유의 물건에 대한 매매계약(例 아들이 아버지 소유의 땅을 매매하는 계약을 체결한 때)도 무효가 아니라 유효이다.

(4) 매매의 규정은 유상계약에 준용한다.

용어 & 참고

[1] 매매는 재산권을 이전하는 게 아니라 이전하기로 '약속'하는 것이다.

[2] 낙성계약

[3] **유상계약의 종류**
임대차, 주택임대차, 상가임대차, 교환

[4] 임차권, 지상권도 가능하다.

2. 계약금 해제 ★

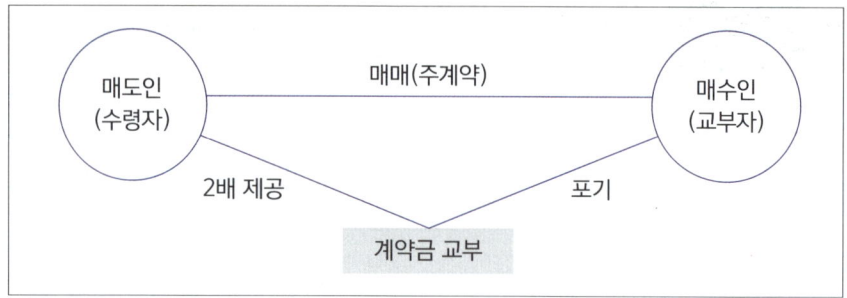

사례 따라잡기

1. 계약금 계약은 요물계약의 성질을 가진다. 계약이 일단 성립한 후에는 당사자의 일방이 이를 마음대로 해제할 수 없는 것이 원칙이고, 다만 주된 계약과 더불어 계약금 계약을 한 경우에는 제565조 제1항의 규정에 따라 임의 해제를 할 수 있기는 하나,

2. 계약금 계약은 금전 기타 유가물의 교부를 요건으로 하므로 단지 계약금을 지급하기로「약정만 한 단계」에서는 아직 계약금으로서의 효력, 즉「민법」규정에 의해 계약해제를 할 수 있는 권리는 발생하지 않는다.

3. 따라서 당사자가 계약금의 일부만을 먼저 지급하고 잔액은 나중에 지급하기로 약정하거나 계약금 전부를 나중에 지급하기로 약정한 경우?
   교부자가 계약금의 잔금이나 전부를 약정대로 지급하지 않으면 상대방은 채무불이행을 이유로 '계약금 약정을 해제'할 수 있고, 교부자가 계약금의 전부를 지급하지 아니하는 한 계약금 계약은 성립하지 아니하므로 당사자가 임의로 주계약을 해제할 수는 없다(대판 2008.3.13, 2007다73611). ❶

법조문 따라잡기

제565조【해약금】
① 매매 당사자 일방이 계약 당시에 금전 기타 물건을 계약금, 보증금 등의 명목으로 상대방에게 교부한 때에는 당사자간에 다른 약정이 없는 한 당사자 일방이 이행에 착수할 때까지 교부자는 이를 포기하고 수령자는 그 배액을 상환하여 매매계약을 해제할 수 있다. ❷
② 제551조❸의 규정은 전항의 경우❹에 이를 적용하지 아니한다.

용어 & 참고

❶
- 계약금 전부지급: 계약금을 포기하고 해제 가능하다.
- 계약금 일부지급: 일부 계약금을 포기하고 해제하지 못한다.

❷
교부자는 매수자를 의미하고 수령자는 매도인을 의미한다.

❸
해제와 손해배상청구

❹
계약금 해제

(1) 계약금계약의 성질

① **종된 계약:** 매매계약(주계약)의 종된 계약이다. 따라서 주계약인 매매계약이 무효로 되면 계약금계약도 소멸한다.

② **요물계약:** 계약금을 지급하기로 하는 '약정이나 일부 지급'으로는 계약금계약은 성립하지 않으며 계약금 전액을 교부하여야 성립한다.

(2) 해제시기 – 일방이 이행 착수 전❶까지 해제할 수 있다.

① 일방이란?

  ㉠ 둘 중 어느 한 사람을 의미한다.

  ㉡ 매수인이 중도금을 지급하여 이행에 착수한 이상 매수인이 계약금을 포기하고 매매계약을 해제할 수는 없다(대판 2000.2.11, 99다62074).

② 이행의 착수란?

  ㉠ 채무의 일부를 이행하거나 이행에 필요한 전제행위를 하는 것을 말한다.

  ㉡ 당사자 일방이란 쌍방 중 어느 일방을 의미하므로 상대방에게만 국한할 것은 아니다. 따라서 매수인이 중도금의 일부 이행에 착수하였다면, 비록 상대방(매도인)이 아직 이행에 착수하지 않은 경우에도 이행착수한 매수인 자신도 계약금을 포기하고 해제권을 행사할 수 없다(대판 2000.2.11, 99다62074).

  ㉢ **매수인이 중도금을 지급한 경우:** 이행의 착수이므로 계약금을 포기하고 해제할 수 없다.

(3) 계약금(해약금) 해제의 방법

교부자는 계약금을 포기하고, 수령자는 해제의사표시와 배액 제공이 필요하다.

(4) 해약금 해제의 효과

① 상대방은 이를 원인으로 손해배상을 청구할 수 없다.

② 해약금 해제의 경우 아직 이행착수 전이므로 원상회복의무가 없다.

용어 & 참고

❶ 일방이 이행 착수 전
중도금 지급 전

용어 & 참고

3. 담보책임 ★

(1) 의의

① 매매의 목적인 재산권에 하자가 생겼을 때 매도인이 매수인에게 부담하는 책임을 말한다.

② 매매에 관한 담보책임의 규정은 다른 유상계약(예 교환, 임대차)에 준용한다.

(2) 종류

물건의 하자와 권리의 하자로 나눈다.

> **사례 따라잡기**
>
> 77세의 乙이 뒤늦게 결혼한 외아들의 신혼집으로 사용하기 위해 甲 소유의 빌라를 5억원에 매매계약을 체결하고 계약금 5천만원을 지불하였다. 그러나 잔금일에 집을 둘러보면서 집에 누수가 있는 상태임을 발견하였고 보일러 작동이 되다 말다 하는 것을 발견하게 되었다. 乙이 집주인 甲에게 할 수 있는 조치는?
>
>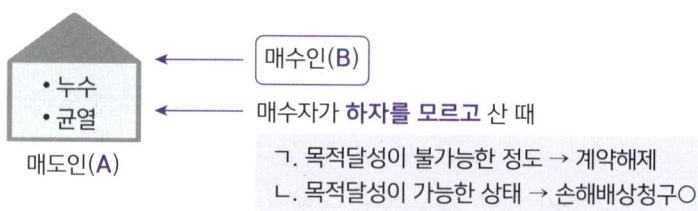
>
> ㄱ. 목적달성이 불가능한 정도 → 계약해제
> ㄴ. 목적달성이 가능한 상태 → 손해배상청구○
>
> 1. 누수로 인하여 집에서 거주할 수 없을 정도인 경우 계약을 해제할 수 있다(제580조).
> 2. 누수가 있어도 거주할 수 있으나 약간의 불편함이 있는 경우 해제는 할 수 없으나 하자로 인하여 발생한 손해배상을 청구할 수 있다(제580조).
> 3. 만약 집에 하자가 존재하는 것을 알고 집을 매수한 경우 매도인에게 하자담보책임을 물을 수 없다.

> **법조문 따라잡기**
>
> 제580조【매도인의 하자담보책임】
> ① 매매의 목적물에 하자가 있는 때에는 제575조 제1항의 규정을 준용한다. 목적을 달성할 수 있는 경우에는 해제를 할 수 없고 손해배상만 청구할 수 있다. 그러나 매수인이 하자 있는 것을 알았거나 과실로 인하여 이를 알지 못한 때에는 그러하지 아니하다.
> ② 전항의 규정은 경매의 경우에 적용하지 아니한다.

---

❶ 하자담보책임

❷ 계약의 목적을 달성할 수 없는 때에는 계약을 해제할 수 있다.

> **제581조【종류매매와 매도인의 담보책임】**
> ① 매매의 목적물을 종류로 지정한 경우에도 그 후 특정된 목적물에 하자가 있는 때에는 전조의 규정을 준용한다.
> ② 전항의 경우에 매수인은 계약의 해제 또는 손해배상의 청구를 하지 아니하고 하자 없는 물건을 청구할 수 있다.
>
> **제582조【전2조의 권리행사기간】** 전2조에 의한 권리는 매수인이 그 사실을 안 날로부터 6월 내에 행사하여야 한다.

1) 물건의 하자

① **특정물의 하자**
  ㉠ 물건에 '하자가 존재'할 것
  ㉡ **매수인이 하자를 모르고 무과실일 것**
    ⓐ 매수인은 계약 성립 당시 목적물에 하자가 있다는 사실을 몰라야 하고, 모르는 데 과실이 없어야 한다.
    ⓑ 매수인이 물건의 하자를 인지하여 알고 매입하였을 때에는 매수인이 담보책임을 물을 수 없다.
  ㉢ **책임의 내용**
    ⓐ **중대한 하자:** 목적물의 하자로 인하여 매매의 목적을 달성할 수 없을 때에는 매수인은 계약을 해제하고 아울러 손해의 배상을 청구할 수 있다.
    ⓑ **경미한 하자:** 목적물의 하자가 계약의 목적을 달성할 수 없을 정도로 중대한 것이 아니면(경미한 하자의 경우) 매수인은 계약을 해제할 수 없고 손해배상만을 청구할 수 있다.
    ⓒ **6월 기간제한:** 매수인이 그 사실을 안 날로부터 6월 내에 행사하여야 한다.

② **종류물의 하자**

> **사례 따라잡기**
>
> 폭스바겐 자동차 중에서 마음에 쏙 드는 한 대를 특정하여 구매하였는데 하자가 존재하는 것을 모르다가 최근에 알게 된 경우 매수인의 구제방법은?
> 1. 목적을 달성할 수 없는 중대한 하자가 존재할 경우 해제할 수 있다.
> 2. 목적을 달성할 수 있는 경미한 하자가 존재할 경우 손해배상을 청구할 수 있다.
> 3. 해제를 하지 아니하고 하자 없는 물건의 청구(완전물급부청구)를 할 수 있다.

용어 & 참고

> 제581조 【종류매매와 매도인의 담보책임】
> ① 매매의 목적물을 종류로 지정한 경우에도 그 후 특정된 목적물에 하자가 있는 때에는 전조의 규정을 준용한다.
> ② 전항의 경우에 매수인은 계약의 해제 또는 손해배상의 청구를 하지 아니하고 하자 없는 물건을 청구할 수 있다.

2) 권리의 하자

① **전부타인권리의 매매(토지 약 1,000m²를 매매계약 체결하였으나 전부 타인소유인 때)**

  ㉠ 전부타인소유의 매매도 유효하다. 다만 매도인이 매수인에게 권리를 취득하여 매수인에게 이전할 수 없는 때 매수인은 선의, 악의 불문하고 해제할 수 있다.

  ㉡ 매수인은 선의인 경우 그로 인한 손해배상(이행이익의 배상)을 청구할 수 있다.

> 제569조 【타인의 권리의 매매】 매매의 목적이 된 권리가 타인에게 속한 경우에는 매도인은 그 권리를 취득하여 매수인에게 이전하여야 한다.
>
> 제570조 【동전-매도인의 담보책임】 전조의 경우에 매도인이 그 권리를 취득하여 매수인에게 이전할 수 없는 때에는 매수인은 계약을 해제할 수 있다. 그러나 매수인이 계약 당시 그 권리가 매도인에게 속하지 아니함을 안 때에는 손해배상을 청구하지 못한다.

② **일부타인권리의 매매:** 토지 1,000m²를 매매계약 체결하였으나 100m²가 타인소유인 때, 매수인이 땅 위에 건물의 신축공사를 위해서 2억원 상당의 편백나무를 구매해둔 상황인 경우

  ㉠ 매도인이 그 권리를 취득하여 매수인에게 이전할 수 없는 때에는 매수인은 (선의, 악의 관계없이) 그 부분의 비율로 대금 감액을 청구할 수 있다.

  ㉡ 잔존한 부분만이면 매수인이 이를 매수하지 아니하였을 때에는 선의의 매수인은 계약전부를 해제할 수 있다.

  ㉢ 선의의 매수인은 감액청구 또는 계약해제 외에 손해배상을 청구할 수 있다.

제572조 【권리의 일부가 타인에게 속한 경우와 매도인의 담보책임】
① 매매의 목적이 된 권리의 일부가 타인에게 속함으로 인하여 매도인이 그 권리를 취득하여 매수인에게 이전할 수 없는 때에는 매수인은 그 부분의 비율로 대금의 감액을 청구할 수 있다.❶
② 전항의 경우에 잔존한 부분만이면 매수인이 이를 매수하지 아니하였을 때에는 선의의 매수인은 계약전부를 해제할 수 있다.
③ 선의의 매수인은 감액청구 또는 계약해제 외에 손해배상을 청구할 수 있다.❷

제573조 【전조의 권리행사의 기간】 전조의 권리는 매수인이 선의인 경우에는 사실을 안 날로부터, 악의인 경우에는 계약한 날로부터 1년 내에 행사하여야 한다.

❶ 선의, 악의 모두 해당한다.

❷ 조문분석
선의인 매수인은 일부가 타인소유라도 계약의 목적을 달성할 수 있는 때는 대금감액청구 외에 손해배상을 청구할 수 있고, 계약의 목적을 달성할 수 없는 때는 해제 외에 별도로 손해배상청구할 수 있다.

③ **수량부족의 경우:** 토지 약 1,000m^2를 매매계약 체결하였으나 300m^2가 부족한 경우

제574조 【수량부족, 일부멸실의 경우와 매도인의 담보책임】 전2조의 규정은 수량을 지정한 매매의 목적물이 부족되는 경우와 매매목적물의 일부가 계약 당시에 이미 멸실된 경우에 매수인이 그 부족 또는 멸실을 알지 못한 때에 준용한다.

㉠ 수량의 부족으로 매수인이 목적을 달성할 수 없을 때는 선의인 매수인은 계약해제 외에 손해배상청구할 수 있다.
㉡ 수량부족에도 목적을 달성할 수 있을 때는 선의인 매수인은 대금감액청구 외에 손해배상청구할 수 있다.
㉢ 선의인 매수인은 이를 안 날로부터 1년 내에 행사하여야 한다.

4. 환매

(1) 개념

매도인이 매매계약과 동시에 환매할 권리❸를 보류한 경우에 그 환매권을 행사해서 매매의 목적물을 도로 매수하는 것을 말한다.

❸ 환매할 권리 = 환매권

> 용어 & 참고

(2) 환매의 요건

> **제590조【환매의 의의】**
> ① 매도인이 매매계약과 동시에 환매할 권리를 보류한 때에는 그 영수한 대금 및 매수인이 부담한 매매비용을 반환하고 그 목적물을 환매할 수 있다.
> ② 전항의 환매대금에 관하여 특별한 약정이 있으면 그 약정에 의한다.
> ③ 전2항의 경우에 목적물의 과실과 대금의 이자는 특별한 약정이 없으면 이를 상계한 것으로 본다.
>
> **제591조【환매기간】**
> ① 환매기간은 부동산은 5년, 동산은 3년을 넘지 못한다. 약정기간이 이를 넘는 때는 부동산은 5년, 동산은 3년으로 단축한다.
> ② 환매기간을 정한 때에는 다시 이를 연장하지 못한다.
> ③ 환매기간을 정하지 아니한 때에는 그 기간은 부동산은 5년, 동산은 3년으로 한다.
>
> **제592조【환매등기】** 매매의 목적물이 부동산인 경우에 매매등기와 동시에 환매권의 보류를 등기한 때에는 제3자에 대하여 그 효력이 있다.

① 매매와 동시에 환매특약을 하여야 하고, 환매의 특약은 반드시 매매계약과 동시에 하여야 한다.

② **환매권의 등기:** 매매의 목적물이 부동산인 경우에 매매등기와 동시에 환매권의 보류를 '등기'한 때에는 제3자에 대하여 그 효력이 있다(제592조).

③ **환매기간**
  ㉠ 부동산은 5년, 동산은 3년을 넘지 못하며, 약정기간이 이를 넘는 때에는 부동산은 5년, 동산은 3년으로 단축한다(제591조 제1항).
  ㉡ 환매기간을 정한 때에는 이를 다시 연장하지 못한다(제591조 제2항).

02 교환

사례 따라잡기

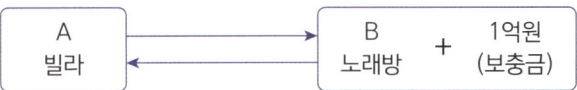

1. 빌라의 누수·균열의 존재를 모르고 B가 교환계약을 체결한 때 그 균열로 목적을 달성할 수 없을 경우라면?
   B는 제580조의 담보책임으로 계약을 해제할 수 있다.
2. 빌라가 태풍으로 계약체결 후 붕괴된 때 B는 노래방의 인도의무와 보충금 1억원의 이행의무를 부담하는가?
   빌라가 쌍방의 과실 없이 멸실한 때는 위험부담의 법리가 준용되어 A는 빌라이전의무가 소멸하고 B는 노래방이전의무가 소멸한다.
3. B가 약정일에 보충금 1억원을 안 주면?
   A는 교환계약을 해제할 수 있다.

법조문 따라잡기

제596조【교환의 의의】 교환은 당사자 쌍방이 금전 이외의 재산권을 상호이전할 것을 약정함으로써 효력이 생긴다.

제597조【금전의 보충지급의 경우】 당사자 일방이 전조의 재산권 이전과 금전의 보충지급을 약정한 때에는 그 금전에 대하여는 매매대금에 관한 규정을 준용한다.

03 임대차

1. 임대차의 의의

제618조【임대차의 의의】 임대차는 당사자 일방이 상대방에게 목적물을 사용, 수익하게 할 것을 약정하고 상대방이 이에 대하여 차임을 지급할 것을 약정함으로써 그 효력이 생긴다.

용어 & 참고

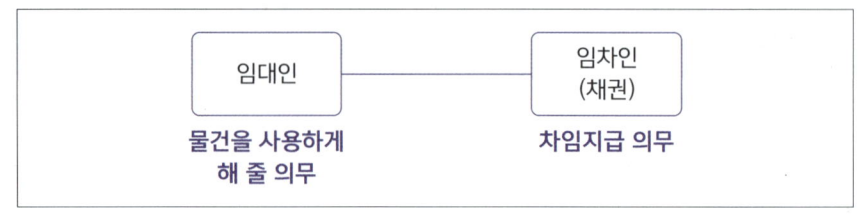

2. 임대차의 성질 및 기간

(1) 임대차계약은 약정으로 성립하는 채권계약으로 쌍무, 낙성, 유상, 불요식이다. 목적물의 처분권한이 없는 자도 임대차 계약을 유효하게 체결할 수 있다.

(2) 임차권은 채권이다.

① 임차권은 계약당사자에게 주장할 수 있는 채권이다.

② 임대인이 목적물을 매각하면 임차권은 채권이므로 제3자인 새 주인에게 임차권을 주장할 수 없음이 원칙이다.

③ 임차권을 등기하면 제3자에게 효력이 생긴다(대항력). 대항력이란 유효하게 이루어진 권리관계를 계약의 당사자가 아닌 제3자에게 주장할 수 있는 힘을 말한다.

> **제621조【임대차의 등기】**
> ① 부동산임차인은 당사자간에 반대약정이 없으면 임대인에 대하여 그 임대차등기절차에 협력할 것을 청구할 수 있다.
> ② 부동산임대차를 등기한 때에는 그때부터 제3자에 대하여 효력이 생긴다.
>
> **제622조【건물등기있는 차지권의 대항력】**
> ① 건물의 소유를 목적으로 한 토지임대차는 이를 등기하지 아니한 경우에도 임차인이 그 지상건물을 등기한 때에는 제3자에 대하여 임대차의 효력이 생긴다.
> ② 건물이 임대차기간 만료 전에 멸실 또는 후폐한 때에는 전항의 효력을 잃는다.

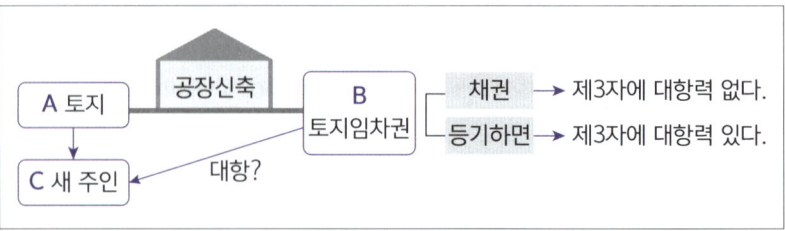

❶ 매매는 임대차를 깨뜨린다.

(3) 임대차의 기간

> 제635조 【기간의 약정없는 임대차의 해지통고】
> ① 임대차기간의 약정이 없는 때에는 당사자는 언제든지 계약해지의 통고를 할 수 있다.
> ② 상대방이 전항의 통고를 받은 날로부터 다음 각 호의 기간이 경과하면 해지의 효력이 생긴다.
> 1. 토지, 건물 기타 공작물에 대하여는 임대인이 해지를 통고한 경우에는 6월, 임차인이 해지를 통고한 경우에는 1월
> 2. 동산에 대하여는 5일

3. 임대차의 효력(권리와 의무)

(1) 임대인의 의무

① 목적물의 유지·수선의무

> 제623조 【임대인의 의무】 임대인은 목적물을 임차인에게 인도하고 계약 존속 중 그 사용, 수익에 필요한 상태를 유지하게 할 의무를 부담한다.

㉠ 임대차에서는 임대인이 목적물을 유지·관리할 의무를 부담한다.

㉡ 전세권에서는 전세권자가 목적물을 유지·관리할 의무를 부담한다.

전세권	전세권자가 스스로 건물을 유지·관리한다.
임대차	임대인이 목적물을 유지·관리한다.

㉢ 대규모 수선의무, 즉 건물의 기본적 설비는 임대인이 부담한다. 보일러가 고장나거나 수도관이 파열된 때 임대인이 수선의무를 부담한다. 반면에 소규모 수선의무는 임대인이 부담하지 않는다.

용어 & 참고

❶ 최장기의 제한이 없다.

❷ 소모품 등이 해당된다.

용어 & 참고

(2) 임차인의 권리

① 비용상환청구권(제626조) ★

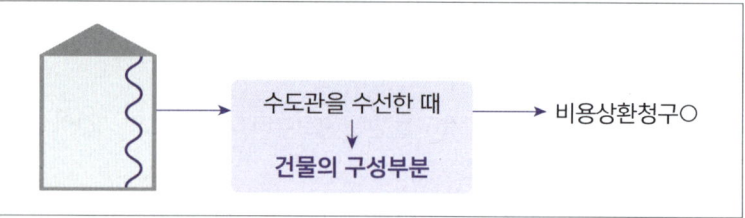

> **제626조【임차인의 상환청구권】**
> ① 임차인이 임차물의 보존에 관한 필요비를 지출한 때에는❶ 임대인에 대하여 그 상환을 청구할 수 있다.
> ② 임차인이 유익비를 지출한 경우에는 임대인은 임대차 종료시에 그 가액의 증가가 현존한 때에 한하여 임차인의 지출한 금액이나 그 증가액을 상환하여야 한다.

❶ 임차인이 필요비를 지출한 때에는 '즉시' 임대인에 대하여 그 상환을 청구할 수 있다.

㉠ **전제조건**: 건물의 구성부분으로 된 것(부합물)
   예 임차인이 수도관을 수선한 때
㉡ **필요비**: 물건의 현상 유지에 드는 비용으로 수도관이 파열되거나 보일러가 터진 때 임대인이 수선을 해주어야 하나, 임차인이 업자를 불러서 보일러를 수선하였다면 수리에 지출된 비용(필요비)을 주인에게 상환해달라고 청구한다.
㉢ **유익비**: 물건의 가치를 증가시키는 데에 지출하는 비용(개량비용에 쓰인 돈)을 말하며, 임대차가 종료한 때 가액의 증가가 현존하면 청구할 수 있다.
   예 건물의 베란다 확장 공사를 하여 비용을 지출한 경우
㉣ **규정의 성격**: 비용상환청구권의 규정은 강행규정이 아니라 임의규정이다. '계약 종료할 때 원상복구한다는 약정'은 임차인의 비용상환청구권을 포기하는 약정으로 유효하므로 임차인은 지출비용의 상환을 청구할 수 없다.

② 부속물매수청구권 ★

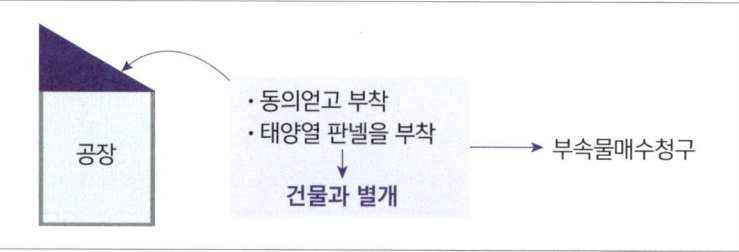

> **제646조【임차인의 부속물매수청구권】**
> ① 건물, 기타 공작물의 임차인이 그 사용의 편익을 위하여 임대인의 동의를 얻어 이에 부속한 물건이 있는 때에는 임대차의 종료시에 임대인에 대하여 그 부속물의 매수를 청구할 수 있다.
> ② 임대인으로부터 매수한 부속물에 대하여도 전항과 같다.

㉠ **전제조건**: 건물의 구성부분이 아닌 독립한 물건 + 주인의 동의
  예 임차인이 임차건물에 태양열 판넬을 주인의 동의 얻고 부착시켜서 건물의 편익을 증가시킨다.

㉡ **부속물**: 임차인이 건물사용의 객관적 편익을 위하여 임대인의 동의하에 설치한 것으로 건물과 독립한 물건이어야 하며, 임차인의 주관적인 특수목적에 사용하기 위하여 부속시킨 간판 같은 것은 부속물이 아니다.

㉢ **청구시기**: 임대차가 종료할 때이므로 종료 전에는 행사할 수 없다.

㉣ **규정의 성격**: 강행규정이다.

③ **지상물매수청구권★**: 토지임대차의 기간 만료시 지상건물이 현존하면 임차인은 계약의 갱신청구를 하고, 임대인이 갱신청구를 거절하면 지상물매수청구권을 행사할 수 있다(제643조 참조).

용어 & 참고

핵심개념

CHAPTER 1
주택임대차보호법
- 기간보장 ★
- 우선변제권 ★
- 최우선변제권 ★
- 주택임차권등기명령제도 ★

CHAPTER 2
상가건물 임대차보호법
- 상임법의 적용 요건 ★
- 계약갱신요구권 ★
- 권리금 회수기회 보호 ★

CHAPTER 3
집합건물의 소유 및 관리에 관한 법률
- 공용부분 ★
- 대지사용권 ★
- 구분소유자의 권리와 의무 ★

CHAPTER 4
가등기담보 등에 관한 법률
- 가등기담보법의 적용 요건 ★
- 가등기담보권의 실행 ★

CHAPTER 5
부동산 실권리자 명의 등기에 관한 법률
- 명의신탁의 적용이 배제되는 경우(제2조) ★
- 2자간 명의신탁 ★

PART 4
민사특별법

CHAPTER 1 주택임대차보호법
CHAPTER 2 상가건물 임대차보호법
CHAPTER 3 집합건물의 소유 및 관리에 관한 법률
CHAPTER 4 가등기담보 등에 관한 법률
CHAPTER 5 부동산 실권리자명의 등기에 관한 법률

CHAPTER 1 주택임대차보호법

용어 & 참고

01 서론

1. 「민법」의 특별법

주거용 건물의 임대차에 관하여 「민법」의 임대차에 관한 규정에 우선하여 「주택임대차보호법」이 적용된다(특별법 우선의 원칙❶).❷

2. 편면적 강행규정

이 법에 위반한 약정으로서 임차인에게 불리한 약정은 효력이 없다. 계약서에 이 법규정보다 불리하게 1년 후에 집을 비운다는 특약을 넣어도 「주택임대차보호법」이 세입자 편에서 막아주게 되어 법률이 보장한 기간 동안 거주할 수 있다.

❶ **특별법 우선의 원칙**
일반법(「민법」)보다 특별법(「주택임대차보호법」)이 우선한다는 원칙을 말한다.

❷ **주택임대차보호법의 체계**
1. 기간 보장
2. 대항력 보장
3. 보증금 회수
4. 기타

02 적용 범위

❸ 이하 본 CHAPTER에서 법명을 생략한다.

❹ 주택이라 한다.

「주택임대차보호법」❸ **제2조【적용 범위】** 이 법은 주거용 건물❹의 전부 또는 일부의 임대차에 관하여 적용한다. 그 임차주택의 일부가 주거 외의 목적으로 사용되는 경우에도 또한 같다.

제12조【미등기 전세에의 준용】 주택의 등기를 하지 아니한 전세계약에 관하여는 이 법을 준용한다. 이 경우 전세금은 임대차의 보증금으로 본다.

제11조【일시사용을 위한 임대차】 이 법은 일시사용하기 위한 임대차임이 명백한 경우에는 적용하지 아니한다.

(1) 주거용인가의 여부는 실제용도가 기준이다.

주거용이냐 비주거용이냐의 판단은 등기부나 건축물관리대장 등 공부상의 표시에 의하여 형식적으로 판단할 일이 아니고 건물의 '실제용도로 판단'하여야 한다(대판 1995.3.10, 94다52522).

(2) 무허가, 미등기 건물도 적용된다.

임차주택이기만 하면 건물의 내역을 따지지 아니하므로 허가받은 건물인지, 등기를 마친 건물인지를 구별하지 아니하고 본법은 적용된다(대판 2007.6.21, 2004다26133 전합).

(3) 등기하지 않은 전세계약(미등기전세에 적용)

'등기하지 아니한 전세계약(채권적 전세)'에 관하여도 준용된다(제12조).

03 기간보장 ★

사례 따라잡기

임대인 甲이 보증금 2억원, 기간 1년으로 임차인 乙과 약정한 경우
1. 乙은 2년을 거주할 수 있는가? [**있다**/없다]
2. 甲은 1년의 기간을 주장할 수 있는가? [있다/**없다**]
3. 묵시갱신이면 기간은 [1년/**2년**]으로 본다.
4. 乙의 갱신요구권은 몇 회 할 수 있는가? [**1회**/2회]

법조문 따라잡기

(1) 최단기 보장(2년)

제4조 【임대차기간 등】
① 기간을 정하지 아니하거나 2년 미만으로 정한 임대차는 그 기간을 2년으로 본다. 다만, 임차인은 2년 미만으로 정한 기간이 유효함을 주장할 수 있다.
② 임대차기간이 끝난 경우에도 임차인이 보증금을 반환받을 때까지는 임대차관계가 존속되는 것으로 본다.

용어 & 참고

(2) 묵시갱신

제6조【계약의 갱신】
① 임대인이 임대차기간이 끝나기 6개월 전부터 2개월 전까지의 기간에 임차인에게 갱신거절의 통지를 하지 아니하거나 계약조건을 변경하지 아니하면 갱신하지 아니한다는 뜻의 통지를 하지 아니한 경우에는 그 기간이 끝난 때에 전 임대차와 동일한 조건으로 다시 임대차한 것으로 본다. 임차인이 임대차기간이 끝나기 2개월 전까지 통지하지 아니한 경우에도 또한 같다.
② 제1항의 경우 임대차의 존속기간은 2년으로 본다.
③ 2기의 차임액에 달하도록 연체하거나 그 밖에 임차인으로서의 의무를 현저히 위반한 임차인에 대하여는 제1항을 적용하지 아니한다.

제6조의2【묵시적 갱신의 경우 계약의 해지】
① 제6조 제1항에 따라 계약이 갱신된 경우 같은 조 제2항에도 불구하고 임차인은 언제든지 임대인에게 계약해지를 통지할 수 있다.
② 제1항에 따른 해지는 임대인이 통지를 받은 날부터 3개월이 지나면 그 효력이 발생한다.

(3) 갱신요구권

제6조의3【계약갱신요구 등】
① 제6조에도 불구하고 임대인은 임차인이 제6조 제1항 전단의 기간 이내에 계약갱신을 요구할 경우 정당한 사유 없이 거절하지 못한다. 다만, 다음 각 호의 어느 하나에 해당하는 경우에는 그러하지 아니하다.
1. 임차인이 2기의 차임액에 해당하는 금액에 이르도록 차임을 연체한 사실이 있는 경우
2. 임차인이 거짓이나 그 밖의 부정한 방법으로 임차한 경우
3. 서로 합의하여 임대인이 임차인에게 상당한 보상을 제공한 경우
4. 임차인이 임대인의 동의 없이 목적 주택의 전부 또는 일부를 전대(轉貸)한 경우
5. 임차인이 임차한 주택의 전부 또는 일부를 고의나 중대한 과실로 파손한 경우
6. 임차한 주택의 전부 또는 일부가 멸실되어 임대차의 목적을 달성하지 못할 경우
7. 임대인이 다음 각 목의 어느 하나에 해당하는 사유로 목적 주택의 전부 또는 대부분을 철거하거나 재건축하기 위하여 목적 주택의 점유를 회복할 필요가 있는 경우
　가. 임대차계약 체결 당시 공사시기 및 소요기간 등을 포함한 철거 또는 재건축 계획을 임차인에게 구체적으로 고지하고 그 계획에 따르는 경우

나. 건물이 노후·훼손 또는 일부 멸실되는 등 안전사고의 우려가 있는 경우
　　다. 다른 법령에 따라 철거 또는 재건축이 이루어지는 경우
8. 임대인이 목적 주택에 실제 거주하려는 경우
9. 그 밖에 임차인이 임차인으로서의 의무를 현저히 위반하거나 임대차를 계속하기 어려운 중대한 사유가 있는 경우
② 임차인은 제1항에 따른 계약갱신요구권을 1회에 한하여 행사할 수 있다. 이 경우 갱신되는 임대차의 존속기간은 2년으로 본다.
③ 갱신되는 임대차는 전 임대차와 동일한 조건으로 다시 계약된 것으로 본다. 다만, 차임과 보증금은 제7조의 범위에서 증감할 수 있다.

> **용어 & 참고**
>
> ❶ 임대인의 직계존속·직계비속을 포함한다.

04 대항력 보장

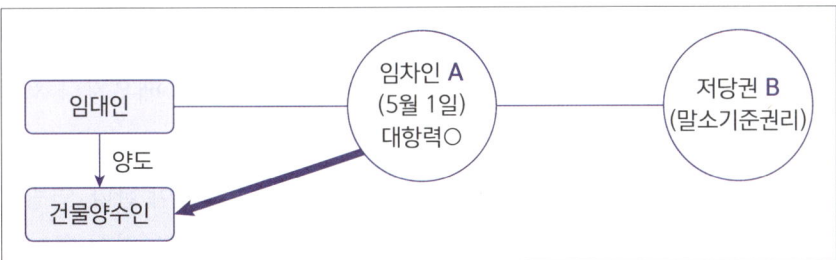

제3조【대항력 등】
① 임대차는 그 등기가 없는 경우에도 임차인이 주택의 인도와 주민등록을 마친 때에는 그 다음 날부터 제3자에 대하여 효력이 생긴다. 이 경우 전입신고를 한 때에 주민등록이 된 것으로 본다.
④ 임차주택의 양수인은 임대인의 지위를 승계한 것으로 본다.

제3조의5【경매에 의한 임차권의 소멸】 임차권은 임차주택에 대하여「민사집행법」에 따른 경매가 행하여진 경우에는 그 임차주택의 경락에 따라 소멸한다. 다만, 보증금이 모두 변제되지 아니한 대항력이 있는 임차권은 그러하지 아니하다.

> ❷ 그 밖에 임대할 권리를 승계한 자를 포함한다.

1. 대항력(對抗力)이란?

대항력이란 계약관계의 당사자가 아닌 제3자(신 소유자=양수인)에게 임차권을 주장할 수 있는 힘을 말한다.

용어 & 참고

주택의 인도와 주민등록

말소기준권리보다 선순위 임차권자는 대항력 있는 임차권자이다.

2. 대항력의 구비요건은?

예를 들어 A가 소유한 아파트에 B가 미등기 전세 1억원에 살고 있는데, A가 빚을 갚지 못하여 아파트가 경매로 팔려 나가게 되었다고 하자.

(1) 대항력 있는 임차인

B의 전입신고가 말소기준권리(예 저당권, 근저당권, 가압류 등)보다 빠르고 배당요구를 하지 않았다면, 그는 대항력이 있는 임차인이다. 배당 요구를 안 했으므로 남은 기간 살다가 낙찰자에게 보증금(전세금)을 받고 나간다는 의미이기 때문이다.

(2) 대항력 없는 임차인

말소기준권리보다 전입신고가 늦으면 대항력이 '없는' 임차인으로, 이 경우는 아파트의 새 주인이 전세보증금을 주지 않고 쫓아내도 법적인 문제가 없다. 낙찰자에게 임차권을 주장할 수 없다.

(3) 대항력의 취득

① 임차인 본인이나 배우자, 가족의 주민등록도 유효하다. 주민등록이라는 대항요건은 임차인 본인뿐만 아니라 그 배우자나 자녀 등 가족의 주민등록을 포함한다(대판 1996.1.26, 95다30338).

② 다세대주택이나 아파트의 경우 동, 호수를 기재해야 한다. 연립주택의 경우 동·호수의 표시 없이 그 지번만을 신고하여 주민등록을 한 경우에는 유효한 공시방법으로 볼 수 없다(대판 1996.2.23, 95다48421).

③ 다가구용 단독주택의 경우 지번만 기재한다. 「건축법」이나 「주택건설촉진법」상 이를 공동주택으로 볼 근거가 없어 단독주택으로 보는 이상 전입신고를 하는 경우 '지번'만 기재하는 것으로 충분하고, 나아가 건물거주자의 편의상 구분지어 놓은 호수까지 기재할 의무가 없다(대판 1997.11.14, 97다29530).

④ '세대원 일부'만 다른 곳으로 전출한 때 임차인이 가족과 함께 그 주택에 대한 점유를 계속하면서 가족의 주민등록은 그대로 둔 채 임차인만 주민등록을 다른 곳으로 일시 옮긴 경우에는 전체적·종국적으로 주민등록이 이탈된 것이 아니므로 대항력은 존속한다(대판 1996.1.26, 95다30338).

- 세대원 '전원'이 전출하면 대항력은 소멸한다.
- 세대원 '일부'가 전출하면 대항력은 존속한다.

3. 말소기준권리

세입자 및 부동산 경매의 낙찰자가 가장 신경써야 하는 것은 전입신고가 근저당, 저당권, 가압류 등보다 빠른가(대항력 있는 임차인), 늦는가(대항력 없는 임차인)를 잘 구분하는 일이다. 이 경우 (근)저당, (가)압류 등을 '말소기준권리'라고 한다.

4. 대법원 판례의 연구

(1) 임차주택이 양도되면 임차인의 보증금 반환 청구의 상대방은 누구인가?

주택의 임차인이 대항력을 구비한 후에 임대주택의 소유권이 양도된 경우에는 주택 양수인이 임대인의 지위를 승계하므로 임대차보증금반환채무도 주택의 소유권과 결합하여 일체로서 이전하는 것이며 이에 따라 양도인의 임차보증금반환채무는 소멸하고 특별한 사정이 없는 한 주택의 양수인에게 보증금의 반환을 청구할 수 있다(대판 1996.2.27, 95다35616).

(2) 양수인은 양도인에게 부당이득반환을 청구할 수 없다.

(3) '특별한 사정이 있을 때❶'에는 주택의 양수인이 보증금반환채무를 승계하지 않는다.

임차인이 임대인의 지위승계를 원하지 않는 경우에는 임차인이 임차주택의 양도 사실을 안 때로부터 상당한 기간 내에 '이의를 제기'함으로써 승계되는 임대차관계의 구속으로부터 벗어날 수 있고, 그와 같은 경우에는 양도인의 임차인에 대한 보증금반환채무는 소멸하지 않는다(대판 2002.9.4, 2001다64615).

용어 & 참고

❶ 임차인이 이의제기를 한 때

용어 & 참고

05 보증금의 회수 보장

1. 우선변제권 ★

> 제3조의2 【보증금의 회수】
> ② 대항요건과 임대차계약증서상의 확정일자를 갖춘 임차인은 「민사집행법」에 따른 경매 또는 「국세징수법」에 따른 공매를 할 때에 임차주택의 환가대금에서 후순위권리자나 그 밖의 채권자보다 우선하여 보증금을 변제받을 권리가 있다.
> ③ 임차인은 임차주택을 양수인에게 인도하지 아니하면 보증금을 받을 수 없다.

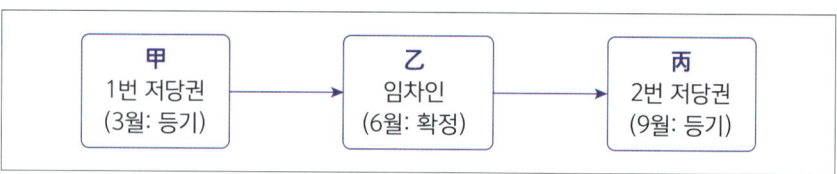

❶ 대지를 포함한다.

(1) 확정일자(確定日字)란?

작성된 일자에 대하여 보증금 액수와 확정일자인을 받아 그 존재와 금액을 인정하는 제도로서 사후에 보증금 액수의 담합을 방지하고 경매에서 우선 변제순위를 확정하는 기능을 한다.

(2) 우선변제의 요건은?

① 대항요건과 확정일자를 갖출 것
② 건물이나 대지가 경매처분될 것
③ 임차인이 배당요구할 것

(3) 우선변제의 순위

① 저당권등기 일자와 확정일자의 순서로 배당순위를 정한다.
② 임차인의 우선변제권은 주택과 대지의 환가대금에 미친다.

2. 최우선변제권 ★

❷ 소액보증금

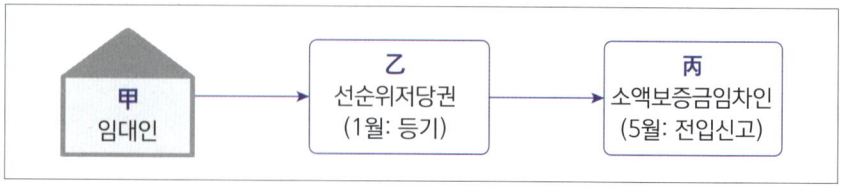

(1) 주택이 경매실행되면 임차권은 존속하는가?

말소기준권리(저당권)보다 후순위의 임차권은 경매로 소멸한다. 그 결과 임차권자는 낙찰자인 새 주인에게 임차권을 주장할 수 없다.

(2) 최우선변제권의 요건은?

① 대항요건(주민등록과 인도) 구비
② 소액보증금에 해당할 것
③ 경매시 배당요구를 하고 종기일까지 대항력을 유지할 것

> **제8조 【보증금 중 일정액의 보호】**
> ① 임차인은 보증금 중 일정액을 다른 담보물권자보다 우선하여 변제받을 권리가 있다. 이 경우 임차인은 주택에 대한 경매신청의 등기 전에 제3조 제1항의 대항요건을 갖추어야 한다.
> ③ 제1항에 따라 우선변제를 받을 임차인 및 보증금 중 일정액의 범위와 기준은 제8조의2에 따른 주택임대차위원회의 심의를 거쳐 대통령령으로 정한다. 다만, 보증금 중 일정액의 범위와 기준은 주택가액의 2분의 1을 넘지 못한다.

<2025.10.10. 기준>

지역	보증금의 액수	보증금 중 일정액 범위
서울특별시	1억 6,500만원 이하	5,500만원
과밀억제권역	1억 4,500만원 이하	4,800만원
광역시	8,500만원 이하	2,800만원
기타 지역	7,500만원 이하	2,500만원

우선변제권과 최우선변제권의 비교

구분	확정일자부 우선변제권	최우선변제권(제8조)
구비 요건	대항요건과 확정일자	대항요건
배당순위	후순위담보권보다 우선변제 받음	선순위담보권보다 보증금 중 일정액을 우선변제 받음
보증금 액수 제한 여부	보증금 액수에 제한이 없음	보증금 액수가 일정액 이하일 것

➕ 주의

1. **최우선변제권의 순기능**: 소액임차인이 살던 집이 경매되는 상황에서 소액임차인에게 최소한의 보증금을 보장하려는 국가정책적 약자 보호제도로서 좋은 역할을 한다.

용어 & 참고

❶ 서울 소재의 빌라에 甲이 보증금 1억원에 세를 사는 경우, 선순위 저당권자가 경매시 A의 최우선변제금액은 5,500만원이다.

❷ 대지의 가액을 포함한다.

용어 & 참고

❶
임차권등기가 경료된 집은 전세계약을 회피하는 것이 현명하다. 주인이 보증금을 주지 않고 있다는 암시이기 때문이다.

❷
임대차의 목적이 주택의 일부분인 경우에는 해당 부분으로 한정한다.

2. **최우선변제권의 역기능**: 은행은 집을 담보로 잡아 대출해 줄 때 빈방이 있는 만큼 소액임차인이 들어오는 것을 미리 대비하여 대출금액을 줄여서 융자금을 빌려준다. 또한 임차인이 집주인과 담합하여 이미 저당권이 설정된 집에 소액보증금으로 세입자를 만들어서 최우선변제권을 악용하는 사례가 종종 존재한다.

3. 주택임차권등기명령제도 ★

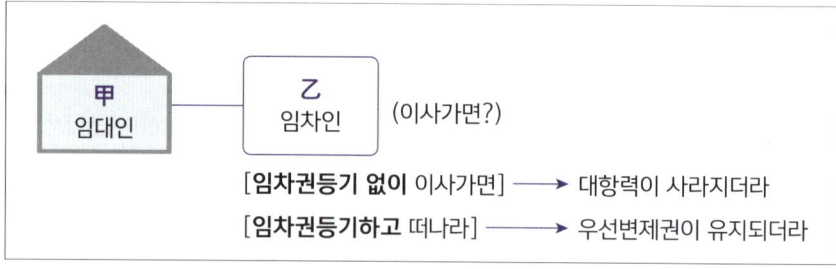

제3조의3 【임차권등기명령】
① 임대차가 끝난 후 보증금이 반환되지 아니한 경우 임차인은 임차주택의 소재지를 관할하는 지방법원·지방법원지원 또는 시·군 법원에 임차권등기명령을 신청할 수 있다.
⑤ 임차인은 임차권등기명령의 집행에 따른 임차권등기를 마치면 대항력과 우선변제권을 취득한다. 다만, 임차인이 임차권등기 이전에 이미 대항력이나 우선변제권을 취득한 경우에는 그 대항력이나 우선변제권은 그대로 유지되며, 임차권등기 이후에는 대항요건을 상실하더라도 이미 취득한 대항력이나 우선변제권을 상실하지 아니한다.
⑥ 임차권등기명령의 집행에 따른 임차권등기가 끝난 주택❷을 그 이후에 임차한 임차인은 제8조에 따른 우선변제를 받을 권리가 없다.

(1) 입법배경

임대차 종료 후 임차인이 보증금을 돌려받지 못한 상태에서 이사를 가거나 주민등록을 전출하면 대항요건을 상실하게 되어 대항력을 상실한다. 그 대안으로 임차인이 임차권등기명령에 따라 '등기를 하고 나서 이사를 가면 안심'할 수 있도록 대항력과 우선변제권을 유지하는 규정을 2013년 신설하였다(제3조의3).

(2) 요건

임대차가 끝난 후 보증금이 반환되지 아니한 경우 임차인은 임차주택의 소재지를 관할하는 지방법원, 동 지원 또는 시·군 법원에 임차권등기명령을 신청할 수 있다(제3조의3 제1항).

(3) 임차권등기의 효력

① **이사를 가도 대항력이 유지:** 임차권등기 이후에는 임차인이 대항요건을 상실하더라도 이미 취득한 대항력과 우선변제권을 상실하지 아니한다(제3조의3 제5항).

② **비용부담:** 임차권등기명령에 따른 등기비용은 임대인이 부담한다.

용어 & 참고

CHAPTER 2 상가건물 임대차보호법

> 용어 & 참고

01 적용 범위와 요건

1. 적용 범위

> 「상가건물 임대차보호법」 제2조 【적용범위】
> ① 이 법은 상가건물❷의 임대차에 대하여 적용한다. 다만, 제14조의2에 따른 상가건물임대차위원회의 심의를 거쳐 대통령령으로 정하는 보증금액을 초과하는 임대차에 대하여는 그러하지 아니하다.
> ③ 제1항 단서에도 불구하고 제3조, 제10조 제1항, 제2항, 제3항 본문 및 제10조의2부터 제10조의8까지의 규정 및 제19조는 제1항 단서에 따른 보증금액을 초과하는 임대차에 대하여도 적용한다.

❶ 이하 본 CHAPTER에서 법명을 생략한다.

❷ 제3조 제1항에 따른 사업자등록의 대상이 되는 건물을 말한다.

2. 상임법의 적용 요건 ★

(1) 사업자등록의 대상이 되는 건물이어야 한다.

(2) 영리목적으로 상가를 사용하여야 적용된다.

(3) 환산보증금 액수가 일정액 이하이어야 한다.

✚ 주의 제16조(일시사용을 위한 임대차) 이 법은 일시사용을 위한 임대차임이 명백한 경우에는 적용하지 아니한다.

환산보증금 한도액

<2025.10.10. 기준>

지역	한도액
서울시	9억원
과밀억제권역 및 부산광역시	6억 9,000만원
광역시, 세종특별자치시, 파주시, 화성시, 안산시, 용인시, 김포시, 광주시	5억 4,000만원
기타 지역	3억 7,000만원

사례 따라잡기

1. 환산보증금 액수가 서울에서 5억원인 때?

- 우선변제권 인정된다.
- 기간보장규정 인정된다.
- 임차권등기명령 인정된다.

2. 환산보증금 액수가 서울에서 15억원인 때[보증금(5억원)+월세(1천만원)]?

- 우선변제권 인정 안 된다.
- 기간보장규정 인정 안 된다.
- 임차권등기명령 인정 안 된다.

＋ 주의 환산보증금 액수와 관계없이 '모든 임차인'에게 인정되는 것
- 갱신요구권 인정
- 대항력 인정
- 권리금 규정 인정
- 3기 연체시 해지 규정 인정

용어 & 참고

❶ 상가임대차는 보증금 액수에 따라 적용 여부가 달라진다.

02 임대차의 기간

1. 최단기간(1년)

제9조【임대차기간 등】① 기간을 정하지 아니하거나 기간을 1년 미만으로 정한 임대차는 그 기간을 1년으로 본다. 다만, 임차인은 1년 미만으로 정한 기간이 유효함을 주장할 수 있다.

＋ 주의 주택임대차는 기간을 정하지 아니한 때는 2년으로 본다.

> 용어 & 참고

2. 계약갱신요구권 ★

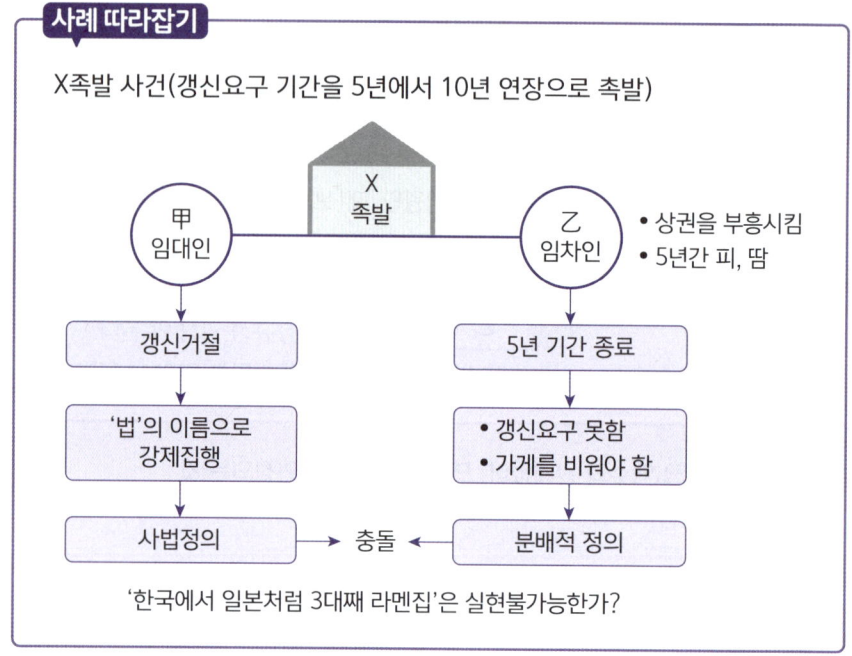

(1) 입법취지

① <mark>장기간 상가를 경쟁력 있게 운영하기 위하여 시설투자를 계속한 모든 임차인에게 10년 기간 동안 영업권을 갱신하여 보장하도록 하는 특별규정이다.</mark>

② 종전에는 임차인의 갱신요구권을 환산보증금 이내의 임차인에게만 허용하다가 환산보증금을 초과하는 임차인에게도 허용하도록 법률이 개정되었고, 최근에는 갱신요구권의 최대기간도 개정 전 5년(5년이 지나면 무조건 점포를 비워야 하는 점에서 임차인들에게는 악마의 5년이라고 불림)이었다가 10년으로 연장되어 악마의 5년이라고 비난받던 갱신요구의 최대기간이 확장되어 임차인의 보호에 보다 유리해졌다.

(2) 문제점

임차인의 갱신요구기간이 장기화될수록 임대인의 자유로운 재산권의 행사에 제약이 따른다는 점에서 양자의 조화로운 접점 모색이 요구된다.

(3) 기출문제에 적용

현재 임차인은 중과실로 건물을 파손하거나 3기의 차임을 연체하고 있는 상황이다.

① 임차인이 3기의 차임을 연체한 경우 임대인은 갱신거절을 행사할 수 [**있다**/없다].

② 임대인이 임차인 측의 갱신요구를 거절할 수 있는 중요한 사유는?

제10조 【계약갱신 요구 등】

① 임대인은 임차인이 임대차기간이 만료되기 6개월 전부터 1개월 전까지 사이에 계약갱신을 요구할 경우 정당한 사유 없이 거절하지 못한다. 다만, 다음 각 호의 어느 하나의 경우에는 그러하지 아니하다.
1. 임차인이 3기의 차임액에 해당하는 금액에 이르도록 차임을 연체한 사실이 있는 경우
2. 임차인이 거짓이나 그 밖의 부정한 방법으로 임차한 경우
3. 서로 합의하여 임대인이 임차인에게 상당한 보상을 제공한 경우
4. 임차인이 임대인의 동의 없이 목적 건물의 전부 또는 일부를 전대한 경우
5. 임차인이 임차한 건물의 전부 또는 일부를 고의나 중대한 과실로 파손한 경우
6. 임차한 건물의 전부 또는 일부가 멸실되어 임대차의 목적을 달성하지 못할 경우
7. 임대인이 다음 각 목의 어느 하나에 해당하는 사유로 목적 건물의 전부 또는 대부분을 철거하거나 재건축하기 위하여 목적 건물의 점유를 회복할 필요가 있는 경우
8. 그 밖에 임차인이 임차인으로서의 의무를 현저히 위반하거나 임대차를 계속하기 어려운 중대한 사유가 있는 경우

② 임차인의 계약갱신요구권은 최초의 임대차기간을 포함한 전체 임대차기간이 10년을 초과하지 아니하는 범위에서만 행사할 수 있다.

③ 갱신되는 임대차는 전 임대차와 동일한 조건으로 다시 계약된 것으로 본다. 다만, 차임과 보증금은 제11조에 따른 범위에서 증감할 수 있다.

3. 묵시갱신

임대인이 만료 6월에서 1월 전까지 임차인에게 갱신거절의 통지 또는 조건 변경의 통지를 하지 아니한 경우에는 그 기간이 만료된 때 전 임대차와 동일한 조건으로 다시 임대차한 것으로 본다.
이 경우 임대차의 존속기간은 1년으로 본다. 이때 임차인은 언제든지 임대인에게 계약해지의 통고를 할 수 있고 그 통고를 받은 날부터 3월이 지나면 효력이 발생한다.

용어 & 참고

❶
갱신요구권 비교
- 주택임차인의 갱신요구권: 만료 6개월~2개월 전
- 상가임차인의 갱신요구권: 만료 6개월~1개월 전

갱신거절사유 비교
- 주택임대인의 갱신거절사유: 차임 2기 연체
- 상가임대인의 갱신거절사유: 차임 3기 연체

❷
임대인이 임차인 측의 계약갱신요구를 거절할 수 있는 사유 8가지

❸
개정 전에는 5년

| 용어 & 참고 |

03 대항력

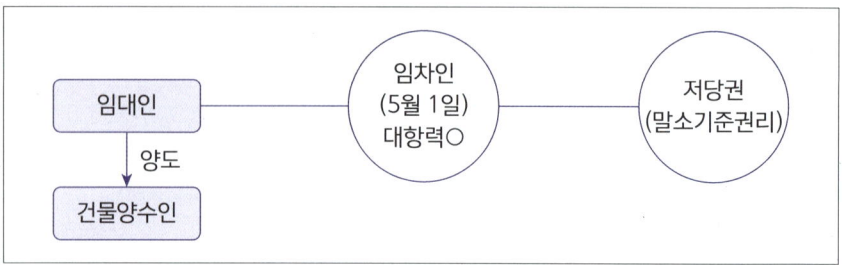

> **제3조【대항력 등】**
> ① 임대차는 그 등기가 없는 경우에도 임차인이 건물의 인도와 「부가가치세법」, 「소득세법」 또는 「법인세법」에 따른 사업자등록을 신청하면 그 다음 날부터 제3자에 대하여 효력이 생긴다.
> ② 임차건물의 양수인❶은 임대인의 지위를 승계한 것으로 본다.

그 밖에 임대할 권리를 승계한 자를 포함한다.

1. 대항력 있는 임차인

상가에 임차인이 호프집을 임차하여 사업자등록을 마친 후 말소기준권리인 저당권이 성립한 경우 상가건물이 경매될 때 임차인은 대항력이 있으므로 쫓겨나지 않고 그대로 영업권이 보장된다. 임차인이 나중에 나갈 때에는 건물양수인(새 주인)에게 보증금반환을 청구할 수 있다.

2. 대항력 없는 임차인

상가건물에 임차인이 호프집을 임차하여 사업자등록을 마치기 전에 이미 저당권이 성립된 경우 상가건물이 경매될 때 임차인은 대항력이 없으므로 경매로 쫓겨난다.

04 보증금의 회수

1. 우선변제권

> 제5조【보증금의 회수】③ 대항요건을 갖추고 관할 세무서장으로부터 임대차계약서상의 확정일자를 받은 임차인은 「민사집행법」에 따른 경매 또는 「국세징수법」에 따른 공매시 임차건물❶의 환가대금에서 후순위권리자나 그 밖의 채권자보다 우선하여 보증금을 변제받을 권리가 있다.

❶ 임대인 소유의 대지를 포함한다.

(1) 우선변제의 요건
① 대항요건과 확정일자를 갖출 것
② 건물이나 대지가 경매처분될 것
③ 임차인이 배당요구할 것

(2) 우선변제의 순위
① 저당권등기 일자와 확정일자의 순서로 정한다.
② 임차인이 대항요건과 확정일자를 갖추면 저당권과 유사한 지위를 인정하여 후순위권리자보다 보증금을 우선변제받는다.

2. 최우선변제권

> 제14조【보증금 중 일정액의 보호】① 임차인은 보증금 중 일정액을 다른 담보물권자보다 우선하여 변제받을 권리가 있다. 이 경우 임차인은 건물에 대한 경매신청의 등기 전에 제3조 제1항의 요건을 갖추어야 한다.

(1) 최우선변제권의 구비요건은?
① 경매신청등기 전에 「대항요건」을 구비
② 소액보증금에 해당할 것
③ 경매시 배당요구할 것

(2) 최우선변제금액은?

<2025.9.10. 기준>

지역	최우선변제에 해당되는 보증금의 범위	최우선변제받는 금액
서울특별시	6,500만원 이하	2,200만원
「수도권정비계획법」에 따른 과밀억제권역	5,500만원 이하	1,900만원
광역시, 안산시, 용인시, 김포시, 광주시	3,800만원 이하	1,300만원
그 밖의 지역	3,000만원 이하	1,000만원

✚ **주의** 서울 소재 김밥집의 임대보증금이 3,000만원, 월세가 100만원인 경우 월세를 환산보증금에 반영하여야 하므로 보증금 3,000만원 + 100 × 월세 100만원 = 1억 3,000만원이 된다. 따라서 김밥집의 임차인은 최우선변제를 받을 수 없다.

용어 & 참고

❶ 이 금액은 물가 상승을 반영하여 계속 증액한다.

3. 경매신청의 특례❷

임차인이 임차건물에 대하여 보증금반환청구소송의 확정판결, 그 밖에 이에 준하는 집행권원에 의하여 경매를 신청하는 경우「민사집행법」제41조에도 불구하고 반대의무의 이행이나 이행제공을 집행개시의 요건으로 하지 아니한다.

❷ 반대의무의 제공을 집행개시 요건으로 하지 아니한다는 것은 '집을 비우지 않고' 경매신청을 할 수 있다는 뜻이다.

05 권리금 회수기회의 보호

1. 권리금의 정의

제10조의3【권리금의 정의 등】
① 권리금이란 임대차 목적물인 상가건물에서 영업을 하는 자 또는 영업을 하려는 자가 영업시설·비품, 거래처, 신용, 영업상의 노하우, 상가건물의 위치에 따른 영업상의 이점 등 유형·무형의 재산적 가치의 양도 또는 이용대가로서 임대인, 임차인에게 보증금과 차임 이외에 지급하는 금전 등의 대가를 말한다.
② 권리금 계약이란 신규임차인이 되려는 자가 임차인에게 권리금을 지급하기로 하는 계약을 말한다.

2. 권리금 회수기회 보호 ★

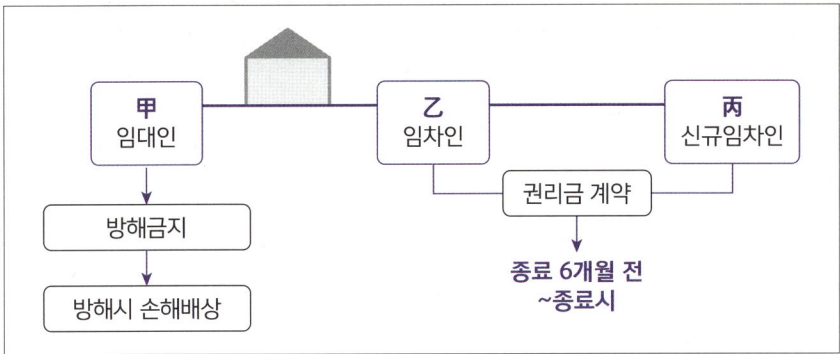

제10조의4 【권리금 회수기회 보호 등】
① 임대인은 임대차기간이 끝나기 6개월 전❶부터 임대차 종료시까지 다음 각 호의 어느 하나에 해당하는 행위를 함으로써 권리금 계약에 따라 임차인이 주선한 신규임차인이 되려는 자로부터 권리금을 지급받는 것을 방해하여서는 아니 된다.
1. 임차인이 주선한 신규임차인이 되려는 자에게 권리금을 요구하거나 임차인이 주선한 신규임차인이 되려는 자로부터 권리금을 수수하는 행위
2. 임차인이 주선한 신규임차인이 되려는 자로 하여금 임차인에게 권리금을 지급하지 못하게 하는 행위
3. 임차인이 주선한 신규임차인이 되려는 자에게 상가건물에 관한 조세, 공과금, 주변 상가건물의 차임 및 보증금, 그 밖의 부담에 따른 금액에 비추어 현저히 고액의 차임과 보증금을 요구하는 행위
4. 그 밖에 정당한 사유 없이 임대인이 임차인이 주선한 신규임차인이 되려는 자와 임대차계약의 체결을 거절하는 행위
② 다음 각 호의 어느 하나에 해당하는 경우에는 제1항 제4호의 정당한 사유가 있는 것으로 본다.
1. 임차인이 주선한 신규임차인이 되려는 자가 차임을 지급할 자력이 없는 경우
2. 임차인이 주선한 신규임차인이 되려는 자가 임차인으로서의 의무를 위반할 우려가 있거나 그 밖에 임대차를 유지하기 어려운 상당한 사유가 있는 경우
3. 임대차 목적물인 상가건물을 1년 6개월 이상❷ 영리목적으로 사용하지 아니한 경우
4. 임대인이 선택한 신규임차인이 임차인과 권리금 계약을 체결하고 권리금을 지급한 경우

+ 문제 임차인이 갱신요구권을 행사하여 10년이 지난 때 임차인이 보호받는 방법은 무엇이 있는가?
1. 임차인은 10년이 지나서 더 이상 갱신요구권은 행사할 수 없다.
2. 신규임차인과 권리금 계약을 체결하여 권리금 회수기회를 가질 수 [있다/없다].

❶ 개정 전에는 3개월 전

❷ 제10조의4 제2항 제3호의 의미

임대인이 1년 6개월을 폐업하거나 비영리로 사용한 때

CHAPTER 3 집합건물의 소유 및 관리에 관한 법률

용어 & 참고

01 전유부분

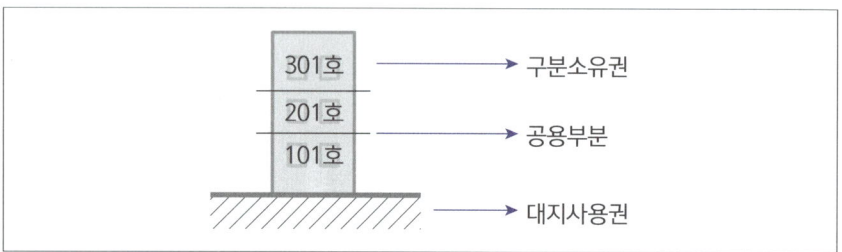

1. 용어정의

(1) 구분소유권

1동의 건물 내부에 여러 개의 구조상·이용상 독립한 부분을 목적으로 하는 소유권을 말한다(「집합건물의 소유 및 관리에 관한 법률」 제2조 제1호). 즉, 1동의 건물 중 구조상·이용상의 독립성을 가진 '전유부분'을 목적으로 하는 소유권을 지칭한다. 예컨대 103동 777호를 목적으로 하는 권리를 말한다.

(2) 전유부분

구분소유권의 목적인 건물부분을 말한다. 즉, 구조상·사용상 독립성이 있어서 구분소유자만이 단독으로 사용하고 소유하는 부분을 말한다.

(3) 대지사용권

구분소유자가 전유부분을 소유하기 위하여 건물의 대지에 대하여 가지는 권리를 말한다(「집합건물의 소유 및 관리에 관한 법률」 제2조 제6호).

2. 구분소유권의 성립

(1) 구조상·이용상 독립성과 소유자의 구분행위가 필요하다.

(2) 종전에는 구분소유권이 성립하려면 집합건물을 완성하고 집합건축물대장에 등록이나 구분소유권의 등기를 필요로 한다는 입장이었으나 현재는 등록이나 등기를 요하지 않는다는 입장으로 대법원 판례가 변경되었다(대판 2013.1.17, 2010다71578 전합).

3. 처분의 일체성

「집합건물의 소유 및 관리에 관한 법률」 제13조【전유부분과 공용부분의 일체성】② 공유자는 그가 가지는 전유부분에 대하여 공용부분에 대한 지분을 분리하여 처분할 수 없다.

제20조【전유부분과 대지사용권의 일체성】
① 구분소유자의 대지사용권은 그가 가지는 전유부분의 처분에 따른다.
② 규약에 특별한 정함이 없는 한 구분소유자는 그가 가지는 전유부분과 분리하여 대지사용권을 처분할 수 없다.

❶ 이하 본 CHAPTER에서 법명을 생략한다.

02 공용부분

제10조【공용부분의 귀속 등】① 공용부분은 구분소유자 전원의 공유에 속한다. 다만, 일부의 구분소유자만이 공용하도록 제공되는 것임이 명백한 공용부분은 그들 구분소유자의 공유에 속한다.

제11조【공유자의 사용권】각 공유자는 공용부분을 '그 용도'에 따라 사용할 수 있다.

제12조【공유자의 지분권】① 각 공유자의 지분은 그가 가지는 전유부분의 면적 비율에 따른다.

제13조【전유부분과 공용부분에 대한 지분의 일체성】
① 공용부분에 대한 공유자의 지분은 그가 가지는 전유부분의 처분에 따른다.
② 공유자는 그가 가지는 전유부분과 분리하여 공용부분에 대한 지분을 처분할 수 없다.
③ 공용부분에 관한 물권의 득실변경은 등기가 필요하지 아니하다.

❷ 이하 '일부공용부분'이라 한다.

용어 & 참고

제15조 【공용부분의 변경】
① 공용부분의 변경에 관한 사항은 관리단집회에서 구분소유자의 3분의 2 이상 및 의결권의 3분의 2 이상의 결의로써 결정한다. 다만, 다음 각 호의 어느 하나에 해당하는 경우에는 제38조 제1항에 따른 통상의 집회결의로써 결정할 수 있다.
1. 공용부분의 개량을 위한 것으로서 지나치게 많은 비용이 드는 것이 아닐 경우
2. 「관광진흥법」 제3조 제1항 제2호 나목에 따른 휴양 콘도미니엄업의 운영을 위한 휴양 콘도미니엄의 공용부분 변경에 관한 사항인 경우
② 제1항의 경우에 공용부분의 변경이 다른 구분소유자의 권리에 특별한 영향을 미칠 때에는 그 구분소유자의 승낙을 받아야 한다.

제15조의2 【권리변동 있는 공용부분의 변경】
① 제15조에도 불구하고 건물의 노후화 억제 또는 기능 향상 등을 위한 것으로 구분소유권 및 대지사용권의 범위나 내용에 변동을 일으키는 공용부분의 변경에 관한 사항은 관리단집회에서 구분소유자의 5분의 4 이상 및 의결권의 5분의 4 이상의 결의로써 결정한다. 다만, 「관광진흥법」 제3조 제1항 제2호 나목에 따른 휴양 콘도미니엄업의 운영을 위한 휴양 콘도미니엄의 권리변동 있는 공용부분 변경에 관한 사항은 구분소유자의 3분의 2 이상 및 의결권의 3분의 2 이상의 결의로써 결정한다.

제16조 【공용부분의 관리】
① 공용부분의 관리에 관한 사항은 통상의 집회결의로써 결정한다. 다만, 보존행위는 각 공유자가 할 수 있다.
② 구분소유자의 승낙을 받아 전유부분을 점유하는 자는 제1항 본문에 따른 집회에 참석하여 그 구분소유자의 의결권을 행사할 수 있다.

제17조 【공용부분의 부담·수익】 각 공유자는 규약에 달리 정한 바가 없으면 그 지분의 비율에 따라 공용부분의 관리비용과 그 밖의 의무를 부담하며 공용부분에서 생기는 이익을 취득한다.

제18조 【공용부분에 관하여 발생한 채권의 효력】 공유자가 공용부분에 관하여 다른 공유자에 대하여 가지는 채권은 그 특별승계인에 대하여도 행사할 수 있다.

1. 공용부분 ★

구분소유자의 공용에 제공되는 부분을 말한다.

2. 공용부분의 종류

(1) 구조상 공용부분

계단, 엘리베이터, 외벽 등

등기를 요하지 아니한다.

(2) 규약상 공용부분

관리사무소, 노인정, 헬스장처럼 입주민이 규약으로 공용에 사용하도록 정한 것

용어 & 참고

① 등기를 요한다.

3. 공용부분의 사용

지분의 비율이 아니라 용도대로 사용한다.

4. 전유부분과 공용부분의 처분의 일체성

공유자는 그가 가지는 전유부분에 대하여 공용부분에 대한 지분을 분리하여 처분할 수 없다.

5. 전 입주자가 체납한 관리비는 새 주인(특별승계인)에게 어느 범위까지 승계되는가?

전유부분 체납관리비	특별승계인이 승계하지 않는다.
공용부분 관리비에 대한 연체료	특별승계인이 승계하지 않는다(대판 2006.6.29, 2004다3598).
공용부분 체납관리비	특별승계인의 승계의사 유무에 상관없이 승계한다(대판 2001.9.20, 2001다8677).

03 대지사용권

1. 대지사용권 ★

구분소유자가 전유부분을 소유하기 위하여 건물의 대지에 대하여 가지는 권리를 말한다(제2조 제6호).

용어 & 참고

2. 전유부분과 대지사용권의 일체성

> 제20조【전유부분과 대지사용권의 일체성】
> ① 구분소유자의 대지사용권은 그가 가지는 전유부분의 처분에 따른다.
> ② 규약에 특별한 정함이 없는 한 구분소유자는 그가 가지는 전유부분과 분리하여 대지사용권을 처분할 수 없다.
> ③ 이러한 분리처분금지는 그 취지를 등기하지 아니하면 선의로 물권을 취득한 제3자에 대하여 대항하지 못한다.

(1) 구분소유자의 대지사용권은 그가 가지는 전유부분의 처분에 따른다.

(2) 규약에 특별한 정함이 없는 한 구분소유자는 그가 가지는 전유부분과 분리하여 대지사용권을 처분할 수 없다.

04 구분소유자의 권리와 의무 ★

1. 공동이익에 반하는 행위 금지

(1) 구분소유자는 건물의 보존에 해로운 행위나 그 밖에 건물의 관리 및 사용에 관하여 구분소유자 '공동의 이익에 어긋나는 행위'를 하여서는 아니 된다(제5조 제1항).

(2) 행위정지 청구

구분소유자가 공동의 이익에 어긋나는 행위를 하는 경우 관리인 또는 관리단집회에서 지정된 구분소유자가 행위정지를 청구할 수 있다.

2. 하자담보책임

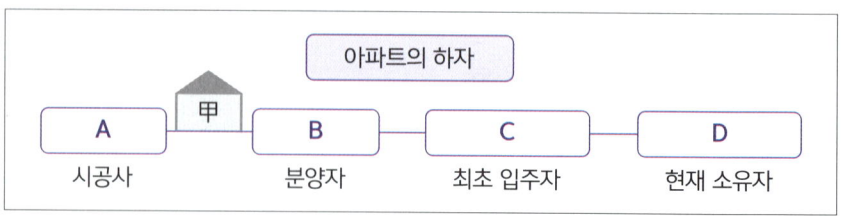

(1) 하자담보책임의 추궁 주체
집합건물의 최초 분양을 받은 자가 아니라 현재의 구분소유자가 행사할 수 있다.

(2) 하자담보책임 부담자
분양자와 시공사도 부담한다.

(3) 하자담보책임의 기산일(판례 정리)

구분	기산점
① 아파트 전유부분의 하자담보책임의 기산점은?	최초 입주하여 인도받은 때부터 기산함
② 아파트 공용부분의 담보책임의 기산점은?	사용승인일부터 기산함
③ 집합건물의 하자보수에 갈음한 '손해배상청구권'의 소멸시효기간의 기산점은?	아파트에 각 하자 발생시부터 기산함(아파트를 인도받아 입주한 시점이 아님)

용어 & 참고

CHAPTER 4 가등기담보 등에 관한 법률

> 용어 & 참고

• 01 서론

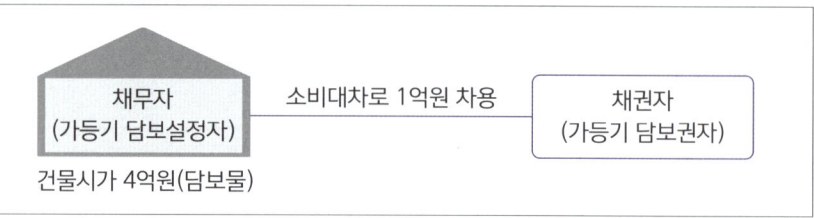

(1) 의의

① **입법목적:** 채무자가 돈을 빌리고 채권자에게 빌린 돈(차용액)보다 훨씬 고가의 부동산을 담보로 잡히고 가등기를 경료(가등기담보)하였다가 빌린 돈을 갚지 못하면, 담보권자가 담보로 잡은 가등기에 기한 본등기를 하여 차용액보다 훨씬 커다란 담보물을 빼앗아 가서 폭리를 취하는 형태를 규제하고자 한다.

② **입법배경:** 사채업자인 고리대금업자들의 폭리행위에 악용되는 폐단이 있었다. 즉, 채권자가 빌려준 차용액보다 훨씬 큰 담보가치를 담보로 잡아두었다가 채무상환을 못하면 부동산의 시가에서 빌려준 돈의 차액(청산금)을 전혀 반환하지 않고 채권자가 폭리를 취득하게 됨으로써 채무자가 부당한 손해를 볼 위험이 많으므로 채권자의 폭리를 규제하기 위해 청산금을 채무자에게 돌려주고 본등기를 하도록「가등기담보 등에 관한 법률」이 제정되기에 이르렀다.

(2) 종류

① **가등기담보:** 금전채권을 담보할 목적으로 담보부동산에 채무상환을 못할 때를 대비하여 채권자에게 '가등기'를 하는 형태이다.

② **양도담보:** 금전채권을 담보할 목적으로 담보부동산에 채무상환을 못 할 때를 대비하여 채권자에게 '소유권이전등기'를 하는 형태이다.

02 가등기담보법의 적용 요건 ★

차용액보다 담보물의 시가가 큰 경우로서 '소비대차로 인한 채권'을 담보할 목적으로 담보물에 '가등기나 소유권이전등기'를 경료한 경우에만 본 법률이 적용된다.

(1) 소비대차로 인한 채권 발생
① **소비대차로 돈을 차용한 경우:** 채무자 甲이 채권자 乙로부터 1억원을 소비대차로 차용하고 시가 5억원의 집을 대물변제하기로 예약을 하고 채권자에게 가등기를 한 경우 본 법률이 적용된다.
② 가등기의 주된 목적이 '매매대금채권의 확보'에 있고, 대여금채권의 확보는 부수적 목적인 경우 「가등기담보 등에 관한 법률」이 적용되지 않는다.
③ '매매대금채권을 담보하기 위하여 경료된 양도담보'에는 「가등기담보 등에 관한 법률」이 적용되지 아니한다(대판 2002.12.24, 2002다50484).

(2) 담보물의 시가 > 차용액과 이자 합산액
① 대물변제의 예약 당시에 '담보물의 가액이 차용액 및 이자 합산액을 초과'하는 경우에 한하여 적용된다(대판 2006.8.24, 2005다61140).
② 대물변제의 예약 당시의 가액이 차용액 및 이자 합산액에 '미달'하는 경우에는 「가등기담보 등에 관한 법률」이 적용되지 않는다(대판 1993.10.26, 93다27611).

(3) 등기 · 등록을 할 것
① 담보물에 대하여 채권자 앞으로 등기 · 등록을 하여야 하고 이때의 등기는 가등기, 소유권이전등기를 불문한다. 또한 등록을 할 수 있는 자동차, 선박에도 「가등기담보 등에 관한 법률」이 적용된다.
② **등기 · 등록을 할 수 없는 동산:** 「가등기담보 등에 관한 법률」이 적용되지 않는다(대판 1988.11.22, 87다카2555).

03 가등기담보권의 실행 ★

「가등기담보 등에 관한 법률」 제12조【담보권자의 선택권】
① 가등기담보권자는 제3조에 따른 담보권의 실행이나 경매청구 중 선택할 수 있다. 이 경우 경매에 관하여는 담보가등기 권리를 저당권으로 본다.
② 후순위권리자는 청산기간에 한정하여 피담보채권의 변제기 도래 전이라도 담보목적부동산의 경매를 청구할 수 있다.

제3조【담보권실행 통지와 청산기간】
① 변제기 후에 청산금평가액을 채무자 등에게 통지하고 통지가 도달한 날로부터 2개월이 경과하여야 한다.
② 이 경우 청산금이 없다고 인정되는 경우에도 없다는 뜻을 통지하여야 한다.
③ 이 경우 통지시에는 통지 당시 담보부동산의 평가액과 「민법」 제360조에 규정된 피담보채권액을 밝혀야 한다.
④ 채권자는 그가 통지한 청산금액에 관하여 다툴 수 없다.

제4조【청산금 지급과 소유권의 취득】
① 통지 당시 목적부동산의 가액에서 선순위 채권액을 포함시켜 채권액을 공제한 금액을 청산금이라고 한다.
② 채권자가 이미 소유권이전등기를 갖춘 경우❸ 청산기간이 지난 후 청산금을 채무자에게 지급한 때 소유권을 취득하며, 담보가등기를 마친 경우 청산기간이 지나야 가등기에 따른 본등기를 청구할 수 있다.
③ 청산금 지급채무와 부동산 소유권이전등기 및 인도채무의 이행에 관하여는 동시이행항변권에 관한 「민법」 제536조를 준용한다.

(1) 담보권의 실행 통지(제3조)

① 청산금평가액을 채무자 등에게 통지하여야 한다. 여기서 청산금이란 통지 당시 목적부동산의 가액에서 선순위 채권액을 포함시켜 채권액을 공제한 금액을 말한다.
② 이 경우 '청산금이 없다'고 인정되는 경우에도 '없다는 뜻을 통지'하여야 한다.
③ 채권자는 그가 '통지한 청산금액에 관하여 다툴 수 없다'.
④ 청산금의 통지가 없이 가등기에 기하여 본등기를 하여도 무효다.

용어 & 참고

❶ 이하 본 CHAPTER에서 법명을 생략한다.

❷ 귀속청산

❸ 양도담보의 경우

(2) 청산기간의 경과

① 청산금의 통지가 도달한 날로부터 2개월이 경과하여야 가등기에 기하여 본등기를 할 수 있다.

② 채권자가 담보가등기를 마친 경우 '청산기간이 지나야' 가등기에 따른 본등기를 청구할 수 있다. 따라서 청산기간 경과 전에 가등기에 기하여 본등기를 해도 효력이 없다.

(3) 청산금 지급과 소유권의 취득(제4조)

① 가등기담보권자가 소유권을 취득하기 위해서는 채무자에게 청산금을 지급하여야 한다.

② 채권자가 이미 소유권이전등기를 마친 경우(양도담보의 경우) 청산기간이 지난 후 '청산금을 채무자에게 지급'한 때 소유권을 취득한다.

③ 청산금지급의무와 부동산 소유권이전의무 및 인도의무 사이에는 동시이행관계가 있다.

CHAPTER 5 부동산 실권리자명의 등기에 관한 법률

용어 & 참고

01 서설

1. 입법목적 – 투기와 탈세 방지의 목적

이 법은 부동산에 관한 소유권과 그 밖의 물권을 실체적 권리관계와 일치하도록 실권리자 명의로 등기하게 함으로써 부동산등기제도를 악용한 투기·탈세·탈법행위를 방지함을 목적으로 한다.

2. 용어의 이해

(1) 명의신탁약정

'부동산에 관한 물권'을 보유한 '실권리자'가 타인과의 사이에서 대내적으로는 실권리자가 부동산에 관한 물권을 보유하기로 하고 등기는 타인의 명의로 하기로 하는 약정을 말한다.

(2) 명의신탁자

명의를 빌려달라고 하는 사람으로서 부동산의 실권리자를 말한다.

(3) 명의수탁자

명의를 빌려준 사람으로서 부동산에 관한 물권을 명의로 등기해둔 명의자를 말한다.

(4) 실명등기

법률 시행 전에 명의신탁약정에 따라 명의수탁자의 명의로 등기된 부동산에 관한 물권을 「부동산 실권리자명의 등기에 관한 법률」시행일(1995년) 이후 명의신탁자의 명의로 등기하는 것을 말한다.

3. 명의신탁의 금지대상

(1) 소유권뿐만 아니라 모든 물권이 명의신탁의 금지대상이 된다.

(2) 실권리자명의 등기의무

누구든지 부동산에 관한 물권을 명의신탁약정에 따라 명의수탁자 명의로 등기하여서는 아니 된다(「부동산 실권리자명의 등기에 관한 법률」 제3조).

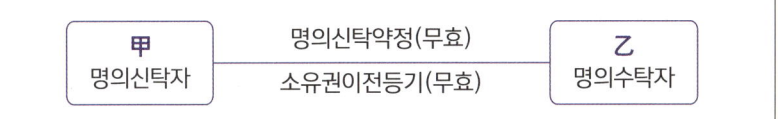

4. 명의신탁의 특례

「부동산 실권리자명의 등기에 관한 법률」 제8조 【종중, 배우자 및 종교단체에 대한 특례】다음 각 호의 어느 하나에 해당하는 경우로서 조세 포탈, 강제집행의 면탈 또는 법령상 제한의 회피를 목적으로 하지 아니하는 경우에는 제4조부터 제7조까지 및 제12조 제1항부터 제3항까지를 적용하지 아니한다.
1. 종중이 보유한 부동산에 관한 물권을 종중 외의 자의 명의로 등기한 경우
2. 배우자 명의로 부동산에 관한 물권을 등기한 경우
3. 종교단체의 명의로 그 산하 조직이 보유한 부동산에 관한 물권을 등기한 경우

5. 명의신탁의 적용이 배제되는 경우(제2조) ★

(1) 양도담보
채무의 변제를 담보하기 위하여 채권자가 부동산에 관한 물권을 이전등기한 때

(2) 가등기담보
채무의 변제를 담보하기 위하여 채권자가 부동산에 관한 물권을 가등기한 때

(3) 상호명의신탁
부동산의 위치와 면적을 특정하여 2인 이상이 구분소유하기로 하는 약정을 하고 그 구분소유자의 공유로 등기하는 경우

(4) 신탁등기
「신탁법」 또는 「자본시장과 금융투자업에 관한 법률」에 의한 신탁재산인 사실을 등기하는 경우

용어 & 참고

❶ 이하 본 CHAPTER에서 법명을 생략한다.

❷ 종중과 그 대표자를 같이 표시하여 등기한 경우를 포함한다.

용어 & 참고

02 명의신탁의 효력

제4조【명의신탁약정의 효력】
① 명의신탁약정은 무효로 한다.
② 명의신탁약정에 따른 등기로 이루어진 부동산에 관한 물권변동은 무효로 한다. 다만, 부동산에 관한 물권을 취득하기 위한 계약에서 명의수탁자가 어느 한쪽 당사자가 되고 상대방 당사자는 명의신탁약정이 있다는 사실을 알지 못한 경우에는 부동산 물권변동은 유효하다.
③ 제1항 및 제2항의 무효❷는 제3자에게 대항하지 못한다.

❶ 이를 계약명의신탁이라고 한다.

❷ 선의·악의 불문

1. 2자간 명의신탁 ★

甲은 탈세를 목적으로 친구 乙에게 명의신탁하기로 약정을 하고 자기 소유의 아파트를「친구」명의로 소유권이전등기를 마쳤다.
1. 甲도, 乙도 모두 사망하여 상속된 경우, 乙의 상속인은 甲의 상속인에게 X의 소유권을 주장할 수 있는가? [있다/**없다**]
2. 乙이 X아파트를 제3자에게 매각한 경우, 제3자가 명의신탁 사실을 알고 매입한 경우, 소유권을 취득하는가? [**취득한다**/취득하지 못한다]

(1) 甲, 乙간의 명의신탁약정, 물권변동 - 무효이다.

① 부동산의 물권변동은 무효이다. 따라서 신탁자는 스스로 명의신탁했음을 입증하여 실명법 위반으로 처벌을 받고 자신이 진정한 소유권자임을 이유로 수탁자명의 무효등기를 말소청구할 수 있다.
② 신탁자는 진정명의회복으로 수탁자로부터 소유권이전을 청구할 수 있다.
③ 甲, 乙간의 명의신탁약정은 불법원인급여에 해당하는가? 명의신탁의 약정과 그에 따른 물권변동은 불법원인급여에 해당하지 않는다(대판 2019.6.20, 2013다218156 전합).

(2) 제3자는 선의·악의를 불문하고 유효하게 소유권 취득

신탁자는 명의신탁약정의 무효를 이를 알고 있는 악의의 제3자에게 대항할 수 있는가? 명의수탁자 乙로부터 명의신탁사실을 알고 있는 丙이 아파트를 매수하여 등기를 마친 경우 甲은 명의신탁약정의 무효를 악의의 제3자에게 대항할 수 없다.

2. 계약명의신탁

+ 핵심 신탁자가 친구인 수탁자에게 매수자금을 대주고 수탁자가 매수인이 됨

> 2018년 신탁자 甲이 토지매수자금 10억원을 제공하여 처남 乙과 명의신탁약정을 하고 처남 乙이 매수자가 되어, 이런 사정을 전혀 모르고 있는 丙 소유 「X부동산」을 매수하여 소유권이전등기를 丙으로부터 수탁자 乙에게 마쳤다.
> (1) 이 부동산의 소유자는 누구인가? [甲/**乙**]이다.
> (2) 甲은 乙에게 부동산을 이전해 달라고 청구할 수 있는가? [있다/**없다**]

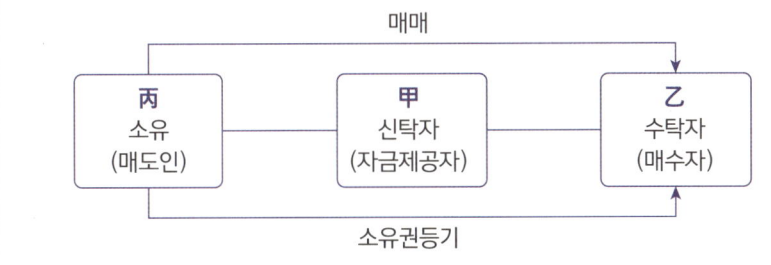

① **매매계약은 유효:** 매도인과 수탁자간의 매매계약은 유효하다.
② **소유권이전등기(물권의 변동)는 유효**
   ㉠ 매도인이 선의인 경우 매도인에서 수탁자로의 소유권이전등기는 유효하다.
   ㉡ 부동산의 소유권자는 대내적 관계에서든 대외적 관계에서든 수탁자이다.
   ㉢ 신탁자는 수탁자에게 부동산 자체가 아니라 매수자금을 부당이득으로 반환청구할 수 있다.
③ **명의신탁의 약정은 무효:** 신탁자와 수탁자간의 부동산 처분위임약정은 무효이다.
④ 계약명의신탁에서 신탁자는 점유취득시효를 할 수 있는가? 신탁자는 자신이 소유권을 취득하지 못하는 사정을 알면서 점유한 것으로 점유취득시효를 할 수 없다(대판 2022.5.12, 2019다249428). ❶

용어 & 참고

❶ 사실관계
1997년 A씨는 명의신탁자로 수탁자 B씨와 명의신탁계약을 체결하였고 농어촌공사 C로부터 토지를 매입하면서 수탁자 B명의로 계약하였다. B씨는 토지를 매입하기 위해 농어촌공사의 대출을 받았고 A씨는 이후 20년간 B씨 명의 토지를 경작하며 점유해왔다. 이때 신탁자 A씨는 이 토지에 대한 점유취득시효를 할 수 있는가?

기출 키워드선택 바로가기

합격의 시작, 해커스 공인중개사
해커스 공인중개사 1차 기초입문서

부록

공인중개사 기초용어

01 부동산학개론
02 민법 및 민사특별법

01 부동산학개론

감정평가	토지 등의 경제적 가치를 판정하여 그 결과를 가액으로 표시하는 것을 말한다.
개발권 양도제 (TDR)	개발권(증서)을 시장에서 매도하여 현금으로 보상받는 제도로, 개발권이전제라고도 한다. 개발권양도제는 개발권과 소유권을 분리하여 규제(보전)지역 토지소유자에게 개발권을 부여하고, 개발권상실로 인한 손실을 개발이 가능한 지역에서 발생하는 이익(개발이익)으로 보상하는 제도이다. 단, 미국에서 역사적 유물을 보전할 목적으로 도입된 제도이며, 우리나라에서 시행하는 제도는 아니다.
개별 공시지가	매년 공시지가의 공시기준일(1월 1일) 현재 시·군·구 관할구역 안의 개별토지의 단위면적(m^2)당 가격을 말한다.
개별성	1필지 단위인 하나하나의 토지는 그 위치·면적·지세·지반·가격 등이 모두 다르다는 것으로, 위치의 고정성으로 인하여 물리적으로 완전히 동일한 토지는 존재하지 않는다는 특성을 말한다. 이질성·비대체성·비동질성이라고도 하는 개별성은 토지뿐만 아니라 건물이나 기타 개량물에도 적용할 수 있다.
건부지	건물이 들어서 있는(현재 건축물의 용도로 제공되고 있는) 부지를 말한다. 건부지는 나지에 비하여 그 용도가 다양하지 못해 활용도가 떨어지므로 일반적으로 건부지의 가치는 나지보다 낮게 평가된다. 즉, 건부지는 일반적으로 감가(減價)가 발생한다.
공급·공급량	① **공급**: 일정기간 동안에 생산자(공급자)가 재화나 서비스를 판매(공급)하고자 하는 욕구를 말한다. ② **공급량**: 생산자(공급자)들이 주어진 가격에 대응하여 일정기간에 판매(공급)하고자 하는 재화나 서비스의 최대수량을 말한다.
공시지가 기준법	감정평가의 대상이 된 토지(대상토지)와 가치형성요인이 같거나 비슷하여 유사한 이용가치를 지닌다고 인정되는 표준지의 공시지가를 기준으로 대상토지의 현황에 맞게 시점수정, 지역요인 및 개별요인 비교, 그 밖의 요인 보정을 거쳐 대상토지의 가액을 산정하는 감정평가방법을 말한다.

구분평가	하나의 대상물건이라도 가치를 달리하는 부분은 이를 구분하여 감정평가하는 것을 말한다.
규모의 경제	생산요소를 투입하여 생산량을 증가시킬수록 해당 기업의 평균생산비용이 줄어드는(감소하는) 현상을 말한다. 이에 따라 해당 기업의 이익은 점차 증가되는 경우를 말한다.
기대수익률	투자로부터 기대되는 예상수입과 예상지출로부터 계산되는 수익률이다. 기대수익률은 예상수익률 또는 사전적 수익률이라고도 한다.
나지	토지에 건물 기타의 정착물이 없고, 지상권 등 토지의 사용·수익을 제한하는 사법상의 권리가 설정되어 있지 아니한 토지를 말한다.
담보인정비율(LTV)	담보인정비율(LTV)은 대출신청금액을 부동산감정가액으로 나눈 비율로서, 융자비율, 대부비율, 대출비율, 저당비율이라고도 한다. 담보인정비율(LTV)은 금융기관이 대출을 해줄 때에 담보로 설정되는 부동산의 시장가격에 대비하여 인정해주는 담보의 비율을 말한다.
대체재	수요자 입장에서 바꾸어 사용하여도 효용이 유사하다고 느끼는 재화를 말한다. 대체재는 두 재화의 효용·용도·가격 면에서 유사성이 인정되는 것이며, 절대적인 개념은 아니다. 부동산은 개별성의 특성에 따라 완전한 대체는 성립하지 않으며, 용도적 대체는 가능하다.
도시스프롤 현상	도시계획이나 토지이용계획을 소홀히 한 것에서 비롯되는 것으로, 도시의 성장이 무질서하고 불규칙하게 평면적으로 확산되는 현상을 말한다. 따라서 계획적인 토지 이용은 스프롤현상을 방지하는 데 유용하다.
보완재	한 상품씩 따로따로 사용할 때보다 커피와 설탕 같이 두 재화를 함께 사용할 때 더 큰 만족을 느끼는 재화를 말한다. 협동재라고도 한다. 절대적인 개념이 아니라 상대적인 개념이다.

01 부동산학개론

복합부동산	토지와 건물이 결합되어 일체로 이용되고 있는 부동산을 말한다. 즉, 법적으로는 토지와 건물을 독립된 물건으로 보고 있지만 실제 부동산활동(거래·평가)시에는 토지와 건물이 결합된 상태로 파악하는 개념이다. **예** 단독주택, 아파트 등
부동산 투자회사	주식을 발행하여 불특정다수로부터 자금을 조달하고 이를 부동산(**예** 부동산, 부동산증권, 부동산권리, 대출 등)에 투자·운용하여 그 수익을 주주(투자자)에게 배당하는 회사를 말한다.
부동성	토지의 물리적·절대적인 위치는 인간의 힘으로 이동시킬 수 없음을 말하는 특성으로 지리적 위치의 고정성·비이동성이라고도 한다. 모든 부동산활동은 부동성을 전제로 하여 전개된다.
부분평가	일체로 이용되고 있는 대상물건의 일부분에 대하여 감정평가하여야 할 특수한 목적이나 합리적인 이유가 있는 경우 그 부분에 대하여 감정평가하는 것을 말한다.
부증성	토지는 자연적으로 주어지는(원시적으로 존재하는) 재화이지 생산되는 재화가 아니므로 생산비를 투입하여 그의 물리적인 절대량을 늘릴 수 없으며, 일반재화와 달리 물리적인 생산이 불가능하다는 특성을 말한다. 이는 비생산성·면적의 유한성·수량의 고정성이라고도 한다.
부지	일정한 용도로 이용(제공)되고 있는 바닥토지로서, 건축이 가능한 택지 이외에 하천부지·철도부지·수도부지 등 건축이 불가능한 토지를 포괄하는 용어이다.
비가역성	어떠한 문제가 한번 악화되면 이를 완전한 원래의 상태로 회복하기는 사회적·경제적·기술적으로 매우 어렵다는 것을 말한다.
비경합성	여러 사람이 함께 사용하여도 경합(경쟁)이 붙지 않는 특성으로, 공공재에는 이를 다른 경제주체가 소비하여도 자신의 소비에 아무런 지장을 받지 않는 성질을 말한다.

비배제성	특정 공공재의 생산과 공급이 일단 이루어지고 나면 생산비를 부담하지 않은 경제주체라 할지라도 소비로부터 배제되지 않는 특성을 말한다.
비체계적 위험	시장의 구조적인 문제가 아닌, 개별투자대안마다 각각 다르게 나타나는 위험을 말한다. 이는 개별위험 · 해당 투자안의 고유위험 · 불필요한 위험이라고도 한다.
상향여과	하위계층이 사용하던 저가주택을 상위계층이 매입 · 재건축 · 리모델링 등을 통하여 상위계층의 사용으로 전환되는 현상을 말한다.
수요 · 수요량	① **수요**: 일정기간 동안에 소비자가 재화나 서비스를 구매하고자 하는 욕구나 그 양을 말한다. ② **수요량**: 일정기간 동안에 주어진 가격수준에 대하여 소비자가 구입 · 구매하고자 하는 최대수량을 말한다.
수확체감의 법칙	생산요소가 한 단위 추가될 때 이로 인하여 늘어나는 한계생산량은 점차 줄어든다는 것을 말한다. 즉, 생산요소를 추가적으로 계속 투입해 나갈 때 일정 지점이 지나면 새롭게 투입되는 요소로 인하여 발생하는 추가적 수확량은 점차 감소한다.
순현재가치 (순현가)	현금유입의 현재가치에서 현금유출의 현재가치를 공제(차감)한 값을 말한다.
시장성분석	부동산이 현재나 미래의 시장상황에서 매매(분양) 또는 임대될 수 있는 가능성을 조사하는 것을 말한다.
시장실패	어떠한 요인에 의하여 부동산시장기구가 자원의 적정(최적)배분을 자율적으로 조정하지 못하는 상태를 말한다. ⇨ 수요량과 공급량이 일치하지 않는 상태
영속성	토지는 사용에 의하여 그 절대면적이 소모되거나 마멸되지 않아 공간으로서의 토지는 영원히 존속한다는 특성을 말한다. 이는 비소멸성 · 비소모성 · 불변성 · 불괴성이라고도 한다.

01 부동산학개론

예비적 타당성분석	개발사업으로 예상되는 수입과 비용을 개략적으로 계산하여 수익성을 검토하는 것을 말한다.
외부효과	어떤 경제주체의 경제활동이 시장기구를 통하지 않고 거래상대방이 아닌 다른 제3자에게 의도하지 않은 이익이나 손해를 가져다주면서도 이에 합당한 대가나 보상이 이루어지지 않는 경우를 말하는 것으로, 외부효과는 생산과정뿐만 아니라 소비과정에서도 발생한다.
요구수익률	투자에 대한 위험으로 인하여 투자자가 대상부동산에 자본을 투자하기 위해서 충족되어야 할 최소한의 필수수익률을 말한다. 요구수익률은 해당 부동산에 투자하였을 경우에 포기하여야 하는 대체투자안의 수익률이라는 점에서 자본의 기회비용을 의미한다.
원금균등 상환방식	대출원금을 대출기간으로 균등하게 나누어 매기 일정(균등)한 원금을 상환하고, 이자는 매기 줄어든 잔금에 대해서 계산한다.
원리금균등 상환방식	대출 총기간에 걸쳐서 만기까지의 총이자금액을 미리 산출하여, 원금총액에 이자총액을 더하여, 총 원리금을 대출기간으로 나눔으로써 매기 원리금이 일정하게 지불되는 대출방식을 말한다.
유량(flow)	일정시점이 아닌 '일정기간(예 1일 동안, 1개월 동안)'을 말한다.
이행지	용도적 지역[택지지역(주거지역·상업지역·공업지역), 농지지역(전지지역·답지지역·과수원지역), 임지지역(용재림지역·신탄림지역)] 내에서 그 용도가 이행·변경 중에 있는 토지를 말한다.
인접성	지표의 일부인 토지는 물리적으로 다른 토지와 연결되어 있다는 것으로, 인접한 토지와는 상호 연관성이 있다는 특성이다. 연결성이라고도 한다.

일괄평가	둘 이상의 대상물건이 일체로 거래되거나 대상물건 상호간에 용도상 불가분의 관계가 있는 경우 일괄하여 감정평가하는 것을 말한다.
임대료 규제정책	임대료수준 또는 임대료상승률을 일정범위 이내에서 규제함으로써 시장균형가격보다 낮은 수준으로 최고가격을 설정하여 임대인으로 하여금 정부가 규제하는 임대료 이상으로 임대료를 부과할 수 없도록 하는 일종의 가격통제정책을 말한다.
입지계수 (LQ)	전국 대비 특정지역에서 특화된 산업이 무엇인가를 판단하는 지표로, 전국의 X산업의 고용률(%)에 대한 지역의 X산업의 고용률(%)로 구한다.
입찰지대	단위면적의 토지에 대해 토지이용자가 지불하고자 하는 최대금액으로, 초과이윤이 '0'이 되는 수준의 지대를 말한다.
저량(stock)	일정기간이 아닌 '일정시점(예 1월 1일 현재)'을 의미한다.
정부의 실패	자원배분의 효율성을 위하여 정부가 시장에 개입하였지만 여러 가지 이유로 인하여 정부의 개입이 시장실패를 치유하지 못하는 것으로, 오히려 상황이 더 악화된 경우를 말한다.
조세의 전가와 귀착	① **조세의 전가**: 납세의무자는 부과된 세금을 본인의 비용으로 인식함에 따라 다른 방법을 통하여 세금의 일부를 타인에게 떠넘기려고 하는 것을 말한다. ② **조세의 귀착**: 부과된 세금이 수요자와 공급자에게 각각 최종적으로 돌아가는 (귀속되는) 몫을 말한다.
주거분리	소득수준의 차이로 고소득층 주거지역과 저소득층 주거지역이 서로 분리되어 입지하는 현상을 말한다.

01 부동산학개론

주택여과과정	주택의 질적 변화와 가구의 이동과의 관계를 설명해주는 현상으로, 소득계층에 따라 상·하로 이동하는 현상, 즉 제한된 소득(예산)으로 효용을 극대화하는 과정에서 주택의 이용주체가 변화되는 현상을 말한다. 이는 주택순환과정이라고도 한다.
준부동산	자동차·항공기·건설기계·선박(20t 이상)·입목처럼 물권변동을 등기나 등록의 수단으로 하는 동산이나, 공장재단·광업재단과 같은 동산과 부동산의 결합물을 말하며, 의제부동산이라고도 한다. 「민법」상 부동산은 아니지만, 부동산처럼 등기·등록의 방법으로 공시(公示)하여 부동산에 준하여 취급한다.
준지대	생산을 위하여 사람이 만든 기계나 기구들(= 고정생산요소)로부터 얻는 일시적인 소득으로, 단기적으로 생산요소의 공급이 상대적으로 고정되어 있기 때문에 발생하는 지대이다.
지대	일정 기간 동안 토지의 사용·수익에 대한 대가로서 토지소유자의 소득으로 귀속되는 임대료를 말하며, 유량(flow)개념이다.
집약적 이용	단위면적당 자본과 노동의 투입비율이 상대적으로 높은 이용을 말한다. ◉ 도심에서의 고층화현상 등
체계적 위험	시장의 구조적·거시적·시스템적인 위험으로 모든 투자대안에 공통적으로 영향을 미치는 위험을 말한다. 이자율변동위험, 경기변동위험, 인플레이션 위험을 말하며 시장위험이라고도 한다.
체증식 상환방식	원리금균등상환방식이나 원금균등상환방식보다 대출 초기에 상환액부담을 극히 낮추어 주고, 차입자의 소득이 증가함(계획된 증가율)에 따라 상환금액을 점차 늘려가는 형태로 점증상환방식이라고도 한다.
총부채상환비율(DTI)	차입자의 연소득에 비해 매기 원리금상환액의 비율이 얼마나 되는지를 체크하여 대출의 부실화를 사전에 방지하고자 하는 규제수단으로, 소득대비 부채비율, 차주상환능력이라고도 한다.

최유효이용	경합되는 수많은 용도 중에서 최고·최선의 이용방법을 말한다. 부동산 감정평가시 물리적 채택가능성, 합리적 이용, 합법적 이용, 최고수익성을 기준으로 판정한다. 재화의 용도가 하나라면 최유효이용의 개념은 성립하지 않는다.
택지	주거용·상업용·공업용 등의 용도로 이용되고 있거나 해당 용도로 이용할 목적으로 조성된 토지를 말한다.
토지공개념	토지는 국민 전체의 복리증진을 위한 공동기반으로서 공적 재화임을 고려하여 그 소유와 처분에 대한 적절한 유도와 규제가 가해질 수 있다는 개념을 말한다. 토지의 절대적 소유권은 인정하지 않되, 그 배분 및 이용과 거래가 정상화되도록 하자는 토지정책적 사고원리를 말한다.
토지은행(비축)제도	정부 등 공적 주체가 재원을 투입하여 장래의 용도를 위해 사전에 미개발토지를 저렴한 가격으로 매입·확보·비축하였다가 민간의 토지수요가 증가하면 비축한 토지를 공급·판매하는 직접적 개입방법을 말한다.
표준지 공시지가	공시기준일(1월 1일) 현재 국토교통부장관이 조사·평가하여 공시한 표준지의 단위면적(m^2)당 가격(적정가격)을 말한다.
프로젝트 파이낸싱(project financing)	개발업체나 건설업자가 대규모 부동산개발사업을 추진할 때 개발사업에서 발생하는 장래의 수익성, 분양현금흐름 등을 기초(근거)로 하여 필요한 자금을 금융기관으로부터 조달(차입)하는 것을 말한다.
필지	「공간정보의 구축 및 관리 등에 관한 법률」상의 용어로서 토지소유권을 구분하기 위하여 하나의 지번이 붙는 토지의 등록단위를 말하며, 「부동산등기법」에서는 이를 등기단위라 한다.
하향여과	상위계층이 사용하던 고가주택의 일부가 노후화과정을 거쳐 하위계층의 사용으로 전환되는 현상을 말한다.

01 부동산학개론

획지	토지이용을 상정하여 인위적·자연적·행정적 조건에 의하여 다른 토지와 구별되는 가격수준이 비슷한 일단의 토지를 말한다.
효용 (유용성)	재화나 서비스를 소비할 때 느끼는 주관적인 만족도로 유용성이라고도 한다. 감정평가론에서는 인간의 필요나 욕구를 충족시켜 줄 수 있는 재화의 능력이라고 정의된다. 효용이 있어야 가치가 발생한다.
후보지	택지지역·농지지역·임지지역 상호간에, 즉 용도적 지역 상호간에 다른 지역으로 그 용도가 전환·변경되고 있는 지역의 토지를 말한다.
AIDA	고객점유마케팅전략에서 소비자가 대상상품을 구매할 때까지 나타나는 심리변화의 4단계를 말한다. ➕ 주의(Attention) - 흥미·관심(Interest) - 욕망·욕구(Desire) - 행동(Action)
BTL방식	BTL(Build - Transfer - Lease)방식이란 사회기반시설의 준공과 동시에 해당 시설의 소유권이 국가 또는 지방자치단체에 귀속되며, 사업시행자에게 일정기간의 시설관리운영권을 인정하되, 그 시설을 국가 또는 지방자치단체 등이 협약에서 정한 기간 동안 임차하여 사용·수익하는 방식이다.
BTO방식	BTO(Build - Transfer - Operate)방식이란 민간사업자가 투자비를 조달하여 사회기반시설을 완공함과 동시에 당해 시설의 소유권이 국가 또는 지방자치단체에 귀속되며, 일정기간 동안 사업시행자가 운영하여 시민들에게 시설이용료를 징수해서 투자자금을 회수하는 방식이다.
STP전략	STP전략이란 수요자 집단을 세분화(Segmentation)하고, 세분화된 시장에서 목표시장이나 표적시장을 선정(Targeting)하며, 자신의 상품이 다른 경쟁업자와는 특화된 차별화(Positioning)를 시도하는 시장점유마케팅전략의 일부이다.

임장 · 정보활동	① **임장(臨場)활동**: 현장에 직접 나가서 하는 행위를 말한다. ② **정보활동**: 현장에 나가서 여러 가지를 확인하고 탐색하는 행위를 말한다.
희소성	수요에 비하여 공급이 상대적으로 부족한 현상을 말한다.
물리적 감가	시간의 경과나 마모와 훼손, 재해 등으로 발생하는 파손 · 마멸 등의 외형적인 가치손실을 말한다.
내구성	파손 · 노후화 · 부패 · 균열 · 마멸 등이 없거나 작아서 그 사용연한이 길게 유지될 수 있는 성질을 말한다. 즉, 재화의 수명이 비교적 길다는 것이다.
이용 · 사용이익과 소유이익	① **이용 · 사용이익**: 타인에게 빌려주고 얻은 대가로, 부동산의 임대료수입 또는 지대를 말한다. ② **소유이익**: 타인에게 매각하여 얻은 대가로, 부동산의 매각대금을 말한다.
일물일가 (一物一價) 의 법칙	동일한 시장의 일정 시점에서 동일한 물건에는 하나의 가격만이 성립하는 법칙을 말한다. 부동산은 개별성이 있어 일물일가의 법칙이 성립하지 않는다.
PIMFY현상 (Please In My Front Yard)	정(+)의 외부효과 ⇨ 지역사회 발전에 기여할 수 있는 시설 또는 사업을 자신들이 살고 있는 지역에 유치하겠다는 지역이기주의현상을 말한다.
NIMBY현상 (Not In My Back Yard)	부(-)의 외부효과 ⇨ '내 뒷마당에서는 안 된다'는 것으로 위험시설 · 혐오시설 등(예 소각장, 장례식장 등)이 자신들이 살고 있는 지역에 들어서는 것을 강력하게 반대하는 시민들의 행동을 말한다. '자기중심적 공공정신결핍현상'이라고도 한다.
개발이익	개발사업의 시행 또는 토지이용계획의 변경, 기타 사회 · 경제적 요인에 의하여 정상지가상승분을 초과하여 개발사업을 시행하는 자 또는 토지소유자에게 귀속되는 토지 가액의 증가분을 말한다.

02 민법 및 민사특별법

가등기	장래에 행해질 본등기에 대비해 미리 그 순위 보전을 위해 하는 예비적 등기를 말한다. 가등기는 채권적 청구권을 보전하기 위하여 미리 임시방편으로 해두는 예비적 등기를 말한다(예 빌라에 대하여 매매의 예약을 하여 빌라에 대한 채권적 청구권을 보유한 자가 미리 가등기를 하는 경우).
가등기 담보권	금전채권을 담보할 목적으로 담보부동산에 채무상환을 못할 때를 대비하여 채권자에게 '가등기'를 해두는 형태이다. 여기서 돈을 빌린 사람을 가등기담보설정자, 돈을 대여해준 채권자를 가등기담보권자라고 한다.
가장행위 (통정허위 표시)	제3자를 속이기 위하여 상대편과 짜고 허위로 의사 표시를 함으로써 성립되는 법률행위를 말한다.
간접점유	점유매개관계를 통하여 타인으로 하여금 물건을 점유하게 한 자는 간접점유자이다.
간주(看做)	법률이 정해놓은 그대로 효과가 발생하는 것을 말한다.
객관적 가치	객관적 가치는 자기와의 관계에서 벗어나 제3자의 입장에서 사물을 보거나 생각하는 일, 즉 개인의 입장이나 주관적 의사를 떠나서 일반인의 상식을 통하여 판단하는 일을 말한다. 주관적 가치는 행위자 개인 자신의 경험과 감정을 기초로 판단하는 일을 말한다.
계약금 해제	계약을 체결할 때에 당사자의 일방이 상대방에게 지급하는 금전 기타의 유가물로서 당사자가 계약의 해제권을 유보하는 의미를 가지는 계약금을 말한다. 이 계약금을 교부한 자는 그것을 포기함으로써, 그리고 이 계약금을 받은 자는 그 배액을 상환함으로써 언제든지 계약을 해제할 수 있다(「민법」 제565조). 「민법(이하 부록에서 법명을 생략한다)」에서 계약금은 원칙적으로 이 해약금의 성질을 가지는 것으로 정하고 있다.

관리행위	재산의 성질을 변경하지 않는 범위 안에서 다른 사람의 재산을 맡아 경제적으로 운용하는 행위이다(예 건물을 임대해서 월세수익을 얻는 일).
관습상 법정지상권	관습상 법정지상권이란 토지와 건물이 동일소유자에게 속하였다가 그중 하나가 매매 기타의 원인(예 증여, 강제경매, 공매, 공유물분할 등)으로 처분되어 소유자가 달라진 경우, 건물을 철거한다는 특약이 없는 한 건물의 소유자가 당연히 취득하게 되는 지상권을 말한다. 반면에 법정지상권이란 법률의 규정으로 지상권의 성립을 강제하는 것으로 이에 관한 규정은 강행규정이기 때문에 법정지상권을 배제하는 약정은 효력이 없다.
담보물권의 물상대위	물상대위성이란 담보물권의 목적물이 멸실, 훼손 또는 공용징수 되어 그 목적물에 갈음하는 금전 기타의 물건으로 변한 경우에 그에 갈음한 금전 기타 물건에 담보물권이 존속하는 성질을 말한다. 이는 질권에서 규정하고 저당권에서 준용하고 있다. 우선적 효력이 있는 담보물권에만 인정되고, 우선적 효력이 없는 유치권은 유치적 기능을 중심으로 하는 것이므로 물상대위성의 원칙이 적용되지 않는다.
담보물권의 부종성	부종성이란 담보물권은 채권의 담보를 목적으로 하는 것이기 때문에 피담보채권이 발생하지 않으면 담보물권도 발생하지 않으며 또 채권이 소멸하면 담보물권도 당연히 소멸하므로 담보물권은 채권에 종속적인 성질을 가지는 것을 말한다.
담보책임	담보책임이란 매수인이 매매로 취득하는 물건 또는 권리에 하자가 있을 경우 매도인이 매수자에게 부담하는 책임을 말한다(예 빌라나 과일을 매매하였는데 그 물건의 하자를 알지 못하고 매수한 경우 매도인이 매수자에게 부담하는 책임을 의미한다).
계약 체결상의 과실책임	계약체결상의 과실책임이란 계약체결을 위한 준비단계 또는 계약의 성립과정에서 당사자 일방의 책임 있는 사유로 상대방에게 손해를 끼친 때에 부담하여야 할 배상책임을 말한다.

02 민법 및 민사특별법

공유	공유는 수인이 동일물건의 소유권을 양적으로 분할하여 지분을 소유하는 공동소유의 형태이다(제262조 제1항). 여기서 지분이란 물건에 대한 소유권의 비율을 말한다. 공유자는 언제든지 목적물을 분할하여 단독소유로 이행할 수 있다(제268조 제1항 참조). 공유자는 자기의 지분을 동의 없이 단독으로 처분할 수 있다. 공유물의 보존행위는 각자 단독으로 할 수 있고 관리행위는 공유지분의 과반수를 필요로 한다.
과실(果實)	원물로부터 생기는 경제적 수익을 말한다. 원물이란 과실을 생기게 하는 물건을 말한다. 원래 물건으로부터 생기는 수익은 원물의 수익권자에게 귀속하는 것이 원칙이나, 수익권자에게 변동이 생긴 경우에 과실의 분배 등에 관하여 다툼이 생길 염려가 있으므로 「민법」은 그 개념과 귀속의 범위를 정하고 있다. 「민법」은 과실을 '천연과실(天然果實)'과 '법정과실'로 나눈다. ① **천연과실**: 물건의 용법에 의하여 수취하는 산출물로서 과실의 열매, 우유, 가축의 새끼 등이 이에 해당하며 그 원물로부터 분리하는 때에 이를 수취할 권리자에게 속한다(제102조 제1항). ② **법정과실**: 물건의 사용대가로 받는 금전 기타의 물건을 말하며, 이자·임대료 등이 이에 속한다.
과실(過失)	사회적으로는 잘못·실수·허물 등의 뜻이다. 법률적으로는 어떤 사실(결과)의 발생을 예견(豫見)할 수 있었음에도 불구하고, 부주의로 그것을 인식하지 못한 상태를 말한다. 「민법」에서는 '어떤 사실을 알 수 있었다.'라고 표현한다. 과실은 경과실과 중과실로 구분되는데, 경과실이란 가벼운 주의의무 위반을 말하고 중과실은 직업 등에 비추어 현저히 중대한 주의의무 위반을 말한다.
동시 이행항변권	쌍무계약에서 일방 당사자가 상대방이 그 채무의 이행을 제공할 때까지는 자기 채무의 이행을 거절할 수 있는 권리를 말한다(예 공장의 매매계약이 체결된 경우 매도인의 가압류 말소 및 공장소유권이전의무와 매수인의 매매대금지급의무는 동시이행관계에 있다. 또한 임대차가 종료한 경우 임차인의 건물명도의무와 임대인의 임대보증금반환의무는 동시이행관계에 있다).

명의신탁	실권리자(신탁자)가 대내적으로 부동산에 관한 물권을 보유하고 등기는 수탁자에게 하기로 약정하는 것을 말한다. 이 법률은 탈세를 목적으로 부동산을 타인에게 명의신탁(차명보유)하는 것을 금지한 것으로써 이를 위반한 자는 강력한 처벌과 함께 엄청난 과징금을 부과하는 방법으로 1995년 7월 1일 「부동산 실권리자명의 등기에 관한 법률」로 입법화하였다. ✚ 명의신탁의 효력 • 명의신탁약정은 무효로 한다. • 명의신탁약정에 따른 등기로 이루어진 부동산에 관한 물권변동은 무효로 한다. • 전항의 무효는 선의·악의를 불문하고 제3자에게 대항하지 못한다.
무상행위	재산의 출연을 목적으로 하는 법률행위 가운데 일방의 법률행위의 내용의 이행(급부)이 대가를 수반하지 않는 것을 말한다. 무상행위에는 증여, 사용대차, 무이자 소비대차가 있다.
무효	당사자가 의욕한 법률효과가 처음부터 발생하지 않는 것을 말한다. 당사자가 의욕한 법률행위의 효력이 처음부터 전혀 발생하지 않으며, 특정인의 주장을 필요로 하지 않고, 시간의 경과에 의하여도 효력에 변동이 없다. 법률행위의 무효사유로는 의사무능력(意思無能力), 목적의 불능(不能), 강행법규(强行法規)의 위반, 반사회질서, 불공정(不公正), 통정허위표시, 무권대리, 불법조건 등이 있다. 무효는 절대적 무효인 것이 원칙이지만 상대적 무효인 경우도 있다.
물권과 채권	물권은 타인의 행위를 거칠 필요 없이 물건을 직접 지배하는 권리인 반면에 채권은 특정인에 대하여만 급부를 청구할 수 있는 권리이다. 따라서 채권에는 배타성이 없지만 물권에는 배타성이 존재한다. 물권은 그 사용·수익을 보장하기 위하여 물권적 청구권이 인정되지만, 채권은 배타성이 없으므로 모든 사람에게 권리보호를 주장할 수 있는 물권적 청구권을 인정할 수 없다. 물권은 내용이 서로 양립할 수 없는 물권간에 병존할 수 없지만, 채권은 동시에 수개의 같은 채권이 병존할 수 있다. 물권의 양도는 자유이지만, 채권은 그렇지 못하다.

02 민법 및 민사특별법

물권적 청구권	물권의 내용의 실현이 어떤 사정으로 말미암아 방해당하고 있거나 방해당할 염려가 있는 경우에 물권자가 방해자에 대하여 그 방해의 제거 또는 예방에 필요한 일정한 행위를 청구할 수 있는 권리를 말한다(예 건물명도청구, 토지인도청구 등). 물권적 청구권은 상대방에게 고의(故意)·과실(過失)이 있음을 필요로 하지 않으며 물권 내용의 실현만을 그 본질로 하는 점에서 금전으로써 하는 손해배상을 내용으로 하는 불법행위에 의한 손해배상청구권(損害賠償請求權)과 다르다.
법률행위	의사표시를 불가결의 요소로 하는 법률요건을 말한다. 매매계약, 증여계약, 교환계약같은 계약을 총칭하여 법률행위라고도 한다. 사람의 행위 중 일정한 법률효과를 의욕하고서 이루어지는 행위를 말한다. 그러므로 법률행위는 일정한 법률효과를 원하는 의사표시를 불가결의 요소로 한다. 법률행위에는 하나 이상의 의사표시가 반드시 포함되어 있으며, 따라서 의사표시의 결함은 그대로 법률행위에 영향을 미친다.
법정지상권	법정지상권이란 당사자의 계약에 의하지 않고 법률의 규정에 의하여 당연히 성립하는 지상권이다. **+ 법정지상권의 성립요건** • 저당권설정 당시 토지 위에 건물이 존재해야 한다. • 저당권설정 당시 토지와 건물이 동일인의 소유이어야 한다. • 담보권실행 경매로 토지소유자와 건물소유자가 달라져야 한다.
보존행위	재산의 가치를 현상 그대로 유지하는 것을 목적으로 하는 행위를 말한다(예 가옥의 수리, 소멸시효의 중단, 미등기 부동산의 등기 등).
복대리	복대리란 대리인이 자기가 가지고 있는 대리권의 범위 내에서 특정한 자를 선임하여 그에게 권한 내의 행위의 전부 혹은 일부를 행하게 하는 것이다(제120~123조). 복대리는 대리인 자신의 이름으로 선임한 본인의 대리인이다.

본권	본권(本權)은 물건을 정당하게 지배할 수 있는 권리를 말하며, 물건을 사실상 지배하고 있느냐의 여부를 불문하고 물건을 정당하게 지배할 수 있는 권리를 말한다. 물건을 정당하게 지배할 수 있느냐의 여부를 불문하고 '물건을 사실상 지배'하고 있는 권리인 점유권(占有權)과 구별된다.
부합	소유자를 달리하는 두 개 이상의 물건이 결합되어 물리적, 사회적, 경제적으로 보아 분리하지 못할 상태로 되는 일이다. 원칙적으로 하나의 물건으로 취급하며, 동산이 부동산과 부합되어 있을 때는 부동산의 소유자가 소유권을 취득하며, 동산과 동산이 부합되어 있을 때는 주된 동산의 소유자가 소유권을 취득한다.
분묘기지권	타인의 토지에 분묘를 설치한 자가 그 분묘를 소유하기 위하여 타인소유의 분묘기지부분의 토지를 사용할 것을 내용으로 하는, 관습에 의하여 인정된 '지상권 유사의 물권'이다.
상린관계	인접한 토지의 소유자간에 서로 어느 정도 자기 토지의 이용을 제한하여 상대방의 토지 이용을 원활하게 하는 관계를 말한다(제216~244조).
소급효	법률행위의 효력이 그 성립 이전으로 거슬러 올라가는 것이다. 법률은 법률불소급의 원칙에 따라 소급효를 인정하지 않는 것이 원칙이다. 그러나 특정한 규정이 있는 경우에 한하여 인정된다. 예컨대 법률행위취소(法律行爲取消)(제141·406조), 무권대리의 추인(追認)(제133조), 계약해제(契約解除)(제548조)등이 있다. 계약의 해지는 장래를 향하여 소멸한다.
쌍무계약	쌍무계약이란 당사자 양쪽이 서로 대가적 의미를 가지는 채무를 부담하는 계약이다. 즉, 쌍방의 채무가 서로 의존관계에 있어서 맞물림 상태인 것을 말한다(예 甲의 건물을 乙이 10억원에 매매한 경우, 甲의 건물인도채무와 乙의 10억원 대금 지급채무는 서로 맞물려서 의존관계에 있다). 쌍무계약으로는 매매, 교환, 임대차 등이 있다.

02 민법 및 민사특별법

양도담보	금전채권을 담보할 목적으로 담보부동산에 채무상환을 못할 때를 대비하여 채권자에게 '소유권이전등기'를 해두는 형태이다. 여기서 돈을 빌린 채무자를 양도담보설정자, 돈을 빌려준 채권자를 양도담보권자라고 한다.
오표시 무해의 원칙	로마법에서 인정되어온 해석 방법으로 라틴어로 '잘못된 표시는 해가 되지 않는다(Falsa demonstratio non nocet)'라는 말로 작성자가 표시를 잘못하였음에도 상대방이 올바르게 받아들인 경우 그 효과는 인정되고 작성자에게 해가 되지 않는다는 의미이다.
우선변제권	「주택임대차보호법」상의 임차인이 주택이나 대지의 경매시에 임차보증금을 후순위권리자보다 우선적으로 변제받을 수 있는 권리를 말한다. 우선변제권을 갖기 위해서는 대항요건을 갖추고 추가로 임대차계약서상에 확정일자를 받아야 한다.
원시적 불능	처음부터 이행이 불능한 것을 말한다. 즉, 채무의 이행이 불가능하다는 것이 채권 성립 이전에 확립되어 있는 것을 말한다. 예를 들어, 이미 불타버린 가옥을 매매계약체결하는 경우 이는 원시적 불능이다. 원시적 불능인 법률행위는 무효이다. 불능이냐 가능하냐를 결정하는 표준은 사회의 거래관념이지, 물리적 불능만이 불능은 아니다. 계약체결 후에 이행이 불가능하게 된 경우인 후발적 불능과 구별된다(예 수 백년 전에 사망한 세종대왕과의 저녁식사를 약속하는 것처럼 약속 당시부터 이행이 불가능한 것은 무효인 계약이다).
원시취득	전주(前主)의 권리를 승계하는 것이 아니라 독립하여 권리를 최초로 취득하는 것이다. 원시취득으로 인하여 전주의 권리는 당연히 소멸한다. 비록 전주의 권리에 제한이나 부담 또는 하자가 있었더라도, 원시취득자는 그러한 흠이 없는 순수하고 완전한 권리를 취득한다는 특색이 있다. 전주의 흠도 함께 승계하는 승계취득과 구별된다.
위험부담	쌍무계약에서 일방의 채무가 쌍방에게 책임 없는 사유로 이행불능이 되어 소멸한 경우 그로 인한 불이익을 누가 부담하는가를 말한다.

유동적 무효	유동적 무효(불확정 무효)란 현재는 무효이나 추후 허가(또는 추인)에 의해 소급하여 유효한 것으로 될 수 있는 것을 말한다.
유상계약	유상계약이란 계약당사자 쌍방이 서로 대가적인 의미를 가지는 출연(대금이나 차임)을 하는 계약을 말한다. 쌍무계약은 모두 자신의 재산을 내어놓기에 항상 유상계약이라고 할 수 있다.
유상행위	재산의 출연을 목적으로 하는 법률행위 가운데 일방의 법률행위의 내용의 이행(급부)이 대가를 수반하는 것을 말한다. 유상행위로는 매매, 교환, 임대차, 고용, 도급 등이 있다.
유치권자의 과실수취권	건설업자가 건물공사미수금이 있을 때는 유치권을 보유하다가 당해 건물을 채무자의 승낙하에 다른 사람에게 임대하여 임대료(과실)를 자신의 채권변제에 충당할 수 있다.
의무부담 행위 (채권행위)	채권·채무의 관계를 발생을 약속하는 법률행위를 말한다. 예컨대 '매매(賣買)'라는 계약은 매도인(賣渡人)이 목적물의 소유권을 이전할 채무, 매수인(買受人)이 그것을 청구할 수 있는 채권을 발생시킨다. 자기소유물이 아니어도 매매계약은 유효하다.
이행판결	법원이 원고가 청구한 대로 피고에게 이행의 의무가 있음을 인정하여 이를 명하는 판결을 말한다. 이행판결만으로는 소유권이 변동하지 않으며 법원의 이행판결과 별도로 등기를 한 때 소유권이 변동한다.
자주점유 (自主占有)	소유의 의사로써 하는 점유, 타주점유는 소유의 의사 없이 하는 점유로서 타인이 소유권을 가지고 있다는 것을 전제로 하는 점유이다[예 무효인 매매에 있어서 무효임을 모르고 매수한 점유자, 남의 물건을 훔쳐서 점유하는 도인(盜人)도 자주점유자이다]. + 타주점유 　토지임차인, 지상권자, 전세권자의 점유처럼 타인이 소유권을 가지고 있다는 것을 전제로 하는 점유이다. 자주점유와 타주점유를 구별하는 실익은 취득시효와 무주물 선점 및 점유자의 책임 등에 있다(제202·245·252조).

02 민법 및 민사특별법

저당물의 제3취득자	저당권 등 담보물권이 설정되어있는 물건의 소유권 또는 용익물권을 취득한 제3자를 말한다. 담보가 설정된 저당부동산의 소유권, 지상권 또는 전세권을 취득한 경우 그 제3취득자는 저당권자에게 당해 부동산의 담보채권을 변제하고 저당권을 소멸할 수 있다. 제3취득자가 변제할 때에는 채권의 변제기에 구애받지 않는다.
전세권의 법정갱신	건물의 전세권설정자가 전세권의 존속기간 만료 전 6개월부터 1개월까지 사이에 전세권자에 대하여 계약조건의 변경을 통지하지 않은 경우에는 그 기간이 만료된 때에 종전의 전세권과 동일한 조건으로 다시 전세권을 설정한 것으로 본다.
정지조건	법률행위의 효력의 발생을 장래의 불확실한 사실에 유보해 두는 조건으로, 조건이 성취될 때까지 법률행위의 효력의 발생을 정지시킨다(예 '혼인하면 이 집을 준다.'라고 하는 계약에서는 '혼인하면'이라는 것이 정지조건).
제3자를 위한 계약	계약은 당사자끼리 체결하고 그로 인한 수익은 당사자가 아닌 제3자로 하여금 직접 권리를 취득하게 하는 것을 목적으로 하는 계약을 말한다. 여기서 계약을 요청한 사람을 요약자, 요약자의 요구를 승낙하여 수익자에게 채무를 이행할 사람을 낙약자, 수익을 받을 사람인 제3자를 수익자라고 한다.
주위토지 통행권	남의 땅으로 인해서 공로에 접근할 수 없을 때 공로에 인접한 주위에 있는 토지라도 법률의 규정으로 통행할 수 있게끔 하는 것을 말한다.
주택 임차권의 대항력	대항력이란 계약관계의 당사자가 아닌 제3자(신소유자 = 양수인)에게 채권에 불과한 임차권으로 특별히 주장할 수 있는 힘을 말한다.
준법률행위	당사자의 의사와는 관계없이 법률의 규정에 의하여 일정한 법률효과가 부여되는 것을 말한다. 준법률행위에는 표현행위와 사실행위가 있다. ① **표현행위**: 의사의 통지(최고, 이행의 청구 등) ② **사실행위**: 무주물 선점, 유실물 습득, 매장물의 발견 등

채권자 취소권	채권자를 해함을 알면서 채무자가 자기의 일반재산을 감소시키는 법률행위를 한 경우에, 그 행위의 효력을 부인하는 방법으로 책임재산에서 일탈된 재산을 회복시키는 것을 내용으로 하는 채권자의 권리를 말한다. 채권자 취소권의 행사요건은 첫째, 채권자가 보전하여야 할 채권(피보전채권)이 존재할 것(보통은 금전채권) 둘째, 채무자가 채권자를 해치는 사해행위를 하여야 한다(채무자가 재산을 빼돌리거나 은닉하는 행위).
채권최고액	집을 담보로 대출을 해준 금융기관이 경매에서 우선변제를 받아갈 수 있는 최대금액을 말한다[예 채무자가 빌린 대출금액이 5억원이지만 최고액이 3억원으로 등기되었다면 최고액 3억원까지만 은행이 우선변제를 받을 수 있다. 채무자 입장에서는 상환금액(채무)이 5억원이라도 은행 입장에서는 채권최고액 한도까지만 우선변제를 받는다. 따라서 근저당권을 설정할 때에는 채권의 최고액을 반드시 등기하여야 한다].
채무불이행	채무자가 채무의 내용에 따른 이행을 하지 않는 것을 말한다(제390조). 계약관계가 존재하는 전제하에 계약의 일방당사자가 채무의 내용에 따른 이행을 하지 않은 때를 채무불이행(계약불이행)이라 한다. 채무불이행은 이행지체·이행불능·불완전이행의 3가지 형태로 나누어진다.
처분행위	재산적 가치를 이전할 채무를 발생시킬 뿐인 채무부담행위에 대립되는 것으로서 직접 재산적 가치를 이전하는 효과를 발생시키는 행위이다. 처분행위는 종국적인 권리이전이므로 더 이상 이행할 채무가 남지 않는다. 처분권한을 가져야 유효하게 처분행위를 할 수 있다. 처분행위에는 물권행위, 준물권행위가 있다. ① **물권행위:** 저당권설정, 전세권설정 ② **준물권행위:** 채권을 처분한 것(채권양도, 채무면제)
최우선 변제권	「주택임대차보호법」에 의하여 임차주택의 경·공매시에 소액임차인의 보증금 중 일정액을 다른 담보물권자보다 우선하여 변제받는 권리를 말한다.

02 민법 및 민사특별법

추정	명확하지 않은 사실을 일단 반증이 있을 때까지 존재하는 것으로 정하여 법률효과를 발생시키는 일을 뜻하며, 나중에 반증이 있으면 추정력이 깨어진다.
취득시효	소멸시효는 권리 위에 잠자는 자는 보호하지 않는다는 로마법상의 원칙에서 뿌리를 두며, 진정한 권리자라 하더라도 일정기간 동안 권리의 행사가 없는 경우 권리를 상실시키는 제도이고, 취득시효는 진정한 권리자가 아니라 하더라도 점유상태가 일정기간 지속되면 점유자에게 권리를 취득하도록 하는 제도이다. **+ 점유취득시효(제245조)** 부동산을 점유한 사실이 일정 기간 계속되면 소유자 의사와 상관없이 점유자는 소유권을 취득할 수 있도록 한 제도를 말한다.
취소	일단 유효하게 성립한 법률행위의 효력을 일정한 이유에서 후에 행위시로 소급하여 소멸케 하는 특정인(취소권자)의 의사표시를 말한다.
합의해제 (해제계약)	쌍방이 합의에 의하여 기존의 계약을 소멸시키기로 하는 새로운 계약을 말한다. 합의해제는 기존계약을 소급하여 소멸시키는 것을 말하고, 합의해지는 기존 계약을 장래를 향하여 소멸시키는 것을 말한다. 여기에는 법정해제에 관한 「민법」 규정이 적용되지 않는다.
해제	'유효한 계약'을 해제권자의 '일방적 의사표시에 의하여 소급적으로 소멸'시키는 것을 말한다(예 아파트 매매계약을 매수인의 잔금불이행을 원인으로 매도인이 매매계약을 해제하여 소급하여 파기하는 것이다).
해지	유효한 계약을 일방적 표시로서 '장래를 향하여 소멸'시키는 것을 말한다(예 임차인이 차임지급을 지체하자 임대인이 임대차 계약을 장래를 향하여 파기하는 것이다).
형성판결	소송을 통하여 판결을 얻은 즉시 권리의 발생, 변경, 소멸을 초래하는 판결을 말한다(예 공유물 분할판결).

혼동	채권·채무와 같이 서로 대립하는 2개의 법률상 지위가 동일인에게 귀속하는 일이다. 예컨대 채무자가 채권을 양수받거나 전세권자가 가옥의 소유권을 취득한 경우에 혼동이 일어난다. 혼동이 있게 되면 권리(예 채권 또는 전세권 등)는 원칙적으로 소멸한다. 자기에 대하여 채권을 가지거나 자기의 소유물에 전세권을 가진다는 것은 무의미하기 때문이다. 그러나 그 권리를 특히 존속시킬 법률상의 의미가 있는 경우에는, 그 권리는 소멸하지 않는다(예 전세권이 타인의 저당권의 목적이 되어 있는 경우).
확인판결	기존의 법률관계의 존부를 확정하는 판결을 말한다(예 친자관계존부 확인의 소).

MEMO

MEMO

MEMO

저자 약력

신관식 교수
부동산학 석사(부동산금융학)

- 현 | 해커스 공인중개사학원 부동산학개론 대표강사
  해커스 공인중개사 부동산학개론 동영상강의 대표강사
- 전 | 세종공인중개사학원, 광주고시학원 부동산학개론 강사 역임
  분당 · 노량진 · 구리 · 대전 박문각 부동산학개론 강사 역임

양민 교수

- 현 | 해커스 공인중개사학원 민법 및 민사특별법 대표강사
  해커스 공인중개사 민법 및 민사특별법 동영상강의의 대표강사
- 전 | EBS 민법 및 민사특별법 대표강사
  MTN 민법 및 민사특별법 대표강사
  고시동네 민법 및 민사특별법 대표강사
  랜드프로 민법 및 민사특별법 대표강사

합격의 시작, 누구나 쉽게 배우는 입문교과서

해커스 공인중개사 기초입문서

1차 부동산학개론 · 민법 및 민사특별법

개정4판 1쇄 발행 2025년 9월 5일

지은이	신관식, 양민, 해커스 공인중개사시험 연구소 공편저
펴낸곳	해커스패스
펴낸이	해커스 공인중개사 출판팀
주소	서울시 강남구 강남대로 428 해커스 공인중개사
고객센터	1588-2332
교재 관련 문의	land@pass.com
	해커스 공인중개사 사이트(land.Hackers.com) 1:1 무료상담
	카카오톡 채널 [해커스 공인중개사]
학원 강의 및 동영상강의	land.Hackers.com
ISBN	979-11-7404-440-2 (13320)
Serial Number	04-01-01

저작권자 2025, 해커스 공인중개사
이 책의 모든 내용, 이미지, 디자인, 편집 형태는 저작권법에 의해 보호받고 있습니다.
서면에 의한 저자와 출판사의 허락 없이 내용의 일부 혹은 전부를 인용, 발췌하거나, 복제, 배포할 수 없습니다.

공인중개사 시험 전문,
해커스 공인중개사 land.Hackers.com

해커스 공인중개사

- 해커스 공인중개사학원 및 동영상강의
- 해커스 공인중개사 온라인 전국 실전모의고사
- 해커스 공인중개사 무료 학습자료 및 필수 합격정보 제공

해커스 공인중개사

교재만족도 96.5%!
베스트셀러 1위 해커스 교재

[96.5%] 해커스 공인중개사 수강생 온라인 설문조사(2023.10.28~12.27.) 결과(해당 항목 응답자 중 만족 의견 표시 비율)

기초부터 탄탄하게 입문서 & 기본서

만화로 시작하는
해커스 공인중개사

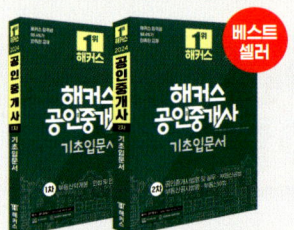
해커스 공인중개사
기초입문서

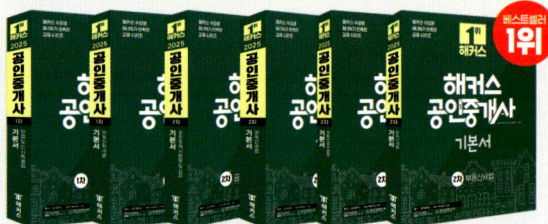
해커스 공인중개사
기본서

시험에 반드시 나오는 것만 엄선! 핵심요약집 & 부교재

해커스 공인중개사
7일완성 핵심요약집

해커스 공인중개사
한눈에 보는 공법체계도

해커스 공인중개사
계산문제집 부동산학개론

[만화로 시작하는 해커스 공인중개사] 교보문고 취업/수험서 분야/주택관리사 분야 베스트셀러(2021.1.18, 온라인 주간 집계 기준) [2024 해커스 공인중개사 1차 기초입문서] YES24 수험서 자격증 베스트셀러 공인중개사 기본서 분야(2023년 11월 주간 베스트 기준) [2025 해커스 공인중개사 2차 기초입문서 YES24 수험서 자격증 베스트셀러 공인중개사 기본서 분야(2023년 11월 주간 베스트 기준) [2025 해커스 공인중개사 1차 기본서] 부동산학개론 교보문고 취업/수험서 분야 베스트셀러 1위(2024.12.05, 온라인 주간 베스트 기준) [2025 해커스 공인중개사 1차 기본서] 교보문고 취업/수험서 분야 해커스 공인중개사1차 베스트셀러 1위(2024.12.06, 온라인 주간 베스트 기준) [2025 해커스 공인중개사 2차 기본서] 공인중개사법령 및 실무 교보문고 취업/수험서 분야 해커스 공인중개사2차 베스트셀러 1위(2024.12.05, 온라인 주간 베스트 기준) [2025 해커스 공인중개사 2차 기본서] 부동산공법 교보문고 취업/수험서 분야 2차 베스트셀러 1위(2024.12.06, 온라인 주간 베스트 기준) [2025 해커스 공인중개사 2차 기본서] 부동산공시법령 교보문고 취업/수험서 분야 해커스 공인중개사 2차 베스트셀러 1위(2024.12.12, 온라인 주간 베스트 기준) [2025 해커스 공인중개사 2차 기본서] 부동산세법 교보문고 취업/수험서 분야 2차 베스트셀러 1위(2024.12.10, 온라인 주간 베스트 기준) [2025 해커스 공인중개사 1차 7일완성 핵심요약집 부동산학개론] 교보문고 취업/수험서 분야 공인중개사/주택관리사 공인중개사 1차 분야 베스트셀러 1위(25.02.05, 온라인 주간 베스트 기준) [2025 해커스 공인중개사 2차 7일완성 핵심요약집 공인중개사법령 및 실무] 교보문고 취업/수험서 분야 공인중개사/주택관리사 공인중개사 1차 분야 베스트셀러 1위(25.02.07, 온라인 주간 베스트 기준) [2025 해커스 공인중개사 2차 7일완성 핵심요약집 부동산공법] 교보문고 취업/수험서 분야 공인중개사/주택관리사 공인중개사 2차 분야 베스트셀러 1위(25.02.10, 온라인 주간 베스트 기준) [2025 해커스 공인중개사 2차 7일완성 핵심요약집 부동산공시법령] 교보문고 취업/수험서 분야 공인중개사/주택관리사 공인중개사 2차 분야 베스트셀러 1위(25.02.11, 온라인 주간 베스트 기준) [2025 해커스 공인중개사 2차 7일완성 핵심요약집 부동산세법] 교보문고 취업/수험서 분야 공인중개사/주택관리사 공인중개사 2차 분야 베스트셀러 1위(25.02.12, 온라인 주간 베스트 기준) [2023 해커스 공인중개사 한눈에 보는 공법체계도 2차 부동산공법] 교보문고 취업/수험서 베스트셀러 공인중개사 분야 1위(2023.04.03, 온라인 주간베스트 기준) [2025 해커스 공인중개사 신관식 계산문제집 1차 부동산학개론] 교보문고 취업/수험서 공인중개사/주택관리사 공인중개사 1차 분야 베스트셀러(25.02.20, 온라인 주간베스트 기준)

공인중개사 1위 해커스
한경비즈니스 2024 한국브랜드만족지수 교육(온·오프라인 공인중개사 학원) 1위

중요한 내용을 압축하여 한 권에 쏙! 한손노트 시리즈

| 부동산학개론 | 민법 및 민사특별법 | 공인중개사법령 및 실무 | 부동산공법 | 부동산공시법령 | 부동산세법 |

실전 대비 문제로 합격 최종 점검! 문제집 시리즈

해커스 공인중개사 출제예상문제집 / 해커스 공인중개사 실전모의고사 7회분

 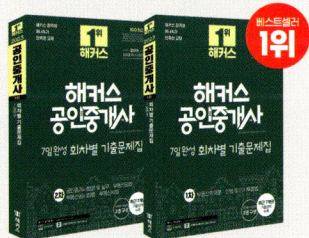

해커스 공인중개사 단원별 기출문제집 / 해커스 공인중개사 7일완성 회차별 기출문제집

[2024 해커스 공인중개사 1차 키워드 한손노트 부동산학개론] 알라딘 수험서/자격증 분야 공인중개사 1차 부문 베스트셀러(2023년 12월 3주차 온라인 주간베스트 기준) [2024 해커스 공인중개사 키워드 알집 한손노트 민법 및 민사특별법] 교보문고 국내도서 취업/수험서 분야 공인중개사 1차 부문 베스트셀러(2024.07.29 온라인 주간베스트 기준) [2023 해커스 한손노트 키워드 한손노트 2차 공인중개사법령 및 실무] 교보문고 취업/수험서 베스트셀러 공인중개사 분야 1위(2023.03.07, 온라인 주간베스트 기준) [2023 해커스 한손노트 키워드 한손노트 2차 부동산공법] 알라딘 수험서/자격증 베스트셀러 공인중개사 2차 분야(2023년 3월 4주, 주간베스트 기준) [2023 해커스 한손노트 키워드 한손노트 2차 부동산공시법령] 교보문고 취업/수험서 베스트셀러 공인중개사 분야 1위(2023.03.14, 온라인 주간베스트 기준) [2023 해커스 공인중개사 키워드 한손노트 2차 부동산세법] 알라딘 수험서/자격증 베스트셀러 공인중개사 2차 분야(2023년 3월 4주, 주간베스트 기준) [2025 해커스 공인중개사 1차 출제예상문제집+7개년 기출분석 부동산학개론] 교보문고 취업/수험서 베스트셀러 공인중개사 1차 분야 베스트셀러 1위(2025.05.23. 온라인 주간베스트 기준) [2025 해커스 공인중개사 1차 출제예상문제집+7개년 기출분석 공인중개사법령 및 실무] 교보문고 취업/수험서 공인중개사/주택관리사 공인중개사 2차 분야 베스트셀러 1위(2025.05.23. 온라인 주간베스트 기준) [2025 해커스 공인중개사 2차 출제예상문제집+7개년 기출분석 부동산공법] 교보문고 취업/수험서 공인중개사/주택관리사 공인중개사 2차 분야 베스트셀러 1위(2025.05.27. 온라인 주간베스트 기준) [2025 해커스 공인중개사 2차 출제예상문제집+7개년 기출분석 부동산세법] 교보문고 취업/수험서 공인중개사/주택관리사 공인중개사 2차 분야 베스트셀러 1위(2025.02.18. 온라인 주간베스트 기준) [2025 해커스 공인중개사 1차 단원별 기출문제집 민법 및 민사특별법] 베스트셀러 1위 교보문고 취업/수험서 공인중개사/주택관리사 공인중개사 1차 분야 베스트셀러 1위(25.02.19, 온라인 주간베스트 기준) [2025 해커스 공인중개사 2차 단원별 기출문제집 공인중개사법령 및 실무] 1위 교보문고 취업/수험서 공인중개사/주택관리사 공인중개사 2차 분야 베스트셀러 1위(25.02.26. 온라인 주간베스트 기준) [2025 해커스 공인중개사 2차 단원별 기출문제집 부동산공법] 베스트셀러 1위 교보문고 취업/수험서 공인중개사/주택관리사 공인중개사 2차 분야 베스트셀러 1위(25.02.27. 온라인 주간베스트 기준) [2025 해커스 공인중개사 2차 단원별 기출문제집 부동산공시법령] 베스트셀러 1위 교보문고 취업/수험서 공인중개사/주택관리사 공인중개사 2차 분야 베스트셀러 1위(25.02.28. 온라인 주간베스트 기준) [2025 해커스 공인중개사 1차 회차별 기출문제집] 교보문고 취업/수험서 베스트셀러 공인중개사 분야 1위 2023.04.11, 온라인 주간베스트 기준) [2023 해커스 공인중개사 2차 회차별 기출문제집] 교보문고 취업/수험서 베스트셀러 분야 1위(2023.04.08, 온라인 주간베스트 기준) [2025 해커스 공인중개사 1차 실전모의고사 7회분] 교보문고 취업/수험서 공인중개사/주택관리사 공인중개사 세트/모의고사 분야 베스트셀러 1위(2025.07.01 /온라인 주간 베스트 기준) [2025 해커스 공인중개사 2차 실전모의고사 7회분]교보문고 취업/수험서 공인중개사/주택관리사 공인중개사 2차 분야 베스트셀러 1위(2025.07.01 온라인 주간 베스트 기준)

1588-2332　　　　land.Hackers.com

해커스 공인중개사

공인중개사 1위 해커스
한경비즈니스 2024 한국브랜드만족지수 교육(온·오프라인 공인중개사 학원) 1위

시간낭비하기 싫으면 해커스!
타사에선 흉내도 내기 힘든 해커스만의 합격기록

타사에서 불합격해도 해커스에서는 합격!

제 친구는 타사에서 공부를 했는데, 떨어졌어요. 친구가 '내 선택이 잘못됐었나?' 이런 얘기를 하더라고요. 그래서 제가 '그러게 내가 말했잖아, 해커스가 더 좋다고.'라고 얘기했죠. 해커스의 모든 과정을 거치고 합격을 해보니까 알겠어요. 어디 내놔도 손색없는 1등 해커스 스타교수님들과 해커스 커리큘럼으로 합격할 수 있었습니다.
- 해커스 합격생 김*정 님 -

제 주변에 공인중개사 준비하는 분들이 되게 많았어요. **저는 해커스를 선택하고, 다른 사람들은 타사에서 준비했는데 다 떨어지고 저만 붙었어요.** 타사 교재는 제가 보기에도 너무 복잡하고 어렵게 생겼는데 해커스 교재는 확실히 보기가 편하고 내용이 너무 깔끔했어요.
- 해커스 합격생 최*수 님 -

15세 중학생부터 70대 어르신까지 해커스로 합격!

해커스가 강의와 교수진으로 유명하다보니 해커스를 믿고 선택했습니다.
교수님들과 해커스에 정말 감사하다는 말씀 드리고 싶습니다.
- 전국 역대 최연소 해커스 합격생 문*호 님 -

71세의 나이, 해커스와 함께 9개월만에 동차합격했습니다. 해커스만 따라가면 누구든지 합격할 수 있다고 생각합니다.
- 70대 퇴직자 합격생 김*호 님 -

온가족 5명 해커스로 줄줄이 합격!

저는 해커스인강으로 합격한 27회 합격자입니다. 제 추천으로 누님도 해커스에서 28회 동차합격하시고, 형님도 2차 평균 90점으로 합격하셨습니다. 심지어 매형도 해커스에서 합격했고, 조카도 32회차 합격, 동서도 동차합격했네요. 온가족 5명 그랜드슬램을 해커스에서 달성했습니다. 해커스 정말 비교불가 막강 학원이라고 자신합니다. 고민은 쓸데없는 시간이고 빠른 결정이 합격의 지름길입니다.

해커스 합격생 정*진 님 후기

해커스 공인중개사

공인중개사 **1위 해커스**
한경비즈니스 2024 한국브랜드만족지수 교육(온·오프라인 공인중개사 학원) 1위

합격 이후까지 함께하는
해커스 공인중개사
동문회 혜택

공인중개사 합격자모임 초대

합격생 총동문록 제공

선배들의 현업 노하우 전수

해공회 정기모임

공동중개, 고급정보 실시간 교류

동문회 주최 실무교육

선후배 결연 멘토링

1588-2332　　　　　　　　　　　　　　　　　land.Hackers.com

해커스 공인중개사

공인중개사 1위 해커스
한경비즈니스 2024 한국브랜드만족지수 교육(온·오프라인 공인중개사 학원) 1위

한 번에 합격!
해커스 공인중개사 직영학원

강남본원	종로직영학원	수원직영학원
강남역 9번 출구 세계빌딩 6층 (1층 커피빈) **02 597 9000**	종각역 11번 출구 대일빌딩 6층 **02 548 3333**	수원역 12번 출구 위더뷰상가 2층 **031 245 7777**

개인별 성적관리

* 공인중개사 자격보유 전문가의 관리
* 1:1 맞춤상담

데일리 학습관리

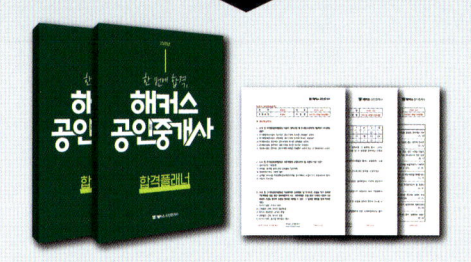

* 1:1 출결확인
* 0교시 테스트로 데일리 학습관리

쾌적한 학습시설

* 대형모니터, 음향장비 구비
* 개인사물함, 동영상학습실, 자습실 완비

매월 모의고사 + 성적분석

* 매월 모의고사 9회 시행
* 1:1 성적분석+학습상담 제공

1588-2332　　land.Hackers.com